André TROUILLARD

Docteur en Droit

Avocat a la Cour d'Appel de Rennes
Secrétaire de la Conférence du Stage

La Municipalité de Laval

de 1790 à l'an IV

THÈSE POUR LE DOCTORAT

LAVAL

IMPRIMERIE-LIBRAIRIE Ve A. GOUPIL

1913

André TROUILLARD

Docteur en Droit

Avocat a la Cour d'Appel de Rennes
Secrétaire de la Conférence du Stage

La Municipalité de Laval
de 1790 à l'an IV

THÈSE POUR LE DOCTORAT

LAVAL

IMPRIMERIE-LIBRAIRIE Vᵉ A. GOUPIL

1913

INTRODUCTION

CHAPITRE PREMIER

Laval.

Située au milieu d'une belle vallée que traverse une rivière profonde, la ville de Laval offre un aspect pittoresque et charmant.

Depuis 1789, c'est-à-dire depuis le commencement de la Révolution, Laval s'est beaucoup agrandie ; les communes d'Avénières et de Grenoux ont été réunies à la ville ; Bootz, qui dépendait alors de la commune de Changé, forme maintenant un quartier de Laval.

Autrefois la rivière, la Mayenne, n'était pas encaissée dans les quais que nous admirons aujourd'hui. Coulant du nord au sud elle décrivait, vers l'ouest, une courbe accentuée ; elle passait alors par les promenades actuelles de Changé, puis traversait la place de la Chiffolière, aujourd'hui place de la Mairie.

Cette rivière divisait la ville en deux parties : partie est et partie ouest ; dans celle-ci était le faubourg ; dans la partie est se trouvait le quartier dit du Pont-de-Mayenne, qui formait plus du quart de la ville ; ce quartier constituait une masse compacte, n'ayant de communication dans son intérieur que par des ruelles étroites, sales et d'un accès difficile.

Un seul pont, appelé aujourd'hui le Vieux-Pont, réunissait les deux parties de la ville ; c'était par ce pont qu'arrivaient les diligences venant de Paris, elles s'engouffraient dans la Grande-Rue pour redescendre la rue Renaise et gagner la rue de Beauvais et la route de Saint-Berthevin et de Bretagne. Ces lourdes voitures étaient forcées de gravir des rues à pic, aux tournants brusques, et encaissées par des maisons basses, mal éclairées, peu aérées, à la façade ornée de sculptures de bois et dont nous pouvons voir encore quelques spécimens dans la Grande-Rue.

Cependant Laval possédait déjà quelques beaux monuments : le Château, bâti vers 1020 par Guy Ier ; un hôtel de ville situé sur la place de la Chiffolière, où se trouve actuellement l'hôtel des postes. Laval avait aussi plusieurs églises importantes : dans la partie occidentale, la Trinité, qui fut choisie comme cathédrale par l'évêque constitutionnel Villar ; Saint-Tugal, qui disparut pendant la Révolution. De cette dernière église, élevée à l'endroit où sont actuellement le muséum et la place des Arts, construite avec élégance et décorée avec richesse, il ne reste aujourd'hui qu'un pan de mur, *sic transit gloria mundi*. Dans la partie orientale de la ville, se trouvaient l'église Saint-Vénérand et l'église Saint-Michel dont le chapitre fut fondé en 1421.

De nombreuses communautés s'étaient installées à Laval : les Cordeliers, les Capucins, les Jacobins, les Dominicains, les frères de Sainte-Catherine ; pour les femmes, les Bénédictines, les Patientines, les Ursulines. Des sœurs hospitalières de Saint-Joseph se dévouaient au soulagement des malades pauvres à l'hôtel-Dieu de Saint-Julien. Laval possédait en effet des hôpitaux : l'hôtel-Dieu de Saint-Julien ou Saint-Joseph et l'hôpital général Saint-Louis.

Pour l'instruction des enfants, Laval, outre les petites écoles, possédait un collège sur lequel pendant très longtemps le chapitre de Saint-Tugal avait eu des droits très étendus.

Laval avait une salle de spectacle qui était prêtée aux comédiens et qui servait de salle de concert et de salle de jeu.

Voilà, à grands traits, ce qu'était Laval en 1789, cette ville au climat occidental où les brouillards et la pluie sont fréquents, la neige, la grêle et les orages rares, et où la température presque toujours égale est plutôt chaude et humide.

Ce milieu, d'après le docteur Bucquet[1], a exercé une influence sur le Lavallois, qui a un caractère indolent et porté à la mélancolie ; il est calme, laborieux, patient, content de son sort et peu envieux.

A cause de cette humeur paisible, « la révolution, dans les commencements, n'excita point à Laval le même enthousiasme que dans beaucoup d'autres lieux. Le peu de sympathie, qu'elle y trouva d'abord, tenait à des mœurs et à un état de société dont le souvenir mérite d'être conservé. A Laval, il y avait peu de noblesse, mais beaucoup d'anciennes familles bourgeoises, fort estimées dans le pays, qui exerçaient le haut commerce, occupaient le barreau et se partageaient les emplois publics et les offices de magistrature ; quelques charges de finances seulement étaient occupées par des étrangers. Les gentilshommes, tous alliés aux familles dont nous venons de parler, et les anoblis, qui en étaient sortis, vivaient avec elles sur le pied d'une égalité parfaite et évitaient avec grand soin tout ce qui eût pu les choquer. Cette sorte d'aristocratie n'avait rien d'oppressif pour les familles d'un rang inférieur, qui, de temps immémorial, se trouvaient partagées en plusieurs classes distinctes. Il existait entre les uns et les autres des rapports de patronage et d'attachement réciproque. Laval formait réellement une espèce de petite république, réglée par une bonhomie patriarcale, par un grand fonds

1. *Topographie médicale de la ville de Laval*, par le Dr Bucquet.

de religion et par un profond respect pour les anciens usages [1] ».

La révolution arriva. Dès qu'on apprit à Laval les premiers troubles de Paris et notamment la prise de la Bastille, les habitants s'inquiétèrent et se réunirent pour chercher les moyens de maintenir l'ordre, qui commençait à être menacé dans de nombreux endroits. Ils établirent, le 18 juillet 1789, une milice bourgeoise [2], qui prit bientôt le nom de garde nationale, comme d'ailleurs le firent toutes les milices de l'époque. Grâce aux sages mesures prises, et à l'organisation de cette force, la ville resta à peu près calme les jours suivants, quand, dans toute la France, courut la nouvelle insensée, qui bouleversa les communes voisines [3], d'une invasion de brigands, pillant et saccageant tout ; nouvelle qui causa une panique terrible, bien connue sous le nom de « Vendredi-Fou ».

Mais Laval ne resta pas une ville quelconque. Malgré les revendications de sa voisine et rivale, Mayenne, qui invoqua, en vain, sa plus grande antiquité, son histoire plus illustre [4] et sa promixité de Paris, Laval, ayant fait valoir son commerce s'étendant dans toute l'Europe ainsi qu'en Amérique, sa population plus considérable et sa situation géographique, fut érigée en chef-lieu du département de la Mayenne par le décret du 4 février 1790 [5].

---

1. Boullier, *Mémoires ecclésiastiques sur la ville de Laval*, 2e édition, 1846, p. 2.

2. Idem, p. 4 ; Duchemin et Triger, *Premiers troubles de la Révolution dans la Mayenne*, p. 12.

3. E. Laurain, *Les observations de Me Launay*, p. 75.

4. Mayenne était un duché, Laval un comté.

5. Lire dans les lettres de Maupetit, député à la Constituante, le récit des luttes entre Laval et Mayenne pour obtenir le chef-lieu du département, luttes qui se poursuivirent bien après le décret du 4 février 1790, puisqu'en l'an IV l'administration centrale du département écrivit aux députés de la Mayenne, pour les prier de ne pas appuyer Mayenne, qui tentait encore de se faire attribuer cette qualité de chef-lieu du département.

* *

Nous nous proposons d'étudier en quelques pages la municipalité de Laval de 1790 à l'an IV. Avant d'exposer la loi du 14 décembre 1789 qui a créé l'institution objet de notre travail, disons quelques mots de l'organisation municipale de Laval avant la Révolution.

Nous avons trouvé peu de renseignements sur cette organisation ; nous savons cependant qu'au xv⁰ siècle Laval était administrée par des échevins au nombre de quatre, un procureur, et les assemblées de la maison de ville que présidait le juge du comté[1].

Dans la suite, le juge royal ou des exempts essaya d'empiéter sur les attributions du juge du comté, mais il échoua dans son entreprise. Le juge du comté, en effet, conserva ses pouvoirs, et même en 1682, il joignit à son titre de juge civil celui de maire perpétuel[2].

L'année suivante, le duc de la Trémoïlle, comte de de Laval, par un règlement en date du 31 décembre (1683) détermina de la façon suivante les membres des assemblées particulières de l'hôtel de ville, « savoir : le juge civil, président, les procureurs fiscal et syndic, ce dernier réélu tous les trois ans le vendredi des quatre temps de carême ; les échevins, pris deux parmi les avocats, deux parmi les bourgeois et âgés de trente-cinq ans au moins ; trente conseillers dont quatre perpétuels, savoir : le doyen de Saint-Tugal, le juge des exempts, le procureur fiscal et le procureur du roi ; les quatre derniers échevins, les députés de chacun des corps ou communautés ecclésiastiques ou civiles des paroisses, y compris Avénières, enfin trois membres élus par le maire et les échevins[3]. » Aux assemblées générales de

---

1. Abbé Angot, *Dictionnaire de la Mayenne*, t. II, p. 607.
2. Idem, p. 607 et 608.
3. Idem, p. 608.

l'hôtel de ville « assistaient en outre : tous les anciens échevins ou procureurs, le chantre et un chanoine de Saint-Tugal, un chanoine de Saint-Michel, les curés, le principal du collège, les administrateurs des hôpitaux, les officiers des deux sièges, les marguilliers, six avocats, deux notaires, neuf marchands [1] ».

A la suite d'un édit de 1733 créant des places d'officiers municipaux et de maire, un arrêt du conseil du Roi du 7 mai 1747 permit à la ville de Laval d'avoir un maire électif qui fut nommé tous les trois ans. Mais la désignation de ce magistrat ne fut pas laissée entièrement au libre choix des habitants, qui, jusqu'en 1778, eurent le droit d'élire quatre candidats, parmi lesquels le duc de la Trémoïlle choisissait le maire [2].

Un édit du 28 juin 1778 autorisa les magistrats municipaux à « acquérir les offices de maire, échevins, assesseurs, procureur du roi, secrétaire, greffier, trésoriers, receveur et contrôleurs ». La municipalité de Laval profita des dispositions de cet édit. Pour la somme de vingt-quatre mille livres, elle devint à peu près indépendante et elle resta ainsi jusqu'en 1789-1790, moment où fut établie une nouvelle organisation municipale que nous allons examiner avec quelque détail [3].

---

1. Abbé Angot, *Dictionnaire de la Mayenne*, p. 608.
2. Guitet de la Houllerie, *Abrégé de l'histoire des seigneurs de la ville de Laval*, p. 266. Abbé Angot, *Dictionnaire de la Mayenne*, t. II, p. 609.
3. Abbé Angot, *Dictionnaire de la Mayenne*, t. II, p. 609.

CHAPITRE II

Loi du 14 décembre 1789

Un édit de 1787 avait créé des assemblées municipales dans les localités où il n'y en avait pas, mais n'avait nullement détruit les hôtels de ville, mairies, échevinats, consulats, et en général les vieilles franchises urbaines. Cet édit n'avait pas eu la prétention de créer du premier coup quelque chose de définitif ; et, sagement, il laissait entrevoir que le roi était décidé à « faire à ces premiers arrangements tous les changements que l'expérience lui ferait juger nécessaires [1] ».

A l'encontre du législateur de l'Ancien Régime, l'Assemblée Constituante détruisit tout ce qui existait pour édifier à nouveau : elle voulut une ressemblance, une identité exactes entre toutes les communes de France ; les franchises que les communautés d'habitants avaient acquises après de longues luttes et de nombreuses réclamations disparurent devant la loi du 14 décembre 1789, qui établit une nouvelle organisation municipale.

Tandis qu'en 1787 on juxtaposa dans les assemblées municipales des membres élus et des membres de droit, dans les municipalités établies en 1789, au contraire, il n'y eut que des membres élus.

Chaque assemblée, ou mieux chaque municipalité (car la loi de 1789 décrète que toutes les municipalités du royaume, de ville ou de campagne, étant de même nature et sur la même ligne au point de vue constitutionnel, doi-

1. Préambule de l'Edit de 1787.

vent porter le titre commun de municipalité et que toute autre dénomination est interdite (art. 4), a, à sa tête, un maire, des officiers municipaux dont le nombre est réglé par le décret de l'Assemblée nationale, à raison de la population des lieux [1], un procureur de la commune, un substitut du procureur de la commune dans les localités où la population excède 10.000 âmes ; enfin des notables dont le nombre doit être double de celui des officiers municipaux. La réunion de tous ces personnages forme le Conseil général de la commune qui doit nommer un secrétaire greffier (art. 32) et un trésorier (art. 33).

Sauf ces derniers magistrats, choisis par le Conseil général, les autres fonctionnaires, comme on disait alors pour désigner le maire, les officiers municipaux, le procureur, son substitut et les notables, sont élus par les citoyens actifs de la commune ; mais toutes ces élections présentent entre elles quelques différences, sur lesquelles il est bon de jeter un coup d'œil.

Disons tout d'abord que dans tous les cas, les citoyens actifs doivent se réunir en une seule assemblée dans les lieux de moins de 4.000 habitants. Dans les localités excédant ce chiffre il faut former plusieurs assemblées : deux depuis 4.000 âmes jusqu'à 8.000 ; trois depuis 8.000 jusqu'à 12.000 ; quatre depuis 12.000 jusqu'à 16.000 et ainsi de suite (art. 6). Ces différentes assemblées particulières doivent être convoquées pour le même jour et la même heure (art. 9), et les scrutins de ces sections doivent être dépouillés à la maison commune sans aucun délai, de manière que s'il est nécessaire de passer à un nouveau tour de scrutin, il puisse y être procédé par les assemblées particulières dès le jour même ou au plus tard le lendemain (art. 23). Quand les citoyens actifs

1. Pour ce calcul, d'après l'Instruction du Roi qui accompagne le décret du 14 décembre 1789, « c'est la population totale en hommes, femmes et enfants, et non pas les seuls citoyens actifs qu'il faut compter. »

de chaque quartier [1] se réunissent, sous la surveillance d'un délégué du corps municipal, ils nomment d'abord le président de l'assemblée et son secrétaire ; pour ces nominations, la majorité relative suffit, c'est à-dire que celui-là est élu qui a le plus de suffrages comparativement aux autres. Les trois citoyens les plus âgés sont chargés de recevoir, ouvrir et dépouiller ces premiers bulletins de vote. Après la nomination du président et du secrétaire, l'assemblée choisit à la fois et par un seul scrutin trois scrutateurs chargés, dans les élections suivantes, de compter les voix et de proclamer les résulats. Quànd le bureau est constitué, l'assemblée électorale procède à la nomination des différents magistrats municipaux. S'il s'agit d'un renouvellement général ou, comme au début de 1790, de la mise en mouvement de la loi de 1789, on doit commencer par choisir le maire, qui, élu au scrutin individuel, ne peut jamais l'être qu'à « la pluralité absosolue des voix », c'est-à-dire par la moitié plus une (art. 16). Si, après un premier tour de scrutin infructueux, un second ne produit pas encore la majorité absolue en faveur d'un candidat, on procède à un troisième où il n'est permis de voter que pour un des deux citoyens qui ont eu le plus de suffrages au tour précédent. Lorsque les voix se partagent également entre les deux concurrents, le plus âgé doit être préféré (art. 16).

Le procureur de la commune et son substitut, dans les endroits où il y en a un, doivent ensuite être choisis par la voie du scrutin individuel dans la même forme et suivant les mêmes règles que celles établies pour l'élection du maire (art. 28 et 29).

Il n'en est pas de même pour la nomination des officiers municpaux qui sont élus par un scrutin de liste double (art. 17), c'est-à-dire que les votants doivent écrire à la fois et sur un même bulletin, non pas autant de noms

1. La loi de 1789 proscrit les assemblées par métiers, professions ou corporations.

qu'il y a de membres à nommer suivant la population du
lieu, mais le double du nombre de ces magistrats à élire.
Ceux de ces officiers municipaux qui obtiennent la pluralité absolue au premier tour de scrutin, sont définitivement élus (art. 21). S'il reste des postes vacants, on
fait un deuxième vote par liste double, pour le nombre
seulement des places à pourvoir, et l'élection n'a encore
lieu cette seconde fois qu'en faveur de ceux qui obtiennent la majorité absolue. S'il faut un troisième scrutin
pour compléter le nombre des membres à élire, il se fait
de même par une liste double du nombre des places dis-
ponibles ; mais alors la simple majorité relative des suffrages suffit pour déterminer l'élection (art. 21). Les notables, en nombre double des officiers municipaux, sont
élus par un seul scrutin de liste et à la simple pluralité
relative des suffrages (art. 30). Une fois le résultat du
scrutin constaté, les citoyens élus sont proclamés par les
officiers municipaux en exercice. Le rang de proclamation est réglé entre tous les membres élus, à raison du plus
ou moins grand nombre de suffrages obtenu par chacun
d'eux, et en cas d'égalité par l'ancienneté d'âge (art. 22).

Voilà la procédure suivie pour la nomination des divers
magistrats municipaux. Mais le choix des électeurs n'est
pas complètement libre, car le collège électoral, composé
de citoyens actifs, c'est-à-dire de Français, majeurs de
25 ans, domiciliés de fait dans la localité depuis au moins
un an, payant une contribution directe de la valeur locale
de trois journées de travail, et n'étant point dans l'état
de domesticité, c'est-à-dire de serviteur à gages [1], doit

---

1. D'après l'Instruction sur la nouvelle municipalité, du 14 décembre 1789, « outre ceux qui n'ont pas les conditions ci-dessus », sont
exclus du collège électoral « les banqueroutiers, les faillis et les
débiteurs insolvables », ainsi que « les enfants qui ont reçu et qui
retiennent à quelque titre que ce soit une portion des biens de leur
père mort insolvable, sans avoir payé leur part virile de ses dettes,
excepté seulement les enfants mariés qui ont reçu des dots avant
la faillite ou l'insolvabilité de leur père notoirement connue. »

ne donner ses suffrages qu'à des sujets éligibles. Pour pouvoir être nommé à l'administration municipale, il faut être membre de la commune à qui la municipalité appartient et joindre aux qualités de citoyen actif que nous avons mentionnées la condition de payer une contribution directe plus forte et montant au moins à la valeur locale de dix journées de travail[1].

Ne peuvent faire partie du même corps municipal les parents ou alliés aux degrés de père et de fils, de beau-père et de gendre, de frère et de beau-frère, d'oncle et de neveu (art. 12). De même les citoyens remplissant des fonctions judiciaires et ceux chargés de la perception des impôts ne sont point éligibles, car leurs fonctions sont réputées incompatibles avec celles de la municipalité (art. 14 et 15). On ne peut aussi cumuler dans la même ville les attributions municipales et celles de la garde nationale (art. 53). Si les électeurs choisissent un citoyen remplissant des fonctions incompatibles avec les fonctions muncipales, l'élection n'est pas nulle pour cela ; mais le nouveau magistrat doit opter entre son ancienne place et celle que lui offre le collège électoral.

Nous avons vu les différences existant entre les nominations de ces divers magistrats ; examinons celles entre leurs remplacements. Le premier maire élu doit rester en fonctions pendant deux ans ; au bout de ce temps, il peut être renommé, pour deux autres années seulement (art. 43). Il en est de même pour le procureur de la commune ; mais le substitut du procureur, élu au début de 1790, ne doit être en exercice qu'une seule année ; ensuite procureur et substitut sont remplacés alterna-

---

1. « La liste des électeurs et des éligibles est dressée et révisée chaque année par la municipalité qui, suivant ses tendances plus ou moins démocratiques, peut l'allonger ou la raccourcir à sa fantaisie, un pouvoir à peu près discrétionnaire lui étant laissé dans la fixation du prix des journées de travail. » Hamon, *La vie municipale dans les communes du canton de Passais pendant la Révolution,* thèse, Rennes, 1909, p. 46.

tivement chaque année (art. 44). Les autres membres du corps municipal et les notables sont renouvelés tous les ans par moitié, la première fois, le sort désigne ceux qui doivent sortir, ensuite l'ancienneté ; ainsi une partie des officiers municipaux et des notables nommés à la première élection ne doivent avoir qu'une année d'exercice, incomplète encore puisque le renouvellement a lieu le premier dimanche d'après la Saint-Martin 1790 (art. 42). Comme il faut, lorsque le nombre des officiers municipaux est impair [1], qu'il sorte alternativement un membre de plus et un de moins chaque année, l'article 42 décide qu'à la fin de 1790, on doit faire sortir un membre de moins.

Si, dans le cours de l'année, les places de maire, de procureur de la commune et de substitut du procureur, viennent à vaquer pour quelque cause que ce soit, la municipalité doit convoquer extraordinairement les citoyens actifs pour procéder à une nouvelle élection (art. 46). Lorsqu'un officier municipal meurt ou démissionne, il est inutile de réunir les sections ; il est remplacé par le premier notable, c'est-à-dire par celui qui a obtenu le plus de suffrages. Enfin si une place de notable devient vacante, elle ne doit être donnée qu'à l'époque de l'élection annuelle pour les renouvellements ordinaires (art. 47).

Voilà comment sont élus ou remplacés les divers magistrats municipaux. Une fois l'élection terminée, les citoyens actifs ne peuvent pas rester assemblés ; l'article 24 charge le président de chaque section de dissoudre la réunion et de déclarer la séance levée, sitôt toutes les nominations faites et proclamées. Il est, de plus, défendu aux citoyens actifs de s'assembler de nouveau en corps de commune dans l'intervalle d'une élection à une autre, sans une convocation expresse, ordonnée par

---

1. Ce cas ne doit pas se produire pour les notables ; puisque le double d'un nombre, qu'il soit pair ou impair, est toujours un nombre pair.

le conseil général de la commune, qui ne peut pas refuser, si cette convocation extraordinaire est requise par le sixième des citoyens actifs dans les communes au-dessus de 4.000 âmes et par 150 citoyens actifs dans toutes les autres communes.

Quelles sont au juste les différentes fonctions de tous les rouages établis par la loi du 14 décembre 1789?

Le maire, possesseur d'un titre surtout honorifique, préside les assemblées tant du conseil général de la commune que du corps municipal et du bureau. Les autres officiers municipaux ont rang et séance selon l'ordre dans lequel ils ont été proclamés lors de leur élection. Quand le maire est absent, celui des officiers municipaux proclamé le premier doit le remplacer et présider à sa place.

Le procureur de la commune a le droit d'assister à toutes les assemblées du conseil général de la commune, du corps municipal, du bureau de la municipalité, et est entendu sur tous les objets mis en délibération, mais n'a pas voix délibérative. Il doit se tenir à un bureau particulier (art. 26). Quand il y a un substitut du procureur, comme à Laval, ce magistrat a le même droit que son supérieur ; mais il ne peut prendre la parole qu'en l'absence du procureur de la commune (art. 27).

Tout corps municipal, composé de plus de trois membres, doit se diviser en conseil et en bureau (art. 34). Le bureau est formé du tiers des officiers municipaux, y compris le maire, qui en fait toujours partie de droit (art. 35). Les membres du bureau, autres que le maire, sont élus par les officiers municipaux. Cette nomination doit être renouvelée tous les ans, mais les membres du bureau peuvent être réélus une fois, pour une seconde année (art. 36). Le bureau seul est chargé de tous les détails d'exécution et des actes de simple régie (art. 37). Les officiers municipaux, qui ne sont pas membres du bureau forment le conseil, siégeant lorsqu'il s'agit d'exa-

miner et de recevoir les comptes de la gestion du bureau
(art. 40). Quand le conseil et le bureau se réunissent, ils
constituent le corps municipal, qui prend toutes les autres
délibérations (art. 39) ; et la présence de la moitié plus
un des officiers municipaux est nécessaire pour faire
valablement un arrêté (art. 40).

D'après l'article 54, le corps municipal peut se transformer en conseil général de la commune, par l'adjonction
des notables, toutes les fois qu'il le juge convenable. Ce
conseil général doit nécessairement être convoqué pour
délibérer sur des sujets très importants, c'est-à-dire,
« sur des acquisitions ou aliénations d'immeubles ; sur
des impositions extraordinaires pour dépenses locales ;
sur des emprunts : sur des travaux à entreprendre, sur
l'emploi du prix des ventes, des remboursements ou
recouvrements, sur les procès à intenter, même sur les
procès à soutenir » (art. 54).

Les membres des corps municipaux ont à remplir deux
espèces de fonctions résultant de pouvoirs de nature
très différente ; et l'instruction royale qui suit la loi du
14 décembre 1789, prie les nouveaux élus de se bien
pénétrer de la distinction entre ces deux sortes d'attributions : car, nous dit-elle, « c'est par leur exactitude à
se renfermer dans les bornes de ces fonctions et à reconnaître la subordination pour celles de chaque espèce
qu'ils prouveront leur attachement à la constitution et
leur zèle pour le bien du service. L'objet essentiel de la
constitution étant de définir et de séparer les différents
pouvoirs, l'atteinte la plus funeste qui puisse être portée
à l'ordre constitutionnel serait celle de la confusion des
fonctions, qui détruirait l'harmonie des pouvoirs. »

Parmi les attributions des municipalités, les unes sont
propres au pouvoir municipal : elles consistent à régir les
biens et revenus communs des villes, bourgs, paroisses
et communautés, régler et acquitter les dépenses locales
devant être payées avec les deniers communaux ; diriger

et faire exécuter les travaux publics à la charge de la localité ; administrer les établissements appartenant à la commune et qui sont entretenus par ses ressources ou destinés à l'usage de ses habitants ; faire jouir la population des avantages d'une bonne police, particulièrement de la propreté, de la salubrité, de la sûreté et de la tranquillité des rues, ainsi que des lieux et des édifices publics (art. 50).

Les autres attributions, au contraire, sont propres à l'administration générale, et les corps municipaux n'en sont chargés qu'en vertu d'une délégation faite par l'État. Ces fonctions sont, aux termes de l'article 51 : « la répartition des contributions directes entre les citoyens dont la communauté est composée, la perception de ces contributions, le versement de ces contributions dans les caisses du district ou du département ; la direction immédiate des travaux publics dans le ressort de la municipalité ; la régie immédiate des établissements publics destinés à l'utilité générale ; la surveillance et l'agence nécessaires à la conservation des propriétés publiques ; l'inspection directe des travaux de réparation ou de reconstruction des églises, presbytères et autres objets relatifs au service du culte religieux. ».

La différence entre les fonctions mentionnées dans ces deux articles dont les énumérations ne sont point limitatives, se traduit, dans la pratique, par une liberté plus ou moins grande laissée à l'administration municipale, et par un pouvoir moins ou plus étendu, accordé au département ou au district sur les délibérations de la municipalité, qui, dans tous les cas, a le droit de requérir la force publique, pour faire appliquer toutes ses délibérations lorsqu'elles sont légalement exécutables. Quand le corps municipal exerce les fonctions qui lui sont propres, il le fait « sous la surveillance et l'inspection des assemblées administratives » (art. 50) ; lorsqu'au contraire, il remplit les attributions qui ne lui sont que déléguées par l'État, il est alors soumis au contrôle des corps administratifs, ainsi que dans les cas suivants : d'abord pour la vérification des comptes de la régie des bureaux municipaux; ces comptes, reçus par le corps municipal, sont soumis au district chargé de les vérifier et de les faire parvenir ensuite avec son avis au département qui les arrête définitivement (art. 57) ; — Puis, pour l'autorisation des délibérations prises sur les objets d'une importance majeure, qui, détaillés en l'article 54, nécessitent la convocation du Conseil général de la commune (art. 54); — Ensuite, en cas de poursuite de la part d'un citoyen qui se croit fondé à se plaindre personnellement d'actes du corps municipal : l'administration du département ou son directoire doit faire droit sur cette plainte, après avoir pris l'avis de l'administration ou du directoire du district, chargé de vérifier les faits exposés (art. 60). Enfin, quand un citoyen actif, sans articuler de griefs personnels, dénonce les officiers municipaux comme coupables de délits d'administration, cette dénonciation doit être préalablement soumise au département, qui, après vérification des faits par le district et après avis de cette administration, doit, s'il y a lieu, renvoyer la poursuite devant les juges compétents (art. 61).

On voit, par ces droits de plainte et de dénonciation dont jouissent les citoyens actifs, qui, pour pouvoir user des articles 60 et 61, ont le droit de prendre communication, sans frais, des comptes, des pièces justificatives, des procès-verbaux de délibérations, que les commettants exercent une véritable surveillance sur les membres des municipalités, surveillance qui s'ajoute à celle des corps administratifs, ou qui peut même provoquer celle-ci, si le département se montre négligent. Outre ce droit de contrôle sur les municipalités, les citoyens actifs conservent celui de se réunir, sans armes, en assemblée particulière, mais seulement pour rédiger quelque pétition ou quelqu'adresse aux corps constitués.

Telles sont les grandes lignes de la loi du 14 décembre 1789, dont nous nous sommes proposés d'étudier l'application à Laval. Certes, la tâche des municipalités créées par cette loi est lourde. Aussi Taine écrira-t-il qu'elle est « au-delà de ce que les forces humaines peuvent supporter, car il ne s'agit pas d'une petite routine à suivre, mais d'un ordre social tout entier à défaire, et d'un ordre social tout entier à constituer [1]. » Ce qui rend difficile le rôle des officiers municipaux, c'est le nombre incalculable de fonctions qu'ils ont à remplir, et la diversité existant entre ces différentes attributions. Les municipalités viennent d'être créées et aussitôt elles sont chargées de nombreuses missions qui, au siècle suivant, seront confiées à des administrations spéciales, dépendant de l'État et n'ayant plus avec les municipalités que des relations très éloignées. Dans la suite, le nombre des fonctions de ces assemblées naissantes ne fait que s'accroître ; aussi M. J. Hamon a-t-il raison d'écrire [2] : « L'Assemblée Constituante, plus tard l'Assemblée Législative et la Convention, n'édictent pas une mesure qu'elles ne chargent aussitôt les municipalités de son application locale. Ainsi, avec le temps, au hasard des travaux législatifs, la liste des attributions municipales s'allonge démesurément et finit par embrasser les objets les plus divers : confection et révision de la liste des électeurs et des éligibles, convocation et surveillance des assemblées primaires pour la nomination du juge de paix, de ses assesseurs, des électeurs, pour l'organisation de la garde nationale, application de la loi sur la constitution civile du clergé, installation du clergé constitutionnel, dépossession et surveillance des prêtres insermentés, mise sous séquestre après inventaire et

1. Taine, *Les origines de la France contemporaine, La Révolution*, t. II, p. 19 et 20.
2. J. Hamon, *La Vie municipale dans les communes du canton de Passais pendant la Révolution*, p. 48 et 49.

gérance des biens d'église, d'ecclésiastiques, d'émigrés ;
police municipale et police générale, délivrance de certificats de résidence, de certificats de civisme, de passeports ; recherche et répression des contraventions,
visites domiciliaires, perquisitions ; levées de volontaires
et recrutement de l'armée en hommes, en chevaux, en
armes et équipements ; approvisionnement des communes en subsistances de toutes sortes ; application du
maximum, des mesures relatives à la circulation des
grains, au prix du pain et des denrées qualifiées de première nécessité ; établissements de statistiques de tous
genres sur la population, les indigents, le commerce
local, les grains..., exécution de réquisitions innombra-
bles, service de l'état civil, voirie, enseignement, assistance, et combien d'autres fonctions encore, moins
importantes. »

Voilà ce que chaque municipalité doit accomplir dans
les limites de son territoire. Étudions donc celle de
Laval ; voyons d'abord son histoire, puis examinons successivement ses principales attributions.

*
* *

Pour rédiger notre essai, nous avons dû étudier de
nombreux documents se rapportant à la période comprise
entre 1790 et l'an IV ; aux Archives de la commune de
Laval : registres de délibérations du bureau particulier,
du corps municipal, du conseil général de la commune,
registres d'ordonnance de la municipalité, de correspondance, etc. ; — aux Archives départementales de la
Mayenne : registres de délibérations du directoire du
district et du directoire du département.

Pour compléter les renseignements donnés par les
archives, nous avons parcouru, à la bibliothèque municipale de Laval, les « fonds » Couanier de Launay, Maignan et Le Fizelier.

De plus, nous avons lu l'*Histoire de l'Église du Mans* de Dom Piolin, les *Mémoires ecclésiastiques sur la ville de Laval* de Boullier, les *Études et Récits sur Laval* de Le Fizelier, la *Topographie médicale de la ville de Laval* du Dr Bucquet, les *Premiers troubles de la Révolution dans la Mayenne* de Duchemin et Triger, ainsi que les ouvrages très documentés de M. l'abbé Angot et les intéressants travaux de MM. Queruau-Lamerie, Galland, Delaunay, Laurain, le sympathique archiviste départemental de la Mayenne, que nous remercions de nous avoir aidé dans nos recherches.

En dehors de ces ouvrages d'histoire locale, citons : les *Origines de la France contemporaine* de Taine, le *Manuel d'histoire du Droit* de M. Esmein, l'*Histoire politique de la Révolution* de M. Aulard, l'*Histoire religieuse de la Révolution française* de M. de la Gorce, l'ouvrage de M. Gautier l'*An 1789, Événements, mœurs, idées, œuvres et caractères*, la thèse de doctorat de M. J. Hamon, *La Vie municipale dans les communes du canton de Passais pendant la Révolution* (Rennes, 1909) ; celle de M. Vergues, *Contribution à l'étude des municipalités de canton de l'an III* ; celle de M. Hamard, *Tenue des États de Bretagne de l'année 1752* (Rennes, 1911).

Telles sont les sources auxquelles nous avons puisé et tels sont les principaux ouvrages que nous avons consultés pour édifier notre travail, dont l'idée nous a été donnée par M. Olivier Martin, professeur agrégé à la Faculté de Droit de Rennes, que nous remercions de nous avoir initié aux charmes des études historiques.

Histoire de la Municipalité de Laval
de 1790 à l'an IV

CHAPITRE PREMIER

La Municipalité de février à novembre 1790

Par application de la loi du 14 décembre 1789, la ville
de Laval, comptant 14.800 habitants, eut une municipalité composée d'un maire, d'un procureur de la commune, d'un substitut du procureur, de onze officiers
municipaux et de vingt-quatre notables[1].

Le 10 février 1790 commencèrent les élections, au
cours desquelles, d'après les registres des archives communales, aucun incident ne se produisit. Les citoyens
actifs, convoqués probablement par l'ancienne municipalité, qui, dans ces circonstances, joua un rôle très
effacé, s'assemblèrent dans les quatre sections de la
ville, qui tinrent leur réunion aux Cordeliers, en l'église de
l'hôpital Saint-Louis, aux Jacobins et aux Ursulines. Pro-
cédant d'abord à l'élection d'un maire, ces assemblées portèrent leur choix sur François Hubert, chirurgien ; dès que
celui-ci fut averti du résultat du vote il se rendit à la
maison commune, dans la salle où étaient réunis les
présidents, les secrétaires et les scrutateurs des différentes sections et leur déclara accepter sa nomination[2].
Le lendemain, 11 février 1790, les sections choisirent
dans leur réunion du matin comme procureur de la com-

1. L'article 25 de la loi portait : « Les membres des corps
municipaux des villes, bourgs, paroisses ou communautés seront
au nombre de 3, y compris le maire, lorsque la population sera
au-dessous de 500 âmes ; de 6, y compris le maire, depuis 500 âmes
jusqu'à 3.000, de 9 depuis 3.000 jusqu'à 10.000, de 12 depuis 10.000
jusqu'à 25.000, etc ».
2. Arch. com., K1A.

mune Enjubault de la Roche fils ; et à la séance de
l'après-midi comme substitut du procureur, Aubry
l'aîné. Enjubault et Aubry acceptèrent de suite[1].

Le 16 février suivant, les citoyens se réunirent pour
nommer les officiers municipaux. Ce jour-là furent élus
sept magistrats, parmi lesquels Plaichard de la Choltière, médecin, plus tard député de la Mayenne, De
Valois, écuyer, divers négociants, un horloger, un bourgeois et un médecin. Deux jours plus tard, les sections,
pour compléter le nombre des officiers municipaux,
firent choix d'un avocat et d'un négociant, qui acceptèrent aussi[2].

Pour élire les notables, les citoyens s'assemblèrent le
21 février et nommèrent à la « pluralité relative » des
fabricants, des négociants, des marchands, deux tan-
neurs, deux notaires, un chirurgien et un huissier[3].

Tels furent les différents membres de la première
municipalité révolutionnaire. Pour entrer en fonctions,
ils se conformèrent à l'article 48 de la loi du 14 décembre 1789 qui exigeait qu'après leur nomination ils prê-
tassent serment devant la commune elle-même. C'est
pourquoi le 22 février 1790, les maire, procureur de la
commune et substitut, officiers municipaux et notables,
réunis aux Cordeliers, car la maison commune eût été
trop petite pour contenir les spectateurs, prêtèrent serment devant la population de « maintenir de tout leur
pouvoir la constitution du royaume, d'être fidèles à la
nation, à la loi et au roi, et de bien remplir leurs fonctions[4] ».

Théoriquement, ces magistrats devaient conserver
leurs places jusqu'à la Saint-Martin de 1790, moment
où plusieurs d'entre eux, tirés au sort, devaient être

1. Arch. com., KⁱA.
2. *Idem.*
3. *Idem.*
4. *Idem.*

remplacés, mais il n'en fut point ainsi en réalité : dans le courant de l'année 1790, certains de ces « fonctionnaires » se retirèrent et eurent des successeurs avant le mois de novembre. Le 4 juillet 1790, le procureur de la commune, nommé procureur général syndic du département de la Mayenne, démissionna de sa place de membre de la municipalité. Le surlendemain, un officier municipal, nommé membre du département, donna sa démission. Conformément aux prescriptions de la loi il fut aussitôt remplacé par le premier notable. Le 19 juillet, les citoyens des sections des Cordeliers, de Saint-Louis, des Jacobins, des Ursulines et de Saint-Michel[1], avertis quelques jours auparavant par des affiches et par les prônes de Saint-Vénérand, de la Trinité, de Saint-Tugal, se réunirent pour pourvoir au remplacement d'Enjubault de la Roche, procureur démissionnaire ; ils nommèrent Martin de la Tremblaye « procureur fiscal au siège ordinaire de cette ville » qui refusa, préférant rester procureur fiscal plutôt que d'être chargé de rappeler au maire et au corps municipal l'accomplissement de leurs devoirs et l'exécution des lois. Le même jour, les sections s'assemblèrent de nouveau mais ne firent aucun choix. Le 20 juillet s'étant réunies à 8 heures du matin elles élirent Jean Gombert de la Tesserie qui accepta de remplacer Enjubault de la Roche. Le 9 août suivant, un officier municipal, de Valois, démissionna et fut remplacé par le premier des notables en exercice[2].

Voilà donc quel fut l'état de la municipalité durant l'année 1790, jusqu'au mois de novembre, moment où, conformément à la loi de 1789 on procéda à un renou-

---

1. Pour faciliter la nomination du successeur d'Enjubault de la Roche, le conseil général de la commune décida, le 7 juillet 1790, de convoquer les citoyens actifs en 5 assemblées et créa ainsi la nouvelle section de Saint-Michel, prise sur celle des Jacobins.

2. Arch. com., K₁A1, D₁A1.

vellement partiel, après avoir tiré au sort les noms des sortants.

La municipalité, élue en février 1790, se réunit pour la première fois le 1er mars. Dans cette séance le conseil général de la commune se compléta en faisant choix d'un secrétaire-greffier : Nicolas Hayer, fils, notaire de la comté pairie de Laval, « cy devant secrétaire-greffier de l'hôtel de ville » fut nommé à cette place. Il fut aussi chargé des fonctions de trésorier ; quant à ses appointements, car ces places étaient salariées, leur fixation fut remise au moment où l'on se rendrait un compte exact du travail et du temps qu'il devrait y consacrer. Puis le conseil général se fit un règlement ordonnant de discuter complètement un sujet, et de voter sur ce sujet avant d'en aborder un autre : il voyait, avec raison, dans cette manière de procéder le meilleur moyen d'agir et d'aboutir à un résultat. Ensuite, après avoir décidé de procéder à un inventaire des titres et papiers de la municipalité, il arrêta de faire une adresse aux « seigneurs de l'assemblée nationale » et de prévenir les députés de la Mayenne du changement de municipalité. Enfin pour s'installer complètement, le conseil général autorisa l'achat de registres pour inscrire les procès-verbaux des délibérations, les comptes, et en général tout ce qui pouvait intéresser la commune. Il procéda encore à la nomination des membres du bureau particulier, dont firent partie de droit le maire et le procureur [1]. L'assemblée se sépara après avoir chargé les citoyens Plaichard de la Choltière et Delaunay Fresney de remercier les Jacobins, Saint-Louis, les Cordeliers et les Ursulines d'avoir prêté un local pour les élections municipales, et de leur proposer de réparer les dommages causés par les citoyens actifs pendant la tenue des réunions [2].

Ainsi installée, la municipalité va pouvoir commencer

1. Arch. com., D₁A1, D₁B4.
2. *Idem,* D₁A1.

à remplir ses fonctions. Certes la besogne sera rude ;
car dans tout le Maine et surtout dans le Bas-Maine
cette année 1790 ne s'annonce pas comme heureuse :
« La misère est grande, nous dit Le Fizelier[1], nul travail, nul salaire ; entassés dans les villes, des milliers de
mendiants que les municipalités ne savent comment
nourrir. Le pain est cher, les approvisionnements sont
difficiles, les campagnes peu sûres ». Et c'est au milieu
de cette détresse que s'est installée notre Municipalité,
composée d'hommes de bonne volonté, certainement
capables, mais peu initiés aux affaires et à la vie publiques.

Ces nouveaux magistrats durent s'occuper des subsistances, du recouvrement de nombreux impôts : tarif,
aides, contribution patriotique, impôt sur les tabacs,
traites, vingtième, capitation, dont la plupart disparurent ou furent complètement modifiés pendant la période
révolutionnaire. Ils liquidèrent le grenier à sel ; prépa-
rèrent les assemblées des électeurs pour la formation de
l'administration du département de la Mayenne et pourvurent à l'entretien des troupes cantonnées à Laval,
c'est-à-dire de compagnies du régiment de Royal-Roussillon, ainsi qu'aux dépenses de la garde nationale. Ils
s'intéressèrent à l'instruction publique, à la circulation
du papier monnaie et à l'émission de nouveaux assignats. Pour secourir les indigents, ils organisèrent des
ateliers de charité et nommèrent de nouveaux administrateurs à l'hôpital Saint-Julien. Dans la mesure de leur
pouvoir ils aidèrent le district à distribuer des pensions
aux religieux ; ils surveillèrent les biens ecclésiastiques ·
et eurent à remplir de multiples attributions de police[2].

---

1. Le Fizelier, *Études et récits sur Laval et le Bas-Maine*,
p. 31.

2. Toutes ces attributions que nous ne faisons qu'énumérer pour
l'instant seront étudiées en détail dans la dernière partie de cet
essai.

Cette municipalité, au milieu de ses nombreuses occupations, défendit sagement mais néanmoins fermement les intérêts confiés à sa garde : en effet en avril 1790 elle chargea son procureur de terminer, autant que possible à l'amiable, des difficultés s'élevant entre les communes de Laval et d'Avénières à propos d'un pré les séparant[1]. Le 18 septembre, avertie par Gougeon du district de Vitré que la ville de Fougères faisait des démarches pour obtenir le passage du « courrier de la malle et des voitures publiques », elle décida d'user de tous les moyens possibles pour empêcher ce projet d'aboutir, et écrivit immédiatement à ce sujet aux députés de la Mayenne à l'Assemblée, pour les prier de défendre les intérêts de Vitré et de Laval, mis en péril par les agissements de Fougères[2].

Non contents de défendre ainsi les droits de leur cité, les magistrats municipaux cherchèrent à la faire prospérer. En exécution d'une délibération du conseil général de la commune du 9 avril 1790, le maire et les officiers municipaux écrivirent le 6 juin 1790 à l'Assemblée nationale pour lui demander d'établir à Laval un tribunal supérieur, un évêché, un séminaire et un « tribunal d'exception pour les causes purement consulaires ». Pour obtenir ces créations, ils invoquèrent la position de Laval au centre du département, sa prospérité, son grand commerce et sa richesse en bâtiments propres à l'installation de ces différentes institutions[3].

Mais, malgré toute leur bonne volonté et tout leur zèle, les officiers municipaux et les notables commirent peut-être des négligences sur certains points. En octobre 1790, la municipalité reçut une instruction du département de la Mayenne, qui, après avoir ordonné, dans le préambule, le respect aux lois et l'amour de l'intérêt général

---

1. Arch. com., D₁B4, f. 11.
2. *Idem*, D₁B4, f. 65'.
3. *Idem*, D₁A1, DAv40, f. 10.

devant lequel devait disparaître l'intérêt particulier,
demandait l'union des officiers municipaux. De plus, le
directoire du département leur recommandait de veiller
particulièrement sur les attroupements et la circulation
des grains, d'établir avec justice l'assiette des impôts
directs sans chercher à diminuer leur part [1], d'aider à la
perception des impôts indirects, subsistant jusqu'à leur
abolition par l'Assemblée Nationale ; de gérer les biens
nationaux, de secourir les indigents et de ne point distribuer hâtivement les passeports ; enfin il leur rappelait que s'ils se trouvaient embarrassés, le district et le
département étaient à leur disposition pour les aider
dans leurs travaux ou leur donner des éclaircissements [2].
Il ne faut voir, nous semble-t-il, dans cette instruction,
que de simples recommandations destinées à préciser les
devoirs des membres de la municipalité et à encourager
leurs premiers efforts ; car, depuis leur arrivée aux fonctions municipales, ces magistrats s'étaient complètement
consacrés à leurs concitoyens.

Tous ces officiers municipaux et ces notables, appartenant à la bourgeoisie, au commerce, à l'industrie, ou
encore aux carrières libérales, n'étaient point républicains ; d'ailleurs, à cette époque, il était peu question de
république, et rares encore étaient ceux qui en parlaient.
Les membres de cette municipalité étaient royalistes,
pour la plupart ; ainsi Hubert, parlant de Louis XVI
dans un discours prononcé le 14 juillet 1790, l'appelait
« le plus généreux des souverains [3] ». De plus, ils
étaient catholiques ; aussi, le 12 mai, le corps municipal
organisant la procession de la Fête-Dieu, décidait-il que
« la municipalité tiendrait le même rang que tenait l'an-

1. « Tout délai, y était-il écrit, dans la confection des rôles est criminel… le recouvrement des impôts directs regarde spécialement
les municipalités ; elles en sont chargées et même responsables. »
2. Arch. départ., L60.
3. Arch. com., D1A1.

cienne » et qu'elle y convoquerait les corps de magistrature, les autorités civiles et militaires ainsi que tous les corps de métier[4]. Ils étaient respectueux des traditions et des souvenirs du vieux temps. Comme il était d'usage immémorial en cette ville de faire un feu la veille de la Saint-Jean, feu qui était allumé par la municipalité sur la place de la Chiffolière, le corps municipal arrêtait dans sa séance du 20 juin 1790 « qu'il en serait fait un le dit jour, auquel messieurs les notables seraient invités d'assister[1]. »

Cependant, les magistrats municipaux virent d'un assez bon œil les débuts de la Révolution : ils contribuèrent pour leur part à organiser les nouvelles administrations ; ils allèrent, en corps, rendre hommage à l'assemblée électorale présidée par Sourdille de la Valette, avocat du roi au Présidial de Château-Gontier, et réunie à l'église des Cordeliers pour élire les membres de l'assemblée et du directoire du département[2]. Ce fut aussi avec grand enthousiasme qu'ils célébrèrent la fête de la Fédération, fixée au 14 juillet. Ils envoyèrent à Paris des députés et des gardes nationaux, qui, joints aux délégués des villes voisines, représentèrent le département de la Mayenne à cette réunion mémorable des gardes nationales de toutes les parties du royaume. Les habitants de Laval fêtèrent aussi cette journée qui fut préparée longtemps à l'avance, et à laquelle la municipalité s'attacha à donner le plus d'éclat possible. Quand, cette belle solennité passée, les Lavallois revinrent de Paris avec une bannière destinée à être déposée au directoire du département, le bureau particulier décida, le 28 juillet 1790, de convoquer pour le lendemain le département, ainsi que le district, et de réquisitionner la garde nationale, la compagnie de Royal-Roussillon en détachement

4. Arch. com., D1C6, f. 40.
1. *Idem*, f. 43.
2. *Idem*, D1A1.

à Laval et la maréchaussée, pour aller en corps à la rencontre des porteurs de cet étendard [1]. Le 30 juillet, pour distraire les gardes nationaux de Laval et ceux du département de passage en cette ville, ainsi que les députés de Bretagne, arrivant de Paris avec leurs quatre bannières pour leurs quatre départements, le même bureau particulier organisa un concert, qui eut lieu « dans la salle du spectacle » à cinq heures du soir [2].

Ainsi les membres de cette première municipalité furent royalistes, religieux, traditionnalistes ; mais ils ne furent pas des réactionnaires. La joie au fond de l'âme, ils virent la nouvelle constitution de la municipalité, la formation du district et du département, l'abolition des privilèges ; et, le cœur plein d'espérance, ils entrevirent une ère nouvelle où, par la réforme des abus de l'Ancien Régime, avec plus de liberté régneraient plus d'égalité et plus de bonheur.

1. Arch. com., DıA1.
2. *Idem*, DıB'4, f. 51.

CHAPITRE II

La Municipalité de novembre 1790 à novembre 1791

D'après l'article 42 de la loi du 14 décembre 1789, la moitié des officiers municipaux et des notables devait se retirer au bout d'un an et les assemblées primaires étaient appelées à se réunir le dimanche après la Saint-Martin, pour leur donner des successeurs. Le Conseil général de la commune décida, le 29 octobre 1790, de se réunir le 4 novembre suivant pour désigner les officiers municipaux et les notables qui sortiraient. Cinq officiers municipaux devaient être remplacés et six devaient conserver leurs fonctions. Au jour fixé, le Conseil général s'assembla à la maison commune : on écrivit sur cinq cartes le mot *sortant* et on laissa six cartes blanches. Chaque officier municipal vint prendre un étui contenant une carte et le remit au maire. Le même jour, et de la même manière, le Conseil général tira au sort les noms des notables sortants. Comme, par suite de démissions ou de remplacements d'officiers municipaux, ces magistrats n'étaient plus que vingt et un au lieu de vingt-quatre, il y eut douze cartes blanches et neuf avec le mot *sortant*. Ces opérations faites, le Procureur de la Commune, Gombert de la Tesserie, donna sa démission « rappelant qu'il n'avait accepté ses fonctions que jusqu'à la Saint-Martin. »

Le Conseil général arrêta ensuite de faire annoncer aux prônes de Saint-Vénérand, de Saint-Tugal et de la Trinité que les cinq sections de la ville devraient se réunir le dimanche 14 novembre pour élire un procureur de la commune, un substitut du procureur, cinq officiers municipaux, neuf notables ; et que cette réunion se tiendrait, le dimanche 14, à trois heures de l'après-midi, à cause « du service divin » ; les jours suivants, à neuf heures du matin et à deux heures de relevée, jusqu'à la nomination de tous les membres de la municipalité. Enfin le Conseil général se sépara après avoir fixé le traitement de son secrétaire Hayer à 1.200 livres par an, et l'avoir prévenu qu'on « lui passerait deux commis à raison de 300 livres chaque, à partir du 1ᵉʳ novembre, sauf à augmenter plus tard le nombre des commis [1]. »

Le 13 décembre 1790, veille du jour des élections, le Conseil général de la commune se réunit et chargea Hubert, Pichot, Plaichard de la Choltière, Couanier Deslandes, Ringuet, d'aller le lendemain, chacun dans une des cinq sections de la ville, annoncer le motif et le but de la réunion [2]. Le 14 novembre, les citoyens actifs se réunirent à trois heures comme on le leur avait prescrit, mais il n'y eut pas de nomination. Le lendemain, réunion pour élire un procureur de la commune à la place de Gombert de la Tesserie : personne n'obtint la majorité absolue ; même chose advint à l'assemblée du soir. Une fois ces résultats connus, comme il se faisait tard, le Conseil général décida de remettre l'élection au lendemain et rappela aux présidents et scrutateurs des sections, qu'en vertu de l'article 28 du décret constitutif des municipalités, les citoyens actifs devraient voter soit pour Aubry soit pour Bezongnard de la Plante fils, qui avaient réuni le plus de voix. Le 16 novembre 1790, les électeurs choisirent comme procureur de la commune Aubry, qui refusa cette place. Le même jour, à quatre heures du soir, les sections s'assemblèrent, mais sans résultat, car les voix se partagèrent entre Le Pescheux

1. Arch. com., DıA1 (29 octobre-4 novembre 1790), f. 80 à 89.
2. *Idem*, DıA1, f. 89.

et plusieurs autres Lavallois. Enfin, le lendemain, les présidents et scrutateurs des sections étant venus apporter à la maison commune les résultats de leurs sections, le Conseil général constata que Le Pescheux Dauvais réunissait la majorité absolue. Prévenu de suite de sa nomination, il déclara l'accepter.

Dans l'après-midi du 17 novembre 1790, les sections se réunirent à nouveau ; et, le soir à dix heures, le Conseil général proclama substitut du procureur de la commune le sieur Sauvage de la Ville, qui accepta.

Le lendemain, nouvelle réunion pour élire les cinq officiers municipaux : trois citoyens ayant obtenu « la pluralité absolue » furent nommés ; le même jour, les sections, assemblées pour nommer les deux officiers municipaux qui restaient à élire, firent choix d'un médecin et d'un concitoyen qui refusa, « vu son grand âge et ses infirmités corporelles. » Le 19 novembre, fut enfin élu le cinquième officier municipal.

Dans l'après-midi, les assemblées nommèrent comme notables des marchands, des bourgeois, un notaire, un horloger et un cordonnier[2].

Ainsi fut constituée cette municipalité, dont la nomination commencée le 14 novembre et terminée le 19 dura six jours entiers. Outre ce long délai, nous devons observer qu'aucun des membres de l'ancienne municipalité ne fut réélu. A cela, rien d'étonnant, d'ailleurs, car à l'époque où eurent lieu les assemblées de section cette réélection était défendue par le décret de 1789 sur la constitution des municipalités ; mais cette interdiction ne fut sans doute pas observée par toute la France, car le 21 novembre 1790 l'Assemblée nationale, sur le rapport de son comité de constitution, décréta que « pour cette fois seulement » les officiers municipaux sortis de place par la voie du sort avaient pu et pouvaient être réélus.

1. Arch. com., K₁A1.

Le 21 novembre 1790, le conseil général procéda à l'installation des nouveaux élus, et leur fit prêter serment : le surlendemain, le corps municipal, par la voie du scrutin, chargea Plaichard de la Choltière, Paillard Houisière et Devernay Duronceray de former le bureau de la municipalité, dont le maire et le procureur étaient membres de droit [1].

La municipalité ainsi établie devait, d'après la loi du 14 décembre 1789, rester en fonctions jusqu'au renouvellement de novembre 1791. En général elle y resta ; cependant elle subit quelques changements dans le courant de l'année. Ainsi à sa séance du 25 mai 1791, le conseil général, appliquant l'article 47 de la constitution des municipalités, décida que le premier notable remplacerait un officier municipal décédé. Le 12 août 1791, un notable, le cordonnier, démissionna. Enfin à peu près trois semaines avant le renouvellement partiel de la municipalité, Hubert, maire, qui venait d'être nommé greffier du tribunal de police correctionnelle, donna sa démission de maire, ces deux fonctions étant incompatibles [2].

La tâche de cette assemblée fut plus lourde que ne l'avait été celle des précédents officiers municipaux. Tout d'abord, l'esprit des citoyens avait un peu changé : « Le calme n'était qu'apparent, nous disent Duchemin et Triger [3], en parlant spécialement de Laval ; la force seule parvenait à maintenir le peuple dans l'obéissance ». L'anarchie régnait partout, dans l'ordre administratif aussi bien que dans le judiciaire ou le religieux. Les institutions de l'ancien regime n'existaient plus ; les nouvelles n'étaient pas encore complètement organisées, ou ne connaissaient pas bien les limites de leurs fonctions, et

1. Arch. com., DɪA1, f. 91, DɪC6, f. 72.
2. *Idem*, DɪA1, f. 141 à 154.
3. Duchemin et Triger, *Premiers troubles dans la Mayenne*, p. 80

elles ne rendaient pas tous les services que l'on attendait d'elles. Quelques esprits, qui avaient vu avec plaisir l'accomplissement des premières réformes, étaient déjà découragés et pressentaient que la révolution allait être plus complète qu'ils ne l'auraient voulu.

Les officiers municipaux et les notables eurent les mêmes occupations que leurs prédécesseurs : recouvrement d'impôts, surveillance des troupes, de la garde nationale, des approvisionnements de ces armées et de la ville, de l'instruction publique, etc., mais ces fonctions furent plus absorbantes et plus difficiles à remplir, car, souvent, il fallut prendre des mesures nouvelles, comme par exemple pour la perception d'impôts jusqu'alors inconnus [1], ou pour l'application de la constitution civile du clergé [2], mesures qui heurtèrent soit des intérêts pécuniaires et matériels, soit des convictions religieuses, et mécontentèrent les administrés. A Laval, l'application de la constitution civile du clergé, décrétée par la loi du 12 juillet-24 août 1790, fut plus difficile que dans le reste du département, car, outre les nombreux prêtres qui demeuraient en cette ville et qui devaient prêter serment, Laval, érigé en évêché, dut faire procéder à l'élection de l'Ordinaire : cette opération, commencée le 12 décembre 1790, se termina le 20 mars 1791 par la nomination de Villar. La municipalité, comme nous le verrons plus en détail dans la dernière partie de cet essai, prépara cette élection, la surveilla ; et elle reçut avec beaucoup d'honneur le nouvel évêque, lors de son entrée solennelle en cette ville.

Cette municipalité eut la mission de promulguer la constitution française des 3-14 septembre 1791. Le 15

1. Voir Troisième partie, chapitre des impôts, contribution mobilière, patentes.
2. Cette constitution civile du clergé, œuvre gallicane, est le développement et la mise en application des principes consignés dans la Déclaration du clergé de 1682.

du même mois, à cinq heures du soir, un courrier passa par Laval, annonçant que le roi avait accepté et sanctionné la constitution du royaume. Pour célébrer cette heureuse nouvelle, les officiers municipaux décidèrent de faire publier, le 18 septembre, une ordonnance défendant « à tous les citoyens de cette ville, à peine d'amende et même de prison, de former des attroupements séditieux, de se donner des épithètes offensantes, de se disputer ou de se porter à des voies de fait les uns contre les autres... » Et l'instruction des représentants municipaux ajouta : « Il sera chanté aujourd'hui dimanche, à l'issue des vêpres, un *Te Deum* en actions de grâces ; et il est ordonné à tous les citoyens d'illuminer le soir du même jour les fenêtres de leurs maisons, à commencer depuis 8 heures jusqu'à 10 ; est enjoint à chacun de se livrer à la joie universelle avec décence et modération ». Se conformant ensuite à la loi du 15 septembre 1791, la municipalité décida, le 24 du même mois, de faire publier la constitution le lendemain, dimanche, par le conseil général de la commune, en trois endroits de la ville et avec une solennité répondant à la volonté des « augustes représentants ». Le 25, les corps constitués se réunirent à l'hôtel commun, où le maire, pour la première fois promulgua la fameuse constitution ; le cortège se rendit ensuite au Champ-de-Mars [1], où eut lieu la seconde promulgation et de là alla à la place du Gast où la constitution fut publiée pour la troisième fois. Cette dernière cérémonie fut plus imposante que les précédentes. Sur la place se rangèrent la garde nationale de la ville et les volontaires du département destinés à marcher aux frontières envahies par l'ennemi ; au milieu avait été élevé un autel, où Villar, une fois la promulgation faite, chanta un *Te Deum* ; en signe de réjouissance, un feu de joie fut allumé place de la Chiffolière, les cloches son-

---

1. Aujourd'hui place de Hercé.

nèrent à toute volée ; le soir, la ville entière s'illumina jusqu'à une heure avancée de la nuit ; et pendant cette fête, retentirent de toutes parts les cris de Vive la Nation, la loi et le Roi [1].

Royalistes, en effet, furent encore les officiers municipaux et les notables, élus en novembre 1790. Les manifestations dont ils entourèrent la promulgation de la constitution le prouvent surabondamment. Pour justifier encore cette appréciation, nous rappellerons aussi une fête qu'ils organisèrent en avril 1791, en l'honneur de Louis XVI. Le conseil général de la commune, dans sa séance du 30 mars 1791, voyant que toutes les nouvelles s'accordaient pour annoncer la convalescence du roi, décida de faire sonner toutes les cloches le samedi 2 avril de six à sept heures du soir, et le dimanche 3 de sept à huit heures du soir ; de faire chanter ce même dimanche un *Te Deum* auquel tous seraient invités, de prier les habitants d'illuminer ce 3 avril à huit heures précises, enfin de faire tirer des salves par toute l'artillerie « pour rendre grâce au ciel d'avoir conservé les jours précieux de Louis XVI, restaurateur de la liberté française ». Le procès-verbal de cette fête nous apprend qu'après le *Te Deum* eut lieu un feu sur la place de la Chiffolière, pendant lequel la musique joua différents airs « qui annonçaient cette douce joie que ressentaient tous les cœurs des vrais Français, en apprenant que le ciel avait rendu à leurs vœux un roi citoyen, restaurateur de la liberté française et si digne d'être chéri des vrais patriotes » [2].

Lorsque le 23 juin 1791, on apprit à Laval la fuite du roi, nouvelle qui se répandit pendant la procession de la Fête-Dieu, les révolutionnaires manifestèrent leur mécontentement de diverses façons : « Les uns, dit Boullier, éclatèrent en imprécations et en menaces, les autres firent

---

1. Arch. com., DıC6, f. 110' ; DııA13, f. 34, 35, DıA1, f. 160.
2. *Idem,* DıA1, f. 124, 127, DıB4, f. 106.

brandir leur sabre avec fureur[1] ». La municipalité ne prit pas part à ces excès, et il semble qu'au contraire elle chercha à les entraver et à calmer les esprits.

*
* *

Quant à la gestion de la commune, cette seconde municipalité suivit l'exemple de la première et continua l'œuvre de celle-ci : elle voulut toujours assurer à ses concitoyens la tranquillité, défendit leurs intérêts le mieux qu'elle put et essaya d'augmenter la prospérité de la ville : aussi, dans sa séance du 19 mars 1791, le conseil général de la commune n'hésita-t-il pas à donner son adhésion à une adresse que le département d'Ille-et-Vilaine envoyait à l'Assemblée nationale pour demander l'exécution d'un canal devant réunir la Bretagne à la Mayenne et être navigable jusqu'à Laval. La municipalité estima avec raison que ce canal pourrait faciliter l'exportation des toiles et l'importation des blés, en rapprochant notre cité de Redon, jusqu'où, paraît-il, remontaient des bateaux américains[2].

Pendant l'année 1791, le club bourgeois des amis de la Constitution, présidé par Sourdille, procureur syndic du district, manifesta plusieurs fois son existence. Après avoir accepté, en avril, d'entretenir une « correspondance suivie » avec le club de Mayenne, ouvert le 16 avril 1791, et s'être occupé en juin 1791 de la désignation des électeurs des députés à la future Assemblée législative[3] ; il continua de se réunir et présenta souvent des propositions à la municipalité de Laval. Ainsi, le 25 juillet 1791, il demanda une émission de « billets de

---

1. Boullier, *Mémoires ecclésiastiques sur la ville de Laval*, p. 41.
2. Arch. com., D1A1, f. 120'.
3. Registre de la société de Mayenne, f. 11' et 12 ; Registre de la société de Laval, *passim*.

confiance » [1] ; le 22 septembre suivant, il proposa d'ouvrir une souscription pour équiper les « volontaires gardes nationaux » et, un mois plus tard, il demanda que la ville achetât des canons de bronze [2]. De cette façon, il stimula le zèle des officiers municipaux et des notables, leur signalant les réformes et les améliorations nécessaires à la bonne administration de la commune.

1. Nous verrons dans la troisième partie que la ville de Laval émit ces billets, mais qu'elle les retira de la circulation à partir du 30 décembre 1791, après que l'Assemblée nationale eut créé des petits assignats.

2. Arch. com., D₁B1, D₁A1, D₁C6.

CHAPITRE III

La Municipalité de novembre 1791 à décembre 1792

En novembre 1791 eut lieu, comme le prescrivait la loi du 14 décembre 1789, un renouvellement partiel de la municipalité. Cette fois, on ne procéda pas à un tirage au sort pour connaître les officiers municipaux et les notables à remplacer. Se retirèrent les magistrats ayant deux années d'exercice, c'est-à-dire ceux qui avaient tiré des cartes blanches lors du renouvellement de la Saint-Martin 1790.

Les citoyens actifs des cinq sections de la ville se réunirent, le 14 novembre 1791, pour procéder d'abord à la nomination d'un maire. A la première séance, les quatre cents électeurs ne s'entendirent pas : 144 votèrent pour Roche fils, 97 pour Segretain Cocherie, 57 pour de Chambray ; si bien que personne ne fut nommé. L'après-midi, autre assemblée, à laquelle assistèrent cinq cent quatre-vingts concitoyens : Segretain Cocherie ayant obtenu 299 voix fut élu, mais dès qu'on lui fit part de sa nomination, il se présenta au secrétariat de la municipalité, où il déclara refuser et envoya au conseil général une lettre dans laquelle, pour motiver sa décision, il disait « être d'une timidité sans exemple... et déjà administrateur de l'hôpital Saint-Joseph. »

Le 15 novembre 1791 se passa sans qu'il fût possible de choisir un maire ; les sections réunies, le matin, élirent Choquet, médecin, qui refusa. L'après-midi, deux réunions se succédèrent, mais sans résultat : dans la première, les voix se dispersèrent sur un grand nombre de têtes ; à la seconde, elles se divisèrent surtout entre Plaichard de la Choltière, médecin, Le Pescheux Dauvais, médecin, et Ringuet, bourgeois. La nomination du maire dut donc être remise au lendemain et le procureur recommanda aux présidents et aux scrutateurs des sections, réunis à la maison commune, de rappeler aux citoyens actifs qu'ils ne devaient voter que pour un des médecins, puisque tous deux avaient eu le plus de voix, Ringuet en ayant obtenu beaucoup moins. Plaichard de la Choltière fut élu. Comme, à ce moment, il était à Paris, on décida de lui écrire immédiatement pour lui annoncer sa nomination [1].

Le même jour (16 novembre 1791), Larcher fut choisi comme procureur de la commune, mais il refusa, prétextant sa mauvaise santé et ses affaires personnelles. Puis, après une première réunion où personne n'obtint la majorité absolue, Le Pescheux Dauvais fut appelé aux fonctions de procureur, qu'il accepta à l'instant. Le 17 novembre 1791, Garnier Duferray, ayant eu 96 voix en sus de la majorité, devint substitut du procureur de la commune [2].

Dans l'après-midi du 17 novembre 1791, les sections s'assemblèrent pour remplacer les six officiers municipaux dont l'exercice était fini. Elles nommèrent quatre magistrats, parmi lesquels Segretain Cocherie qui accepta la place d'officier municipal après avoir refusé celle de maire. Le lendemain matin, elles choisirent deux officiers municipaux, au nombre desquels Piquois, qui devint maire quelques années plus tard.

Le 18 novembre 1791, dans la soirée, les citoyens actifs procédèrent à l'élection des notables, opération qui se fit rapidement, la « pluralité relative » suffisant pour être nommé dès le premier tour de scrutin [3].

1. Arch. com., D₁A1, K₁A1.
2. *Idem*, K₁A1.
3. *Idem*.

Le 20 novembre 1791, réunion des anciens et des nouveaux membres de la municipalité. Les notables, dernièrement élus, entendirent la lecture du procès-verbal de leur nomination et ils déclarèrent accepter leurs nouvelles fonctions. Duchemin Dauvais, premier officier municipal, annonça que Plaichard Choltière était de retour de Paris; aussitôt une députation fut envoyée lui annoncer sa nomination de maire; mais il refusa. Le conseil général décida alors de convoquer les assemblées pour choisir un nouveau maire. Ensuite les nouveaux élus prêtèrent serment et furent installés[1].

Le 21 novembre, les sections de la ville élirent comme maire Paillard de la Houisière, qui, après avoir prêté serment, se fit installer. Le lendemain, il se ravisa et donna sa démission au conseil général de la commune par une lettre où il écrivait : « Attéré, anéanti du poids de la confiance et des bontés de mes concitoyens, je perdis tout sentiment, excepté celui de l'obéissance. Le calme de la nuit m'a rendu à mes sens, j'ai pu mesurer l'étendue de mes devoirs, je n'ai trouvé en moi que faiblesse et incapacité[2]. »

Les citoyens actifs durent encore se réunir pour pourvoir à cette place, qui semblait peu enviée. Ils appelèrent aux fonctions de maire Le Pescheux Dauvais, qui fut remplacé comme procureur de la commune par Garnier Duferray, lequel eut comme successeur à la place de substitut du procureur Paillard de la Houisière, « marchand apothicaire. » Ces trois nouveaux magistrats furent installés le 15 décembre 1791[3].

Ainsi se trouva enfin constituée la municipalité qui, d'après la loi du 14 décembre 1789, aurait dû exercer jusqu'à la Saint-Martin 1792, époque ordinaire du renouvellement partiel. Mais, comme nous le verrons dans la

1. Arch. com., K₁A1.
2. *Idem.*
3. *Idem.*

suite, les membres de ce corps restèrent en fonctions jusqu'en décembre 1792. Depuis décembre 1791 jusqu'au renouvellement général de 1792, il n'y eut qu'un seul changement occasionné par la mort d'un officier municipal, qui fut remplacé par le second notable ; le premier ne pouvant remplir ces fonctions, étant juge de paix. Le nouveau membre du corps municipal fut installé le 29 mai 1792, après avoir prêté le serment requis par la loi [1].

Comme nous avons pu le constater, il fallut un mois complet pour constituer la municipalité, et ce ne fut seulement qu'après le refus de plusieurs Lavallois que Le Pescheux Dauvais accepta la place de maire. Les difficultés qu'il fallut vaincre pour former l'assemblée municipale furent dues en partie aux atteintes portées par les lois nouvelles aux convictions religieuses de la population. Les citoyens choisis par les électeurs pressentirent sans doute que cette municipalité devrait prendre des mesures rigoureuses contre les ecclésiastiques et les fidèles ne se soumettant pas à la constitution civile du clergé, et cette perspective poussa bon nombre d'entre eux à refuser les fonctions municipales. Voilà pourquoi il parut bon de s'assurer le concours de trois vicaires épiscopaux et du curé de Saint-Vénérand. La présence au conseil général de la commune de ces quatre personnages, ainsi que celle de Le Pescheux Dauvais, qui resta maire pendant plusieurs années, chose extraordinaire dans ces temps troublés, marquent un pas vers des idées plus avancées.

Cette transformation, que nous constatons pour la municipalité, se produisit aussi pour pour la population. Peut-être ce phénomène fut-il dû à la création du premier journal de la Mayenne. En mai 1792 parut à Laval, pour la première fois, un journal hebdomadaire : *Le Patriote du département de la Mayenne*, qui, en

---

1. Arch. com., K1A1, D1A1, f. 181.

1793, s'appela le *Sans-Culotte du département de la Mayenne*. Rédigée par Rabard, Laban, Séguéla, vicaires épiscopaux, Bescher, greffier du Tribunal criminel, et un administrateur du district, cette feuille disparut en octobre 1793 au moment où s'accrurent les occupations des rédacteurs.

Bien que moins catholiques que leurs prédécesseurs, les membres de cette municipalité, « voulant donner un témoignage authentique de respect pour les cérémonies religieuses [1], » invitèrent les citoyens à assister à la procession publique de la Fête-Dieu « avec les sentiments de piété et de recueillement qu'exige une si auguste cérémonie » et les prièrent de « tenir les rues propres et parées comme les années précédentes [2]. »

Après la journée du 20 juin 1792, où le peuple de Paris envahit les Tuileries, les membres du club de Laval signèrent une pétition demandant la mise en accusation de la reine et l'adressèrent à l'Assemblée Législative. Les royalistes de Laval, excités par les attentats du 20 juin et par la conduite de leurs compatriotes, se réunirent le 5 juillet au nombre d'environ cinq cents « pour signer une adresse de fidélité et de dévouement au roi [3]. » Le 9 juillet 1792, une assemblée, composée de membres du département, du district, de la municipalité, interdit les rassemblements et prescrivit que les signataires de l'adresse au roi seraient poursuivis devant le Tribunal du district de Laval, pour avoir pris dans ce manifeste des « qualifications supprimées génériquement par plusieurs décrets généraux et nommément par plusieurs décrets particuliers [4]. »

Pendant ces événements, les clubs de Laval augmen-

---

1. Boullier, *Mémoires ecclésiastiques sur la ville de Laval*, p. 105.
2. Arch. com.. D1C6, f. 144.
3. Duchemin et Triger, *Premiers troubles dans la Mayenne*, p. 149.
4. Arch. com., D1A34, D1B4, f. 142.

tèrent en nombre. Outre celui que, conformément à l'article 14 de la loi du 22 juillet 1791, Martin de Ligonnière déclara à la municipalité le 23 avril 1792, plusieurs cercles se constituèrent à la suite des événements du 20 juin 1792. De juillet à septembre, les officiers municipaux reçurent cinq déclarations d'ouverture de clubs. L'un se réunissait « tous les dimanches et mercredis de chaque semaine dans l'église Saint-Tugal, » un autre « dans une maison sur la place des Halles, » un troisième tenait séance le premier mardi et le troisième vendredi de chaque mois dans une maison située rue Saint-Michel, un autre tous les jours dans une maison de la rue des Tuyaux, et un cinquième se réunissait tous les jours « dans un jardin appelé Beau-Soleil », pour y lire les nouvelles comme les précédents et de plus pour jouer à la boule et aux cartes [1].

Quant l'Assemblée Législative eut déclaré la patrie en danger le 8 juillet 1792, les membres du conseil général se réunirent à la maison commune, sur l'invitation que leur en fit le procureur de la commune, par une lettre datée du 16 juillet. Un d'entre eux déclara qu'il serait bon de faire savoir aux Lavallois « tout le zèle, la fermeté et la soumission à la loi, » que l'on était en droit d'attendre de leur attachement à la constitution, et déposa un projet d'adresse en ce sens. Cette proclamation rappelait que la patrie était en danger, que de nombreux citoyens s'étaient déjà armés et invitait les hommes valides à aller également aux frontières ; elle demandait aux autres de donner leurs armes aux premiers et les exhortait à obéir aux magistrats. « Oui, ajoutait cet ardent patriote, dont nous n'avons pu retrouver le nom, tandis que vos frères des frontières puniront les traîtres à la Patrie [2], vous protégerez leurs femmes et leurs

---

1. Arch. com., D₁A2, D₁C6, f. 148' à 155.
2. Il s'agit des émigrés combattant dans les rangs des alliés.

enfants, et l'arbre de la Liberté, en dépit des envieux qui voudraient l'abattre, croîtra majestueusement et couvrira de son ombrage fortuné tous les peuples de l'univers, qui ne prononceront le nom français qu'avec attendrissement. » Le conseil général de la commune, adoptant cette adresse, décida d'en faire imprimer deux cents exemplaires « en placards » et de l'afficher partout où besoin serait [1].

Dès que l'on apprit à Laval les graves événements de la journée du 10 août 1792, les membres de la municipalité s'assemblèrent à la maison commune pour y lire « les dépêches de l'Assemblée Nationale au département », desquelles il résultait : « 1° Que l'Assemblée Nationale avait suspendu le pouvoir exécutif ; 2° Avait annoncé qu'il y aurait en peu une Convention Nationale ; 3° Que le général de l'armée du Nord avait demandé, en vertu des précédents décrets, la moitié des grenadiers et chasseurs formant la garde nationale. »

« Sur quoi, vu le danger qu'il pourrait y avoir pour la sûreté et la tranquillité publique, l'assemblée, après avoir entendu le procureur de la commune en ses conclusions, arrêta : 1° Que M. le Commandant de la garde nationale serait invité à se rendre et à assister le plus souvent qu'il pourrait à » ses « séances ; 2° Qu'un officier municipal avec un notable seraient tenus de rester à la maison commune depuis une heure de l'après-midi jusqu'au lendemain pareille heure, pour veiller à la sûreté et à la tranquillité publiques ; que l'officier municipal de garde ne serait point tenu de rester la nuit, mais seulement tenu de notifier au greffier de la municipalité sa demeure, pour y avoir recours, en cas de besoin [2]. » Ainsi en état de surveillance permanente, le conseil général se tint prêt à toute éventualité ; mais il ne semble pas y avoir eu de gros troubles à Laval, à ce moment.

1. Arch. com., DvA40, f. 127 ; DɪA2, f. 46'.
2. *Idem,* DɪA2, f. 55'.

Quelques jours plus tard, il fallut se préoccuper des élections des députés à la Convention. Ces opérations furent les premières faites par tous les citoyens. Le décret du 17 août 1792 venait, en effet, de supprimer la distinction existant jusqu'alors entre les citoyens actifs et les citoyens passifs, pour établir le suffrage universel. C'est pourquoi, le 18 août 1792, la municipalité de Laval, par un « avis, » prévint « tous les habitants domiciliés en cette ville depuis un an, âgés au moins de vingt-cinq ans, vivant de leur revenu ou du produit de leur travail, » et non « en état de domesticité, de s'assembler le dimanche 26 août au lieu de leurs sections ordinaires et accoutumées à neuf heures du matin pour, réunis en assemblées primaires, concourir avec tous les citoyens du canton à la nomination des électeurs » chargés de choisir les députés à la Convention. Le 22 août, le conseil général nomma des commissaires chargés d'annoncer aux cinq sections de la ville l'objet de leur réunion. Selon les ordres de la municipalité, les citoyens s'assemblèrent les 26, 27 et 28 août, et choisirent des électeurs et des suppléants, qui, le 1er septembre 1792, se rendirent à Mayenne où les élections des députés eurent lieu dans l'église de Notre-Dame [1].

Sur ces entrefaites, le maire, les officiers municipaux et les notables, imitant ce que les membres de l'Assemblée législative avaient fait le 10 août, prêtèrent individuellement le serment de maintenir la liberté et l'égalité ou de mourir en les défendant, bien qu'aux termes du décret du 12 août 1792, ce serment fût seulement obligatoire pour les membres des assemblées primaires et non pour les magistrats municipaux [2].

A la nouvelle des événements du 10 août, le roi de Prusse, soutenu par 30.000 Autrichiens et 15.000 émi-

---

1. Arch. com., DvA40, f. 134' ; DıA2, f. 62'.
2. *Idem*, DıA2, fol. 61.

grés, avait franchi la frontière ; Longwy et Verdun avaient capitulé. L'effroi s'étant répandu dans toute la France et particulièrement à Paris, une proclamation invita tous les citoyens à prendre les armes et à marcher contre l'ennemi. L'Assemblée législative envoya partout des commissaires enflammer les populations. Le 8 septembre, il en arriva deux à Laval ; plus loin nous verrons le rôle secondaire que joua la municipalité en cette occasion.

Le 24 septembre 1792, le conseil général appliquant la loi du 15 août précédent, d'après laquelle tous les fonctionnaires publics devaient jurer d'être fidèles à la nation, de maintenir de tout leur pouvoir la liberté et l'égalité ou de mourir à leur poste, renouvela le serment qu'il avait déjà prêté le mois précédent. Puis, conformément à la même loi, les juges du tribunal de district, les vicaires épiscopaux, l'évêque Villar, les juges de paix, le receveur du district, un trésorier de la caisse patriotique, les commissaires de police, le greffier du tribunal criminel du département et l'instituteur d'une école de charité prêtèrent le même serment devant la municipalité [1].

Le 26 septembre 1792, les officiers municipaux apprirent la chute du roi ; aussitôt ils requirent le commandant de la garde nationale d'ordonner « une salve de trois coups de canon, en signe de réjouissance du décret portant abolition de la royauté ». Le lendemain eut lieu, avec toute la pompe possible, la proclamation de la République. Les membres du conseil général de la commune, assistés des corps administratifs et judiciaires publièrent à la maison commune le procès verbal de la séance où la Convention nationale avait arrêté l'abolition de la royauté ; ensuite, musique en tête, ils se rendirent d'abord place de la Liberté, puis sur d'autres places,

1. Arch. com., DɪɪA13, fol. 48, DɪA2, fol. 79'.

annoncer cette nouvelle. A chaque carrefour, le maire
fit la lecture du décret d'abolition, la musique joua et les
citoyens chantèrent le « refrain si chéri des Français :
Ça ira ». Ce jour-là parut aussi un avis invitant les
Lavallois à illuminer le soir de 8 à 9 heures. Le conseil
général fut si heureux de cet événement que, le 3 octobre 1792, il écrivit aux représentants de la République
Française pour les avertir qu'il avait publié « au bruit
des applaudissements les plus vifs et les plus répétés,
la loi qui abolit la royauté en France ». « Saisis d'un
saint enthousiasme, ajoutèrent les rédacteurs de cette
lettre, les citoyens de toutes classes se sont écriés de
concert : « C'est d'aujourd'hui que nous sommes vérita-
blement libres ». Le conseil général partage leurs transports et leur adhésion ; il applaudit à la loi surtout qui
consacre l'unité de la République, unité précieuse qui
fera la gloire de la nation et le désespoir des tyrans [1] ».

Deux jours avant d'envoyer cette lettre aux membres
de la Convention, la municipalité, réglant la police de
ses séances, décida qu'au début de chaque réunion il
serait rendu compte des précédentes délibérations mises
à exécution, de celles qui ne l'auraient pas encore été
ainsi que des motifs du retard, et que dorénavant les
officiers municipaux seraient décorés de leurs écharpes
pour assister aux séances de la municipalité [2]. Le 8 octobre 1792, elle arrêta qu'il y aurait deux conseils généraux de la commune par semaine ; un le lundi, et l'autre
le vendredi, qui seraient convoqués pour 3 heures ; et
ce, indépendamment des autres conseils généraux que
les circonstances pourraient nécessiter [3].

Le même jour, de nombreuses citoyennes se présentèrent au conseil général et prêtèrent serment de main-

---

1. Arch. com., DvA40, fol. 140 et 143, D1A2, fol, 82, 87, 88,
D11A13, fol. 48.
2. *Idem*, D1A2, f. 90.
3. *Idem*, f. 88.

tenir la liberté et l'égalité. En signe de joie, eut lieu le soir un grand bal dont les frais furent acquittés par le secrétaire-greffier de la municipalité [1].

Quatre jours plus tard, après la lecture des lois du 3 septembre et du 8 septembre, tous les membres du conseil général prêtèrent individuellement le serment de maintenir de tout leur pouvoir la liberté, l'égalité, la sûreté des personnes et des propriétés « ou de mourir s'il le fallait pour l'exécution de la loi », Après quoi, ils chargèrent Séguéla de rédiger une adresse aux citoyens de cette ville pour « les inviter d'oublier tout ressentiment et toute haine particulière pour ne s'occuper uniquement que de l'amour pour la patrie ». puis décidèrent d'en faire imprimer cent exemplaires en placards, cinq cents en petit format, et de réunir la garde nationale le dimanche 21 octobre pour lui en faire la lecture [2].

Ensuite la municipalité voulut exécuter la loi du 28 septembre 1792 ordonnant de célébrer une fête civique dans toute la république en mémoire du succès des armes françaises en Savoie. Le 19 octobre 1792 les officiers municipaux fixèrent cette solennité au 21 octobre. Ils arrêtèrent que les corps administratifs et judiciaires, la garde, la musique et tous les citoyens seraient invités à cette fête pendant laquelle, au lieu d'imiter les « tyrans » qui dépensaient des sommes importantes pour « éblouir leurs esclaves », le corps municipal distribuerait 200 livres à 20 femmes de volontaires combattant l'ennemi [3].

Après avoir inventorié les registres des baptêmes, mariages et sépultures, tenus par les curés des paroisses et chapelles de la ville, la municipalité trouva nécessaire de changer les noms des sections, les dénominations d'alors rappelant trop l'Ancien régime. Le 29 octobre

1. Arch. com., D1A2, f. 97.
2. *Idem*, f. 91.
3. *Idem*, f. 95, 97'.

1792, elle décida que dorénavant la section Saint-Louis s'appellerait section de la Liberté ; celle des Ursules section des Sans-culottes ; celle des Jacobins section de la Fédération ; celle des Cordeliers section de l'Égalité ; et celle de Saint-Michel section des Bonnets rouges [1].

A ce moment, comme les occupations du procureur de la commune et celles des membres du bureau particulier de la municipalité étaient très nombreuses et très absorbantes, il fut, sans doute, question d'accorder une indemnité à ces magistrats, car les sections de la ville demandèrent à émettre leur avis sur cette rétribution : le conseil général de la commune décida le 5 novembre 1792 qu'elles pourraient donner leur opinion sur ce sujet lors de la réunion des assemblées primaires [2].

Dans le courant de novembre 1792, la municipalité surveilla les élections des juges de paix, de leurs assesseurs et de leurs greffiers [3].

Sur ces entrefaites quelques troubles se produisirent dans les environs de Laval, commencements de la lutte des Chouans contre les patriotes et les curés « intrus ». Notre municipalité s'émotionna des incidents qui se déroulèrent dans les communes voisines ; craignant que ces « brigands » ne vinssent piller la ville, elle conféra avec les membres du directoire du département et avec ceux du directoire du district sur les mesures à prendre contre les insurgés. Le 28 novembre 1792, elle décida d'envoyer, sur le champ, des exprès à Forcé, Parné, Louverné, Entrammes, Cossé, Argentré, La Gravelle, Courbeveille, La Brulatte, Changé, Grenoux, Loiron, Saint-Berthevin, Soulgé, Montsûrs et Andouillé, localités avoisinantes, enjoindre à 354 citoyens de se réunir aux gardes nationaux de Laval, en cas d'attaque de la

1. Arch. com., D₁A1, f. 102'.
2. *Idem*, f. 107'.
3. *Idem*, D𝚟A40, fol. 154.

ville. Elle décida de plus qu'un membre du département, un du district, un de la municipalité ainsi que son secrétaire-greffier passeraient la nuit à la maison commune pour prendre parti en cas de trouble. Mais, heureusement, ces mesures furent inutiles, et à ce moment il n'y eut aucune attaque [1].

Outre les quelques occupations, que nous avons déjà énumérées, les membres de la municipalité continuèrent pendant 1792 les travaux commencés par leurs prédécesseurs. Ils s'intéressèrent à la garde nationale, au recrutement des volontaires, à l'assistance publique, à l'administration de la caisse des billets de confiance, prirent des mesures de police, exécutèrent des lois concernant les ecclésiastiques, les communautés ; s'occupèrent de l'approvisionnement de la ville, de la perception et du recouvrement des impôts et de l'instruction publique, toutes occupations que nous étudierons plus loin avec quelque détail.

En somme, nous pouvons dire que cette municipalité, qui, élue partiellement en novembre 1791, dura jusqu'en décembre 1792, fut, à l'encontre des précédentes, républicaine [2] ; mais à part quelques-uns de ses membres, tels que Rabard et les autres prêtres assermentés, elle ne fut point exaltée, et les mesures les plus importantes ne furent prises par elle que sur l'ordre du directoire du département.

1. Arch. com., D₁A1, fol. 122.
2. *Idem,* DvA40, fol. 143.

CHAPITRE IV

La Municipalité de décembre 1792 à octobre 1793

A la fin de 1792, si la loi du 14 décembre 1789 avait été appliquée régulièrement, il aurait fallu remplacer la moitié des officiers municipaux et des notables, c'est-à-dire les magistrats nommés à la Saint-Martin 1790 ; les autres, élus en novembre 1791, devant rester en fonctions encore pendant une année. Mais il n'en fut pas ainsi, car la Convention avait prescrit, par son décret du 19 octobre 1792, un renouvellement général de tous les corps constitués.

Conformément à l'article 12 de ce décret du 19 octobre, le bureau particulier fit afficher, le 21 novembre 1792, un avis invitant les citoyens à se rendre dans leur section respective le mercredi 5 décembre 1792 « pour procéder à l'élection d'un maire, d'un procureur de la commune, d'un substitut, de onze officiers municipaux et de vingt-quatre notables » [1]. Mais les assemblées électorales n'eurent pas lieu au jour indiqué : en effet les commissaires, envoyés dans les sections [2] pour annoncer le motif de la réunion, se présentèrent le 5 décembre à la municipalité et lui déclarèrent avoir sursis aux élections des membres du conseil général de la commune jusqu'au retour de cent cinquante citoyens,

1. Arch. comm., D₁B4. f. 166'.

2. A cette élection, la ville fut divisée non en cinq sections, mais en quatre : la section des Bonnets-Rouges (auparavant Saint-Michel) se réunit à celle de la Fédération (jadis Jacobins).

partis, le matin, au secours de Mayenne, où s'étaient produits quelques désordres. Le bureau particulier désirant, comme les commissaires des sections, que tous les lavallois prissent part aux opérations électorales, mais voulant aussi en finir le plus tôt possible avec ces élections, décida d'avertir les citoyens que, le samedi suivant 8 décembre 1792, il serait définitivement procédé à la nomination des membres du conseil général de la commune. Cette fois les sections se réunirent, mais bien que les cent cinquante hommes partis pour Mayenne fussent de retour, et bien que le suffrage fût universel, il n'y eut dans les quatre sections que deux cent soixante-deux votants : Le Pescheux et Rabard, qui eurent le plus de voix, n'obtinrent pas la majorité absolue. Le lendemain, il fallut procéder à un second scrutin qui attribua les fonctions de maire à Le Pescheux [1].

Ce jour-là (9 décembre), sur la demande des présidents, secrétaires et scrutateurs des sections, la municipalité décida que les élections des membres du conseil général seraient suspendues jusqu'à ce qu'un détachement de gardes nationaux, parti le matin pour rétablir l'ordre dans les environs, fût de retour en cette ville [2]. Cette suspension dura jusqu'au 16 décembre 1792, jour où Lefebvre Champorain fut élu procureur de la commune [3]. Le lendemain, Urbain Hubert fut élu « à la pluralité » relative substitut du procureur de la commune. Quand on lui annonça sa nomination il déclara se croire parent à Le Pescheux au degré prohibé. Aussitôt des députés furent envoyés à l'assemblée générale du département qui décréta qu'en effet, Hubert ne pouvait accepter. Cette élection fut donc donc annulée ; le lendemain,

---

1. Arch. comm., D₁B4, f. 167', D₁C6, f. 159'. — Au scrutin du 9 décembre, il y eut trois cent trente-sept votants, et Le Pescheux obtint cent quatre-vingt-onze voix.
2. *Idem*, D₁C6, f. 160'.
3. *Idem*, f. 161.

Aubry l'aîné, ayant réuni quatre-vingt-six voix sur cent vingt-trois, fut nommé substitut du procureur [1].

Le 19 décembre 1792 furent élus les officiers municipaux, parmi lesquels nous voyons Piquois, Segretain Cocherie. Pour arriver à la nomination complète du corps municipal, il fallut deux tours de scrutin ; et à chaque vote, le nombre des électeurs fut fort peu élevé [2].

Le lendemain 20 décembre, les sections se réunirent encore pour nommer les notables « à la plus grande majorité relative des suffrages ». Furent élus parmi ces magistrats : Laban, Séguéla, Rabard, vicaires épiscopaux, Bescher, greffier du tribunal criminel du département, Enjubault de la Roche, président du tribunal du district, et Lasnier Vaucenay, juge du tribunal de district, etc... Tous les notables acceptèrent leur nomination, sauf un qui fut remplacé par le citoyen qui avait obtenu le plus de voix après le dernier élu [3].

Cette municipalité, dont la nomination avait été interrompue plusieurs fois, se trouva enfin constituée ; elle fut installée le 23 décembre 1792 par René Péan, ancien officier municipal. Ce jour-là, elle renomma Hayer secrétaire-greffier, puis chargea Aubry de faire un inventaire sommaire des « effets » appartenant à la commune et le relevé des délibérations du conseil général précédent non mises à exécution, opérations qui devaient être faites au renouvellement des municipalités [4].

Ainsi entrèrent en fonctions les officiers municipaux et les notables, dont certains furent plus tard destitués par les représentants en mission dans les départements, qui leur choisirent eux-mêmes des successeurs, sans consulter les sections. Si le rôle de la municipalité précédente

---

1. Arch. com., f. 161' et 162.
2. *Idem*, K1A1. Au premier tour de scrutin, il y eut un total de cent cinquante-deux voix ; au deuxième, un de cent soixante-trois voix, D1C6, f. 163'.
3. *Idem*, K1A1, D1C6, f. 165.
4. *Idem*, K1A1, D1A2, f. 132'.

fut parfois difficile, la tâche de l'assemblée municipale élue en décembre 1792 fut encore plus lourde. La Révolution avait fait de grands progrès : « L'horizon s'assombrissait et l'on commençait à craindre pour l'avenir. Les massacres du mois de septembre 1792 dans les prisons, les premiers actes de la Convention, le procès et la mort du roi, les attaques dirigées par l'extrême gauche de l'assemblée contre les députés siégeant à la droite et qualifiés de Girondins (par ce motif que les principaux orateurs de ce parti avaient été nommés par le département de la Gironde), les entreprises incessantes de la commune de Paris et des Jacobins contre l'assemblée des représentants, seul pouvoir établi et constituant le gouvernement de la France ; tous ces faits étaient des symptômes alarmants [1] ». Nous devons y ajouter les soulèvements des Vendéens et des Chouans, ainsi que la guerre étrangère, d'abord avantageuse pour nos armes, mais bientôt continuée par des revers.

Pour mieux remplir sa tâche, notre municipalité décida, le 23 décembre 1792, d'entrer en relations avec la Société populaire et de lui envoyer un exemplaire de chaque ordonnance ou délibération du conseil général ou du corps municipal pouvant intéresser le public [2]. Le 28 décembre, après avoir arrêté de choisir chaque mois deux commissaires rédacteurs pour aider le greffier, elle résolut d'inviter les membres du conseil général de la commune à être plus exacts aux séances qui seraient toujours ouvertes aux heures indiquées. De plus, elle décida, pour faciliter l'expédition des affaires, que le procureur de la commune aurait communication des objets à soumettre au conseil général et que ce magistrat en ferait un rapport succinct [3].

S'occupant toujours de la police de ses réunions, le con-

1. Queruau-Lamerie, *Les Girondins de la Mayenne*, p. 1.
2. Arch. com., D₁A2, f. 133'.
3. *Idem*, f. 134', 136.

seil général adopta au début de janvier 1793, un règlement portant notamment qu'au début de chaque séance le procès-verbal de la réunion précédente serait lu, que le procureur de la commune rendrait compte de l'exécution des mesures arrêtées, que le président lirait l'ordre du jour, auquel il ne pourrait être dérogé, sauf cas de force majeure (art. 3 et 4) ; que ce magistrat recueillerait les voix suivant l'ordre du tableau (art. 10) ; qu'il serait possible de voter par assis et levé (art. 11); que le commandant de la garde nationale, le commandant de la garde en exercice, ainsi que les commissaires de police, auraient entrée et voix consultative pour les affaires concernant leurs fonctions, qu'enfin les officiers municipaux auraient leurs écharpes pour délibérer[1].

Au même moment, le corps municipal, sur la réquisition du procureur de la commune nomma Boullevraye, Levesque - Guitonnière, et Duchemin - Guimbertière, membres du bureau de la municipalité[2].

Le 14 janvier 1793, le conseil général de la commune arrêta, conformément à la loi du 9 décembre 1792, qu'un officier municipal serait chargé de « faire lecture aux citoyens des décrets dont la Convention ordonnerait l'impression et l'envoi aux départements », et que cette lecture aurait lieu tous les dimanches à Saint-Tugal à 2 heures. Mais, quelqu'un ayant fait observer que les courriers arrivaient à des heures bien différentes, que souvent à 2 heures ils n'étaient pas encore à Laval, que par suite les citoyens pourraient attendre et perdre ainsi « un temps précieux », il fut convenu que les habitants seraient avertis du moment de la lecture des nouvelles par le « son de Luane »[3].

1. Arch. com., D1A2, f. 142'.
2. *Idem*, D1C6, f. 166'.
3. *Idem*, D1A2, f. 144' et 145'. — « Luane » était une cloche de Saint-Tugal, que la municipalité de Laval avait échangée contre une de la Trinité, au moment de la descente des cloches, l'année précédente.

Quelques jours plus tard, le conseil général adopta une adresse à la Convention, portant adhésion aux décrets de cette assemblée. puis il décida d'écrire aux députés de la Mayenne pour les engager à entretenir des relations avec lui [1].

Pendant ce temps, les esprits s'échauffèrent et certains clubistes reprochèrent à la municipalité de prendre des mesures à tendances réactionnaires : « Le 29 février, écrit dom Piolin, Collet Trioufle réclamait contre la municipalité de Laval et le directoire du département qui avaient privé Louis-Zacharie Tulot, curé intrus de Grenoux, d'une pension de 1.200 livres et de son logement à Sainte-Catherine. Le motif de cette rigueur à l'égard d'un prêtre qui avait si bien mérité de la Révolution, c'était qu'il s'était montré depuis quelque temps si maratiste, selon l'expression des officiers municipaux, qu'il était un objet d'effroi pour tout le monde » [2].

Le 9 mars 1793, la Convention rangea tous les départements en quarante et une sections où elle envoya quatre-vingt-deux commissaires. La Mayenne, comprise dans la vingt-septième section, se trouva dans le ressort des représentants délégués dans l'ouest. Le 25 mars 1793, arriva à Laval Joseph Fouché : de suite il fit arrêter un grand nombre de suspects, qui furent enfermés dans le monastère des Bénédictines, puis il fit dresser une liste de citoyens tenus de répondre à deux appels quotidiens, faits par le municipalité.

Le mois suivant, le conseil général décida, dans sa séance du 22, de créer un bureau « des subsistances, établissements et travaux publics », ainsi qu'un bureau militaire et de législation, dont il nomma de suite les membres [3].

1. Arch. com., D₁A2, f. 151.
2. Dom Piolin, *Eglise du Mans pendant la Révolution*, t. II, p. 248.
3. Arch. com., D₁A2, f. 194'.

Pendant que les officiers municipaux de Laval continuaient l'œuvre entreprise par leurs prédécesseurs, s'occupant de la perception des impôts, du recrutement des
troupes, du remboursement des billets de confiance, de
l'assistance publique, des subsistances, de l'administration de la justice, de l'instruction, de la police, recevant,
en outre, de nombreuses prestations de serment en exécution de la loi du 15 août 1792 [1], les députés à la Convention siégeaient, mais leurs séances étaient presque
toujours tumultueuses.

En effet, vainqueurs au dehors, les conventionnels ne
surent pas rester unis à l'intérieur : dès le début de
leurs fonctions ils se divisèrent en trois grands groupes :
les Girondins et les Montagnards, séparés par les membres de la Plaine. Les deux premiers groupes se livrèrent
à une lutte incessante dont un des premiers épisodes fut
le procès de Louis XVI, qui, commencé le 11 décembre 1792, aboutit à la condamnation et à la mort du roi
le 21 janvier 1793. Les Girondins, dont l'influence fut
d'abord prépondérante dans la Convention, perdirent
bientôt toute leur autorité ; les Montagnards leur reprochèrent d'avoir voté pour l'appel au peuple dans le jugement du roi, et d'avoir voulu transformer la France en
une confédération de départements, au lieu de maintenir l'unité de la République. Le 31 mai 1793, le club des
Jacobins, le Commune de Paris dirigée par Marat et le
Comité de salut public dominé par Robespierre inter-
vinrent dans les débats de la Convention et attaquèrent
les Girondins. Cette première tentative échoua, « mais
le 2 juin quatre-vingt mille hommes des sections de Paris,
ameutés par Marat, obtinrent de l'assemblée la pros-
cription des députés fédéralistes » [2]. Un certain nombre
de ceux ci s'échappèrent pour aller soulever les départe-

1. Arch. com., DiB4. f. 169' à N'.
2. Dom Piolin, *Église du Mans pendant la Révolution*, t. II,
p. 283.

ments qui, au nombre de plus de cinquante, s'armèrent contre Paris.

Laval répondit à l'appel adressé par les vaincus du 2 juin. Le 7 du même mois, une réunion extraordinaire du directoire du département, du directoire du district, du conseil général de la commune, résolut de convoquer les sections de la ville. Celles-ci s'assemblèrent dans la journée et, « considérant qu'une faction audacieuse, une commune liberticide, avaient violé la représentation nationale et porté atteinte à la souveraineté du Peuple, qu'il était indispensable d'opposer une digue au torrent anarchique qui menaçait de les entraîner vers le despotisme..., qu'il était urgent de rendre aux représentants du Peuple une liberté qu'ils n'auraient jamais dù perdre..., que l'exercice de la souveraineté avait été confié à l'ensemble de la Convention, que cette assemblée n'avait pas le droit de la déléguer, » elles décidèrent à l'unanimité d'envoyer à la Convention une adresse dans laquelle « leurs sentiments républicains et leur haine pour l'anarchie et la royauté seraient énergiquement dépeints. » Elles arrêtèrent en outre « de demander : 1° La levée d'une force départementale destinée à se joindre à celle des départements de la ci-devant Bretagne et à marcher avec eux sur Paris pour rendre à la Convention sa liberté et réduire au néant les anarchistes et les factieux, monstres qui, couverts du manteau du patriotisme, n'embrassaient la liberté que pour l'étouffer ; 2° la révision de tous les décrets rendus depuis le 30 mai... ; 3° la mise en liberté des députés arrêtés en vertu d'un décret arraché par la violence ; 4° la nomination de deux députés, qui, au cas de dissolution de la Convention, se réuniraient avec ceux des autres départements dans un lieu convenu et représenteraient le Peuple français jusqu'après l'élection d'une nouvelle Convention ; 5° le rappel de tous les commissaires de la Convention, du pouvoir exécutif, de la commune de Paris et la reddition du compte de leurs opérations et des deniers mis à leur disposition ; 6° enfin la mise en discussion de la Constitution Républicaine. » Conformément aux désirs des Lavallois, les membres du département et du district, réunis à ceux du conseil général de la commune, firent une adresse à la Convention et prirent un arrêté réglant la formation de la force départementale qui devait se réunir à Laval, au plus tard le 16 juin [1] (art. 6 de cet arrêté).

Sur ces entrefaites, en exécution de la loi du 21 mars 1793, la municipalité créa un comité de surveillance ou de salut public composé de douze membres qui furent élus par les sections de la ville réunies extraordinairement les 9 et 10 juin 1793 sur une convocation des officiers municipaux [2]. Ce comité, qui, après la loi du 13 septembre 1793, eut la force armée à sa disposition, était destiné « à recevoir les déclarations des étrangers, à surveiller les suspects [3], à les désarmer, les faire arrêter au besoin et exécuter en général toutes les mesures révolutionnaires [4]. »

Après le 9 juin, les autorités constituées de Laval envoyèrent des députés dans la Sarthe et dans le Maine-et-Loire s'entendre avec ces départements pour unir leurs efforts contre la tyrannie des Montagnards. A ce

---

1. Bibliothèque municipale de Laval ; Fonds Couanier-Delaunay, 12, 122, 86, p. 4. Arch. départ. de la Mayenne, série L. Queruau-Lamerie, *Les Girondins de la Mayenne*, p. 5 et 16.

2. Arch. com., D₁C6, f. 175, D₁B4, f. E', DᵥA40, f. 263.

3. « Étaient réputés suspects (art. 2 de la loi précitée) ceux qui, soit par leur conduite soit par leurs relations, écrits ou propos, s'étaient montrés partisans de la tyrannie ou du fédéralisme et ennemis de la liberté... ; 2° Ceux qui ne pourraient pas justifier de la manière prescrite par le décret du 21 mars » (précédent) « de leurs moyens d'exister et de l'acquit de leurs devoirs civiques ; 3° Ceux à qui il avait été refusé des certificats de civisme ; 4° Les fonctionnaires civils, suspendus ou destitués par la Convention ou les commissaires ; 5° Ceux des ci-devant nobles, qui n'avaient pas constamment manifesté leur attachement à la Révolution ; 6° Les émigrés. » Vergues, *Contribution à l'étude des municipalités de canton de l'an III.*

4. J. Hamon, *op. cit.*, p. 130.

moment arrivèrent à Laval deux conventionnels, Dandenac et Delaunay, dans le but de réorganiser l'armée en déroute, fuyant devant les Vendéens qui venaient de s'emparer de Saumur (11 juin). Pendant la présence de ces représentants, l'assemblée des corps constitués délaissa son projet d'expédition contre Paris et s'occupa surtout des mesures à prendre pour se procurer des subsistances et entretenir les cinq à six mille soldats se réunissant à Laval.

Le 19 juin, les Conventionnels partirent. Le soir, à une assemblée des membres des directoires du département. du district et des membres du conseil général de la commune, Jourdain et Hubert, qui avaient été envoyés porter à la Convention l'adresse rédigée par les autorités constituées sur l'ordre des sections, rendirent compte de leur voyage. Ils racontèrent comment le 11 juin ils avaient failli être arrêtés et mis en accusation lorsqu'ils avaient lu à la Convention le manifeste de la ville de Laval, puis ils annoncèrent qu'ils avaient cependant obtenu des promesses de secours en subsistances.

Après avoir félicité et remercié Jourdain et Hubert, les autorités constituées fixèrent le départ du bataillon destiné à délivrer la Convention au 4 juillet. Avant cette dernière date, les Jacobins de Laval firent tous leurs efforts pour empêcher la formation de cette troupe. Malgré leurs manœuvres, le bataillon de la Mayenne partit ; il arriva le 9 juillet à Caen d'où il fut dirigé sur Évreux, où Vimpfenn, nommé chef des troupes des départements, avait ordonné le rassemblement général. L'on connaît la suite de cette équipée qui se termina par l'échec de l'armée départementale. Le 23 juillet 1793, les corps administratifs de Laval décidèrent d'envoyer à la Convention une adresse contenant la rétractation exigée par le décret du 26 juin et de rappeler le bataillon de la Mayenne, qui rentra à Laval le 3 août[1].

1. Arch. départ., série L. Queruau-Lamerie, *Les Girondins de la Mayenne.*

A la même époque, la municipalité fit procéder au vote sur la Constitution de l'an I [1]. Le 19 juillet 1793, elle convoqua les citoyens de Laval pour le dimanche 21 juillet, afin qu'ils donnassent leur avis sur la déclaration des Droits de l'homme, votée le 10 juin 1793 et sur la nouvelle Constitution achevée le 24 du même mois. Les assemblées primaires se réunirent au jour fixé et acceptèrent la Constitution à une grosse majorité : seize voix seulement ayant voté contre [2].

Au même moment, la municipalité dut s'occuper du remplacement de Lefebvre-Champorain, procureur de la commune, qui avait été élu juge de paix. Le 7 juillet, les sections convoquées par les officiers municipaux se réunirent, mais, bien que le suffrage fût universel, il n'y eut en tout que cent onze votants. Personne n'ayant obtenu la majorité, l'élection fut remise au lendemain où Urbain Hubert fut élu par 114 voix sur 197 ; mais il refusa, le 29 juillet, « vu que ses affaires personnelles ne lui permettaient pas d'accepter la place de procureur de la

1. Les Montagnards, s'inspirant du *Contrat social* de J.-J. Rousseau, posèrent comme principe fondamental « que la Souveraineté appartenait au peuple et ne pouvait pas se déléguer. » D'après la Constitution de 1793 ou de l'an I, les citoyens réunis dans les assemblées primaires, sur toute l'étendue du territoire français, devaient discuter les projets de loi, les voter ou les rejeter. L'Assemblée Nationale, élue par le peuple, ne constituait pas le pouvoir législatif : elle était seulement chargée de rédiger les projets de loi, soumis ensuite aux citoyens. Le pouvoir exécutif était exercé par un conseil de vingt-quatre membres, choisis par les assemblées primaires et par l'Assemblée Nationale, mais n'ayant aucune liberté d'action.

Ce système a été justement caractérisé de cette façon : « Pouvoir exécutif impuissant, pouvoir législatif remis réellement au peuple souverain, pouvoir judiciaire (magistrature) rendu illusoire, pouvoir constituant toujours en mouvement ; plus d'autorité, plus de séparation des pouvoirs : le peuple est maître de tout » (Rapporté par Ammann et Coutant, *La fin de l'Ancien Régime, la Révolution (1715-1815)*, p. 288).

2. Arch. com., DvA40, f. 295. Bibliothèque municipale ; Séguéla, *Bulletin du département de la Mayenne, Le Sans-Culotte de la Mayenne*, 28 juillet et 11 août 1793.

commune. » Les Lavallois furent donc convoqués à nou
veau pour le 11 août. Ce jour-là, une des quatre sections [1] de la ville, celle des Sans-Culottes, ne vota pas :
personne autre que celui chargé de faire l'ouverture
de la séance ne s'étant rendu au lieu de l'assemblée.

Malgré cela, Nupied, avoué, fut élu procureur de la
commune par 96 voix sur 126 ; mais il refusa « attendu
ses affaires particulières. » Le 15 septembre suivant,
les citoyens furent encore réunis. Les sections des Sans-
Culottes et de la Liberté ne comptant pas assez d'électeurs pour organiser leurs bureaux, il n'y eut à voter
que les sections de l'Égalité et de la Fédération, qui
nommèrent Larcher [2].

Vers le milieu de 1793, les membres du conseil général de la commune mirent fort peu d'empressement à
remplir leurs fonctions et cessèrent de venir aux assemblées de la municipalité. Aussi, en août et en septembre
1793, reçurent-ils plusieurs invitations à assister plus
régulièrement aux séances des différents conseils de la
commune [3].

Ainsi se passèrent les quelques mois qui précédèrent
la première épuration de la municipalité par les représentants en mission (octobre 1793) et pendant lesquels
les officiers municipaux et les notables s'occupèrent plus
des attributions déléguées par l'État que de la gestion
des intérêts communaux. Durant cette même période, la
municipalité se réunit souvent aux administrations du
département et du district, dont elle exécuta fidèlement
les prescriptions, surveillée qu'elle fut et au besoin rap-
pelée à l'ordre par les Jacobins, membres des clubs et
des sociétés populaires, aux séances si mouvementées.

---

1. Pour ces élections, il n'y eut que quatre sections : celle des
Bonnets-Rouges étant toujours réunie à celle de la Fédération.
2. Arch. com., DıC6, f. 177 à 181.
3. *Idem,* DıA2, f. 226 ; DvıA40, fol. 275'.

CHAPITRE V

La Municipalité d'octobre 1793
à germinal an II (avril 1794)

Esnue-Lavallée et Thirion arrivèrent en mission à
Laval à la fin de septembre 1793. Aussitôt ces conventionnels appelèrent auprès d'eux les républicains les
plus ardents pour leur demander avis sur la conduite
des autorités de la ville, et sur le choix des nouveaux
fonctionnaires et magistrats. Dès le 4 octobre 1793, en
exécution des décrets des 24 juin, 16, 23 et 27 avril 1793,
16 août 1793, les représentants du peuple prononcèrent
la destitution de trois officiers municipaux qu'ils remplacèrent par Tulot, prêtre constitutionnel contre lequel la
municipalité précédente avait pris certaine mesure que
nous avons relatée, un imprimeur, Faur, et un autre
citoyen ; le reste du corps municipal considéré comme
démissionnaire eut pour successeur des marchands, des
négociants, un serrurier, un marbrier, un cordonnier [1].
Les conventionnels décidèrent aussi que la place de procureur de la commune serait provisoirement remplie par
Guilbert, ancien prêtre constitutionnel et ils nommèrent
Leroux au poste de substitut du procureur de la commune qu'exerçait le citoyen Aubry, nommé à la prési-
dence du tribunal du district. Continuant l'épuration de
la municipalité ils destituèrent dix notables auxquels
succédèrent un tisserand, un perruquier, un chapelier,
un cabaretier, un pâtissier, un cordonnier, un « cy

1. Arch. com., K₁A1.

devant dragon », etc ; puis ils remplacèrent d'autres de ces magistrats, dont les uns étaient démissionnaires et dont les autres étaient nommés à des fonctions incompatibles.

Presque tous les nouveaux magistrats municipaux ainsi choisis par les représentants du peuple étaient membres des clubs et sociétés populaires, et comptaient parmi les orateurs les plus fougueux de ces assemblées si tumultueuses.

Le même jour (4 octobre 93) Esnue-Lavallée et Thirion destituèrent les deux juges de paix et les deux commissaires de police de la ville [1].

Le 8 octobre 1793, le conseil général de la commune. épuré par les représentants en mission, se réunit pour prêter le serment civique requis par la loi. Commençant de suite ses travaux, il forma le bureau de la municipalité et chargea des citoyens de surveiller les fabriques de Saint-Vénérand et de la Trinité [2].

Le 13 octobre 1793, les nouveaux magistrats municipaux, voulant sans doute faire étalage de leur vrai républicanisme, firent une séance spéciale pour arrêter « qu'il serait enjoint aux femmes de porter la cocarde tricolore [3] ».

Mais bientôt la municipalité dut suspendre ses travaux. Les Vendéens, malgré leur défaite de Cholet (17 octobre 1793), passèrent la Loire le lendemain et, se dirigeant vers Granville. prirent le chemin de Laval où ils entrèrent le 23 octobre, presque sans coup férir, les troupes cantonnées dans cette ville étant parties la veille pour Craon avec Esnue-Lavallée, qui espérait y rencontrer et y arrêter ces « brigands ». Ceux-ci, arrivés par

1. Arch. com., KıA1. Queruau-Lamerie, *Les Girondins de la Mayenne*, p. 56 à 58 ; Abbé Angot, *Mémoires épistolaires sur la Révolution à Laval*, p. 220.
2. *Idem*, DıA2, fol. 238', 239.
3. *Idem*, DıA3.

Segré et Château-Gontier restèrent à Laval jusqu'au
2 novembre 1793 ; pendant leur séjour ils repoussèrent
les républicains jusqu'à Entrammes et Château-Gontier,
après le combat de la Croix-Bataille. Puis, ayant été
rejoints par trois ou quatre mille chouans et ne trouvant
à Laval ni les subsistances, ni les autres secours sur
lesquels ils comptaient, ils quittèrent cette ville pour se
diriger par Mayenne et Ernée vers Granville. Après leur
échec dans cette expédition, les Vendéens revinrent
passer un jour à Laval (25 novembre 1793), où ils réappa-
rurent encore le 13 décembre 1793, après la défaite du
Mans, époque à laquelle ils furent abandonnés par la
troupe de Jean Chouan, qui rentra dans les bois lui
servant de retraite.

Du 23 octobre 1793 à la fin de décembre de la même
année, la ville fut dans un état de trouble extraordinaire
et toujours au pouvoir de l'autorité militaire, si bien que
pendant ce temps la municipalité n'eut aucun rôle à
jouer : aussi constatons-nous dans les registres des lacu-
nes considérables correspondant à cette période [1].

A l'approche des Vendéens, les autorités envoyèrent
à Alençon et à Rambouillet la plupart des aristocrates
et des ecclésiastiques renfermés au monastère des Bénédictines et au Vieux-Château. Les prisonniers restés à
Laval furent mis en liberté par les rebelles lors de leur
passage en cette ville, mais pour peu de temps : en effet
aussitôt après le départ des Vendéens, ils reçurent l'ordre de réintégrer leurs geôles, ce qu'ils firent sans résistance.

Tous les troubles occasionnés par le séjour des « brigands » valurent à la ville de Laval d'être signalée
« plusieurs fois au comité de salut public et à la Con-

1. Cependant le bureau particulier de la municipalité se réunit
le 13 frimaire an II (3 décembre 1793) pour constater l'état de
délabrement dans lequel les brigands avaient mis la maison commune. D₁B4, fol. 0.

vention, comme un foyer de fanatisme et de royalisme ; et le bon accueil fait par la plupart des habitants aux Vendéens devint l'occasion de dénonciations de la part des jacobins qui étaient restés sur les lieux [1] ».

Voyant les rebelles éloignés, mais voyant aussi la Commission Félix [2] partie au loin, la municipalité chercha le moyen de se débarrasser des nombreux vendéens qui, arrêtés par les habitants des campagnes et amenés à Laval, encombraient les prisons de cette ville. Sur le conseil de Bourbotte, représentant en mission dans le département de la Mayenne, elle décida d'appeler la commission Proust, alors au Mans ; elle lui fit passer la lettre suivante :

« Les officiers municipaux de Laval,

« Aux citoyens composant la commission militaire, maintenant au Mans.

« Citoyens,

« Des hordes de brigands s'amoncellent de toutes parts dans nos prisons. Ces espèces de scélérats n'ont qu'à attendre le glaive de la vengeance nationale prêt à tomber sur leur tête. Hâtez-vous de venir en purger notre cité. La chose est d'autant plus pressante que les subsistances qu'ils nous dévorent serviraient à alimenter de bons patriotes qui n'en sont malheureusement pas trop pourvus. Nous vous le demandons au nom du bien public. Nous en avons conféré avec le citoyen Bourbotte, représentant du peuple, qui nous a dit de vous

---

1. Boullier, *Mémoires ecclésiastiques sur la ville de Laval*. Dom Piolin, *Histoire de l'Église du Mans durant la Révolution*, t. II ; Queruau-Lamerie, *La commission Félix et les suspects*.

2. Pendant la période révolutionnaire, Laval reçut plusieurs commissions militaires : « La commission Félix, créée à Angers en juillet 93, arriva à Laval le 21 brumaire et dans cette ville condamna à mort douze prisonniers dont deux femmes et partit, au retour des Vendéens, le 27, emmenant avec elle une foule de suspects ». Abbé Angot, *Dict. de la Mayenne*, t. I, p. 46

envoyer au plus vite porter cette lettre et vous prier de venir ici. Nous sommes très fraternellement

« Vos concitoyens les officiers municipaux de Laval.

« Signé : Lepescheux, maire, Guilbert, procureur de la commune [1] ».

Au moment où la municipalité envoya cette lettre, parut le décret du 14 frimaire an II (4 décembre 1793) suspendant jusqu'à la paix l'application de la constitution votée le 4 juin 1793 et organisant définitivement le gouvernement révolutionnaire, décidé en principe le 19 vendémiaire an II (10 octobre 1793). Par ce décret de frimaire an II, « la Convention se déclara le centre unique de l'impulsion du gouvernement ». Ne laissant aux administrations départementales [2] que la répartition des contributions, elle réserva aux districts « la surveillance de l'exécution des lois révolutionnaires et des mesures de sûreté générale et de salut public ». Aux anciens procureurs syndics de district et de commune elle donna le nom d'agents nationaux et les chargea non plus seulement de requérir mais de « poursuivre » l'exécution des lois et d'en rendre compte tous les dix jours : les agents nationaux de commune à ceux du district, les agents de district aux comités de salut public et de sûreté générale [3] ».

De plus furent institués près les armées ou dans les départements des commissaires qui, revêtus d'une autorité presque sans bornes, eurent la faculté de créer des

1. Cette lettre, rapportée par M. Queruau-Lamerie dans son ouvrage *La commission Proust*, 15 frimaire-25 nivôse an II, ne porte pas de date. Sans doute du 15 frimaire (5 décembre 1793), elle ne fut reçue que le 29 frimaire (19 décembre) par la commission Proust, qui partit le lendemain et arriva à Laval le 2 nivôse (22 décembre).

2. Les procureurs syndics généraux près les départements furent supprimés.

3. Galland, *Le District de Laval. L'agent national près le district.*

tribunaux. Bourbotte et Bissy, remplaçants de Thirion et d'Esnue-Lavallée usèrent de ce pouvoir. Le 22 décembre 1793, ils créèrent « pour juger les brigands débauchés de l'armée de la Vendée et cette autre classe de révoltés appelée Chouins [1] », la commission Clément qui, avec la commission Proust, succéda à la commission Félix, laquelle avait siégé en l'église Saint-Vénérand du 21 brumaire an II (11 novembre 1793) au 27 du même mois (17 novembre) [2].

En nivôse an II, la municipalité montra qu'elle était vraiment révolutionnaire. Le 14 de ce mois (3 janvier 1794), au moment où le comité révolutionnaire fit fermer des sociétés et des lieux de réunions tels que Beausoleil, le Jardin Hubert, le Jardin Berset, « asiles des égoïstes et des aristocrates », permettant de « conspirer la perte du peuple et de calculer froidement les moyens de l'affamer », les officiers municipaux décidèrent, pour faire appliquer le nouveau calendrier, de rédiger une ordonnance prescrivant aux commerçants d'ouvrir leurs boutiques les jours anciennement dimanches et de vendre ces jours-là comme les autres jours [3].

Le 19 nivôse an II (8 janvier 1794), fut appliqué à Laval le décret du 14 frimaire an II. Mais bien qu'il ordonnât « aux citoyens de se réunir en assemblées primaires pour choisir leur agent [4] » et son substitut, le

1. Il s'agit des Chouans.

2. Nous avons dit ce que fut la commission Félix, nous n'y reviendrons pas. « La commission Proust, écrit M. l'abbé Angot dans son *Dict. de la Mayenne*, t. I, p. 46, aussi d'Angers, siégea à Laval du 22 décembre 1793 au 11 janvier suivant, et prononça 28 condamnations à mort. Les membres de la commission Clément furent Clément, président, Volcler, accusateur public, Pannard, Marie Colinière, Faur, juges, et Guilbert, secrétaire-greffier. De Laval elle promena la guillotine à Mayenne, Ernée, Lassay et cessa son horrible besogne le 12 germinal an II (1er avril 1794) ».

3. Abbé Angot, *Dict. de la Mayenne*, t. IV, p. 534. — Arch. com., DₗA3.

4. J. Hamon, *La vie municipale dans les communes du canton de Passais pendant la Révolution*, p. 165.

conseil général de la commune les choisit lui-même. Le citoyen Guilbert, ancien vicaire épiscopal, bien connu pour ses sentiments révolutionnaires, alors procureur de la commune, ainsi que son subalterne Leroux furent nommés à l'unanimité l'un agent national et l'autre substitut de l'agent national [1].

Le mois suivant, les officiers municipaux de Laval, comme tous ceux du département, reçurent la lettre suivante, envoyée par l'accusateur public près la commission militaire et révolutionnaire pour les engager à poursuivre activement tous ceux n'approuvant pas le nouveau régime.

> « Laval, le 1ᵉʳ pluviôse, l'an II de la République
> (20 janvier 1794).

« Citoyens, ils sont passés ces temps de modération et d'insouciance où vous laissâtes les ennemis de la patrie tranquillement vaguer sur le sol de la liberté. L'instant de la justice nationale est à l'ordre du jour pour faire tomber la hache de la loi sur la tête du traître et du parjure.

« Rangez dans cette classe les tolérants, les fanatiques, les fédéralistes, les royalistes, et autres aristocrates que la loi met hors du sein de la République.

« Sur ce fondé, et en vertu des pouvoirs qui me sont délégués, je vous déclare que pas une commune n'existe qui ne contienne de ces monstres. Toute municipalité ou tout comité de surveillance qui ne fera pas traduire à la maison d'arrêt de son district les accusés et qui ne fera pas entendre contre chacun au moins deux témoins de leurs dires ou actions, sera réputée les réceler et les favoriser, et pour ce fait se trouvera, à ma diligence, de jour ou de nuit, incarcérée sur mon réquisitoire.

« Purgeons, républicains, et n'épargnons rien : le

_____
1. Arch. com., DıA3.

salut de la patrie l'exige impérieusement ; votre propre liberté vous en fait un devoir.

« Vous consignerez la présente sur vos registres, et vous en accuserez le récépissé au district de votre arrondisement ; et nous, nous promènerons la guillotine révolutionnaire sur les lieux où votre vigilance aura traduit les coupables.

« Salut et fraternité,

« Signé : Volclair, accusateur public [1] ».

Il semble que notre municipalité se préoccupa peu de l'exécution de cette lettre ; mais il convient d'observer que les contre-révolutionnaires, dont beaucoup avaient déjà été arrêtés, furent poursuivis par les représentants en mission, qui faisaient de fréquents séjours à Laval, ainsi que par les membres de la commission révolutionnaire.

Ceux-ci, le 2 pluviôse an II (21 janvier 1794), jour anniversaire de la mort de Louis XVI, firent conduire en leur salle d'audience quatorze vieux prêtres infirmes enfermés à Patience et cinq vendéens. Après les avoir interrogés sommairement et leur avoir demandé en vain de prêter les serments requis par les lois, ils les condamnèrent à mort et les firent exécuter le jour même [2].

Le 5 pluviôse (24 janvier 1794), il y eut quelques changements dans le conseil général de la commune. La principale modification fut le remplacement de Démocrite Tulot, ancien prêtre intrus, nommé agent national auprès du district, par La Chapelle [3].

Sur ces entrefaites, la municipalité, s'étant aperçue que de nombreux particuliers et entre autres des bouchers allaient chez les habitants requérir au nom de la

---

1. Arch. com., DiA3. — Dom Piolin, *Histoire de l'Église du Mans durant la Révolution*, t. II, p. 525.
2. Dom Piolin, *Ibidem*, t. II, p. 539 à 546.
3. Arch. com., DiA3.

loi, décida, pour mettre fin à ces abus, de publier une ordonnance prévenant tout citoyen qui agirait ainsi, « ce que les autorités constituées avaient seules le droit de faire, qu'il serait puni avec toute la sévérité possible et traduit au tribunal révolutionnaire [1] ».

Le même jour, 7 pluviôse an II (26 janvier 1794), un membre de la municipalité ayant exposé « l'inertie et le défaut de connaissance des généraux employés à détruire les chouans » et ayant persuadé ses collègues que ces officiers « prolongeaient la guerre parce qu'ils étaient trop payés », le conseil général de la commune décida d'envoyer des délégués au comité de salut public le prier de prendre les mesures nécessaires pour terminer rapidement cette guerre désolant le pays [2].

A la fin de pluviôse, bien que l'anniversaire du 21 janvier fût passé depuis le 2 de ce mois, et eût été marqué par l'exécution de dix-neuf citoyens, la municipalité décida de célébrer une fête en l'honneur « de l'anniversaire de la mort du tyran [3] ».

Le 28 pluviôse an II (16 février 1794), le conseil général de la commune, après avoir délivré de nombreux certificats de civisme, désira en obtenir un. Comme il ne voulut point se l'octroyer lui-même, il le demanda aux assistants, qui le lui accordèrent à l'unanimité. Satisfaite d'un tel succès, la municipalité entière, dans un élan d'enthousiasme, renouvela le serment qu'elle avait prêté lors de sa nomination [4]. Cependant ses pouvoirs expirèrent bientôt.

---

1. Arch. com., D₁A3.
2. *Idem*, D₁₁A13.
3. *Idem*, D₁A3.
4. *Idem*.

CHAPITRE VI

La Municipalité de germinal an II
(avril 1794)
à brumaire an III (novembre 1794).

François-Primaudière, désigné par la Convention
pour remplacer dans la Mayenne Bourbotte et Bissy,
successeurs de Thirion et d'Esnue-Lavallée, était à
à Laval le 13 germinal an II (2 avril 1794). Ce jour-là,
« considérant que né au milieu des orages le gouvernement révolutionnaire devait avoir l'activité de la foudre,
qu'il fallait que l'action fût rapide, forte, que tout mar-
chât de front et dans un ensemble qui devait naître de
la même activité, de la même force et des mêmes principes ; que les fluctuations continuelles, l'instabilité pro-
longée du gouvernement, ouvrage d'une faction crimi-
nelle qui venait enfin de recevoir le prix dû à ses forfaits,
exigeaient un mouvement prompt et vaste qui lui donnerait enfin son à plomb, qu'il ne fallait pas donner aux
conspirateurs le temps de réfléchir, aux bons citoyens
le temps de désirer, que semblable à l'astre qui brûlait
et desséchait les productions inutiles et nuisibles, alors
qu'il mûrissait les moissons, le gouvernement révolutionnaire devait porter la vie aux patriotes, aux traîtres
la mort. Considérant enfin que pour parvenir à ce gouvernement l'épuration des différents corps administratifs,
tribunaux et autres autorités constituées étaient un
préalable absolument indispensable à la réorganisation
de tout. Après avoir consulté le vœu des commissaires
nommés par la société populaire de Laval et provoqué

celui du Peuple en masse, convoqué à cet effet pour entendre la lecture de la liste des citoyens, désignés et appelés aux fonctions publiques,.. [1] » le nouveau représentant en mission à Laval épura les différentes administrations de cette ville et particulièrement la municipalité. Le Pescheux conserva ses fonctions de maire ; mais cinq officiers municipaux furent remplacés. Guilbert dut, parce qu'ancien prêtre constitutionnel, cesser ses fonctions d'agent national près la commune qu'il avait toujours remplies avec tout le zèle désirable. Il eut pour successeur son substitut Leroux, qui fut remplacé par Garot, ancien membre du comité révolutionnaire. Par ce même arrêté du 13 germinal an II (2 avril 1794) certains notables furent aussi destitués, et leurs fonctions furent confiées à des patriotes plus ardents [2].

A la même époque, François-Primaudière remplaça la commission Clément créée par Bourbotte et Bissy le 22 décembre 1793 par une commission présidée par Paul-Émile Huchedé [3]. De plus, il nomma onze nouveaux membres au comité révolutionnaire, ne conservant parmi ceux ayant fait partie du comité créé le 22 frimaire an II que le citoyen Durand, qui eut pour nouveaux collègues « de vrais sans-culottes logés sur les dernières marches de l'escalier social [4] ».

Sur ces entrefaites, le conseil général de la commune s'installa. Après avoir prêté serment il nomma les membres du bureau particulier de la municipalité et leurs suppléants. Il composa le tribunal de police municipale ;

1. Arch. départ., L2, p. 242.
2. Arch. com., K1A1. — Abbé Angot, *Mémoires épistolaires sur la Révolution à Laval,* p. 220.
3. Abbé Angot, *Dict. de la Mayenne,* t. I, p. 46. D'après cet auteur, la commission Clément et la commission Huchedé, « dans l'espace de neuf mois et dix-sept jours », prononcèrent 1094 condamnations à mort.
4. Galland, *Le comité révolutionnaire du district de Laval.*

puis il chargea Tellot et Épiard, deux de ses membres, de surveiller les instituteurs et les institutrices [1].

Prévoyant de nombreux travaux, le conseil général de la commune, par sa délibération du 24 germinal an II, procéda à l'établissement de différents bureaux. Le premier, chargé des expéditions et de la correspondance, fut composé de trois officiers municipaux auxquels se joignirent Le Pescheux, maire, attaché à tous les bureaux, Leroux, agent national, et Garot, substitut, chargés de la surveillance.

Le bureau des contributions comprit trois officiers municipaux et dix notables. Huit autres notables et trois autres officiers composèrent le « bureau des militaires ». Enfin fut créé « le grand bureau » ou « commission des objets de détail » spécialement chargé de la surveillance des bouchers et de la vente des suifs. Pour installer ces bureaux il fallut acheter des chaises, des fauteuils, des tables, des encriers et d'autres articles de papeterie. Dans ce but, « le citoyen Epiard fut autorisé à emprunter chez le citoyen Roche, percepteur des impositions, la somme de 1.200 livres sur les sols additionnels » [2].

Dans la même séance, le conseil général de la commune arrêta « que les officiers municipaux de planton porteraient leur écharpe, pour inspirer aux malveillants et aux ennemis de la chose publique, qui voudraient troubler l'ordre et la tranquillité devant régner dans les opérations de la commune, la décence et le respect dus aux autorités constituées » [3].

Il faut croire que les officiers municipaux et les notables oublièrent souvent de se rendre aux séances du conseil général, car, par une délibération du 17 floréal an II (mai 1794), il fut décidé que les cloches annonceraient les séances de la municipalité « par deux sons de volée et

1. Arch. com., D₁A3.
2. *Idem.*
3. *Idem.*

quelques minutes d'intervalle pour faire distinguer ce son d'avec celui des nouvelles. »

Le même jour, attendu les nombreux travaux du secrétaire, le traitement de ce fonctionnaire fut élevé à 1.500 livres. Il fut ensuite décidé d'augmenter le nombre des commis de la municipalité et leurs appointements, ainsi que ceux de chacun des gardes de ville, remplissant le rôle d'huissiers près la municipalité [1].

Bientôt disparut le culte de la Raison, qui, créé au moment du triomphe de la Montagne et pratiqué à Laval dans l'ancienne église de la Trinité, où plusieurs femmes, dont une « d'une naissance aristocratique » [2], jouèrent le rôle de déesse, fut remplacé par le culte de l'Être-Suprême, établi par la Convention sur l'ordre de Robespierre (18 floréal an II-mai 1794). Une grande fête, en l'honneur de la nouvelle religion, fut fixée au 20 prairial an II (8 juin 1794), et nous verrons que les membres du conseil général de la commune s'employèrent à célébrer ce grand jour aussi solennellement que possible.

Mais auparavant, la municipalité reçut un arrêté du directoire du district du 9 prairial an II (28 mai 1794), portant : « Que les maires et officiers municipaux des communes de l'arrondissement du district seraient tenus de lire à haute voix, tous les décadis, devant le peuple assemblé et convoqué à cet effet, les décrets et les bulletins de la Convention nationale, au fur et à mesure qu'ils les recevraient, ainsi que les rapports des différents comités, leurs arrêtés, ceux des corps administratifs et enfin tout ce qui pourrait tendre à l'instruction publique et à l'intelligence des lois ; que conformément à l'arrêté du Comité de salut public du 23 floréal, on substituerait à l'inscription Temple de la Raison, les mots de l'article premier du décret de la Convention nationale du 18 floréal :

1. Arch. com., D₁A3.
2. Dom Piolin, *Histoire de l'église du Mans durant la Révolution*, t. II, p. 431.

« Le peuple français reconnaît l'Être-Suprême et l'immortalité de l'âme » ; qu'en conformité du même arrêté,
le rapport et le décret du 18 floréal seraient lus publiquement les jours de décadis dans les édifices ou autres
lieux publics destinés à cet effet ;... que l'immortelle
déclaration des droits de l'homme, servant de frontis-
pice à la constitution républicaine, serait lue pendant
un an au moins une fois par mois à pareil jour et au
même lieu [1] ».

Cet arrêté créa donc de nouveaux travaux pour les
membres de la municipalité et fixa, en somme, le programme des fêtes décadaires, consistant principalement
en des réunions dans une partie de l'ancienne cathédrale
de Villar.

Le mois suivant (messidor), les officiers municipaux
firent plusieurs réquisitions, entre autres de laines et de
bestiaux, pour les troupes de la République [2] ; ils s'occupèrent aussi de préparer la fête du 14 juillet, qui fut
célébrée le 26 messidor an II. Ce jour-là, en exécution
de la loi du 6 floréal, ils ordonnèrent à leurs concitoyens
« de fermer sur-le-champ leurs boutiques et ateliers ».
L'après-midi à deux heures, les Lavallois et « toutes les
autorités constituées tant civiques *(sic)* que militaires »
se réunirent sur la place de la Liberté « pour se rendre
à la place de l'Union, dite le Gast » et « au Club », où
furent prononcés plusieurs discours « analogues à la
fête ». Après quoi, la journée se termina par des « dan-
ses sur la place de l'Union » [3].

Peu après cessa la Terreur, commencée lors de la
chute des Girondins. Aussitôt après leur triomphe, les
Montagnards s'étaient divisés en trois factions rivales :
Hébert, Clotz et leur groupe, disciples de Diderot, voulant établir l'athéisme ; Danton, Philippeaux, Dumoulin,

1. Arch. départ., L2, p. 338.
2. Arch. com., D11A13, f. 57 et 60'.
3. *Idem,* f. 59 et 60.

Lacroix et leurs amis, voltairiens, inclinant à l'indul-
gence ; enfin Robespierre, imbu des idées de J.-J. Rousseau, désirant établir le déisme pur et préconisant le
système de la violence [1].

Ce dernier parti attaqua les deux autres qu'il renversa
successivement. Après sa victoire sur les Hébertistes
(24 mars 1794) et sur les Dantonistes (5 avril 1794), il
entendit gouverner seul la République et il « parvint à
son but, un moment, par la pusillanimité de la Convention » [2]. Mais au bout de peu de temps, le « tyran »
Robespierre, ainsi que ses partisans Saint-Just, Cou-
thon et autres, furent vaincus par une coalition de Montagnards, de Girondins, de Jacobins qui les renversa le
9 thermidor an II (27 juillet 1794), et les envoya à l'écha-
faud, bien que quelques sections de Paris se fussent
insurgées pour les délivrer.

Le 13 thermidor an II (31 juillet 1794), le conseil général de la commune de Laval tint séance. A cette réunion,
la seule du mois mentionnée sur les registres municipaux, un membre fit un « rapport sur l'affaire ayant eu
lieu à Paris dans la nuit du 9 au 10 thermidor (27, 28 juillet 1794), l'arrestation et le supplice des scélérats ayant
voulu attenter à la souveraineté du peuple en s'érigeant
en tyrans de la France ». Sur sa demande, il fut décidé
de rédiger une adresse exprimant que la commune de
Laval serait « fidèle à la représentation nationale, qu'elle
demeurerait toujours fermement attachée aux principes
de la République et qu'elle ne souffrirait aucun tyran sous
quelque dénomination que ce fût » [3].

Le 22 thermidor an II (9 août 1794), parut une ordonnance de la municipalité, prévenant les Lavallois que le
lendemain « 10 août (vieux style) serait célébré l'anni-

1. Dom Piolin, *Histoire de l'église du Mans durant la Révolution*, t. III.
2. *Idem.*, t. III, p. 202.
3. Arch. com., D₁A3.

versaire de la chute du tyran »[1], et les invitant en conséquence « à suspendre leurs travaux », ce jour-là[2].

La révolution du 9 thermidor an II amena la fin du
règne de la Terreur ; mais si l'apaisement se fit sentir de
suite à Paris, il n'en fut pas de même dans bon nombre
de départements et notamment à Laval, où le gouvernement révolutionnaire subsista, mais avec quelques adoucissements. En effet, après thermidor, les arrestations
devinrent bien moins nombreuses ; de leur côté les commissions militaires prononcèrent de fréquents acquitte-
ments. En septembre et en octobre 1794 (fructidor an II-
vendémiaire an III), les portes de la maison d'arrêt des
Bénédictines de Laval s'ouvrirent, des prêtres, des suspects, des religieux et des religieuses purent alors quitter leurs prisons[3].

Puisqu'une ère nouvelle s'ouvrait, la composition de
la municipalité lavalloise devait bientôt être modifiée.

1. Il doit s'agir ici de Louis XVI.
2. Arch. com., DnA13, f. 62.
3. Dom Piolin, *Histoire de l'Eglise du Mans durant la Révolution*, t. III. — Queruau-Lamerie, *Les Girondins de la Mayenne*,
p. 85. — Galland, *Le Comité révolutionnaire du district.*

CHAPITRE VII

La Municipalité de brumaire an III (novembre 1794), à l'application de la Constitution du 5 fructidor an III.

Au début de l'an III, « le comédien » Boursault Malherbe, membre de la Convention nationale comme député de Paris, fut envoyé en mission dans les départements de l'ouest pour y calmer la surexcitation des esprits. A son arrivée dans la Mayenne, il réorganisa le Tribunal criminel, et destitua, par un arrêté du 18 vendémiaire an III (9 octobre 1794), la commission militaire créée par François-Primaudière en germinal an II ; puis il ordonna l'arrestation immédiate des membres du comité révolutionnaire et d'un certain nombre de terroristes dont la présence suffisait pour enlever toute tranquillité aux esprits modérés [1].

En exécution des décrets des 7 fructidor an II et 7 vendémiaire an III, il procéda à l'épurement et à la réorganisation des autorités constituées dont les membres devaient être des individus « distingués par leurs vertus morales et civiques et jouir de l'estime et de la confiance justement méritées comme bons citoyens et énergiques patriotes ». Pour faire les nominations, Boursault Malherbe demanda avis aux autorités constituées, aux sociétés populaires, ainsi qu'aux particuliers dont l'amour pour le bien public était connu de tous. Ayant choisi parmi ceux

1. Abbé Angot, *Dict. de la Mayenne*, t. I, p. 46. — Queruau-Lamerie, *Les Girondins de la Mayenne*, p. 85. — Dom Piolin, *Histoire de l'Eglise du Mans durant la Révolution*, t. III, p. 205.

qui lui furent indiqués, il ordonna la convocation de tous les citoyens au temple de la Raison pour le 25 brumaire an III (15 novembre 1794). Ce jour-là, un grand nombre de personnes « de tout âge et de tout sexe » se rendit à l'ancienne église de la Trinité, où Boursault leur présenta « les magistrats dont le caractère énergique, les vertus républicaines, les mœurs et l'humanité pouvaient les faire jouir du bonheur que la Convention nationale préparait à tous les Français ». Aucun reproche, « fondé sur la probité et le patriotisme » des nouveaux magistrats, ne s'étant élevé, le représentant en mission en conclut que ces nouveaux fonctionnaires avaient tous « l'assentiment général » et les nomma définitivement [1].

Deux jours plus tard (27 brumaire an III-17 novembre 1794), la nouvelle municipalité, avec Piquois comme maire, Dayer comme agent national, Hubert fils chirurgien comme substitut de l'agent national, et Lelièvre comme secrétaire, fut solennellement installée par « Tellot fils, agent national du district, chargé par le représentant du peuple de l'installation des autorités constituées » de Laval [2].

Les nouveaux magistrats municipaux ne furent ni royalistes, ni terroristes ; républicains sincères, ils cherchèrent à rallier tous les esprits au nouveau régime. Ils célébrèrent avec autant d'enthousiasme et les anniversaires des 21 janvier et 10 août et celui de la chute de Robespierre. Dans sa séance du 14 nivôse an III (3 janvier 1795), le conseil général de la commune vota une adresse félicitant la Convention nationale de la révolution du 9 thermidor an II, ainsi que de sa conduite et de ses travaux « depuis cette mémorable journée ». Le mois suivant (pluviôse an III), il ordonna d'enlever du Temple de la Raison, qu'il pourvut d'un concierge, « le

1. Arch. départ., B3.
2. Arch. com., DıA3. — Abbé Angot, *Mémoires épistolaires sur la Révolution à Laval*, p. 221.

buste de Marat et autres », « à l'exception de ceux de J.-J. Rousseau et Voltaire » [1].

Pendant que des Lavallois préparaient et envoyaient à la Convention une « dénonciation contre le représentant du peuple Esnue-Lavallée et ses complices », la municipalité essaya de rétablir l'union et la concorde entre les citoyens. Ayant appris que des pourparlers étaient engagés avec les chefs des rebelles, elle fit publier, le 24 ventôse an III (14 mars 1795), une ordonnance invitant « chacun en particulier à respecter comme des hôtes ceux des Chouans qui viendraient amicalement et fraternellement » dans la commune, et à « les recevoir comme des Français, des frères et des amis ». Le 2 floréal an III (21 avril 1795), les officiers municipaux reçurent du district « la nouvelle intéressante de la pacification signée sous les murs de Rennes » par les généraux républicains et les « chefs des Chouans ». Le jour même, ils annoncèrent cet heureux événement à leurs concitoyens ; puis par une ordonnance du 9 floréal an III (28 avril 1795), ils renouvelèrent les prescriptions qu'ils avaient édictées le 24 ventôse an III, et défendirent d'insulter les Chouans « en quelque manière que ce fût, sous peine de punition exemplaire » [2].

Après avoir, en prairial an III, fait procéder au désarmement des « hommes prévenus d'avoir participé aux horreurs commises » avant le 9 thermidor an II, le corps municipal, par sa délibération du 3 messidor an III (21 juin 1795), organisa, conformément à l'article 35 de la loi de décembre 1789, les différents bureaux de la municipalité : à savoir, le bureau particulier, le bureau militaire, les bureaux des subsistances, des contributions, des finances et secours [3].

1. Arch. com., D₁A3.
2. Dom Piolin, *Histoire de l'Eglise du Mans durant la Révolution*, t. III, p. 156. — Arch. com., D₁₁A13, f. 76', 79 et 79'. Arch. départ.., L.
3. Arch. com., D₁C6, f. 226 ; D.vD39, f. 1.

A ce moment, l'insurrection royaliste renaquit, mais elle subit des échecs. Le 6 thermidor an III (juillet 1795), la municipalité reçut « le rapport officiel de la victoire éclatante remportée à Quiberon par les troupes de la République sur les ducs et marquis émigrés et sur les esclaves de Pitt. » Le soir, à sept heures, les administrateurs du département et ceux du district se rendirent au conseil général de la commune auquel ils confirmèrent le rapport reçu le matin, et allèrent de là au Temple de la Raison proclamer « cette heureuse nouvelle, et jeter le désespoir dans le cœur des partisans de la royauté [1]. »

Les jours suivants, les officiers municipaux, de concert avec les autres autorités de la ville, rédigèrent une adresse à la Convention nationale, par laquelle ils lui demandèrent l'envoi de nouvelles troupes pour « purger entièrement leur sol des partisans du royalisme et des brigands, » ainsi que pour protéger leurs administrés « placés pour ainsi dire au centre des pays infestés par les chouans [2]. »

De toutes parts, en effet, l'agitation recommençait. La ville de Laval, entourée d'insurgés, était en somme assiégée et pouvait à peine se procurer les subsistances indispensables pour ses habitants et pour les militaires qu'elle contenait. Alors, pour la première fois depuis le début de la Révolution, la municipalité tout entière, ne pouvant presque plus tenir à son poste « vu les nombreux désagréments » endurés par ses membres, songea à démissionner. Mais, heureusement, elle ne mit point à exécution cette idée et conserva ses fonctions jusqu'à l'installation d'une administration municipale, établie suivant de nouveaux principes [3].

Le 5 fructidor an III, en effet, la Convention vota une

---

1. Arch. départ., L30, f. 112.

2. Dom Piolin, *Histoire de l'Église du Mans pendant la Révolution,* t. III, p. 275.

3. Arch. com., DɪᵛD39, f. 34'.

nouvelle constitution qui « détruisit de fond en comble l'organisation intérieure et alla jusqu'à supprimer l'unité de groupements des intérêts locaux qu'est la commune[1]. » Elle rétablit un suffrage censitaire. Pour être électeur au premier degré, c'est-à-dire être membre des assemblées primaires de canton, il fallut être âgé de vingt-cinq ans, avoir une résidence d'un an constatée par une inscription sur un registre spécial, et payer une contribution, sauf dispense de contribution pour ceux ayant fait campagne pour l'établissement de la République. Les citoyens « passifs » purent aussi obtenir le droit de vote, moyennant le paiement volontaire de la valeur de trois journées de travail (art. 304 de la Constitution). Pour être électeur au second degré et prendre part à l'assemblée électorale du département, il fallut, dans les communes de plus de six mille habitants, en outre de l'âge de vingt-cinq ans, être propriétaire ou usufruitier d'un bien évalué à un revenu égal à la valeur locale de deux cents journées de travail, ou être locataire, soit d'une habitation dont le revenu équivalût à cent cinquante journées de travail, soit d'un bien rural loué pour un prix égal à deux cents journées de travail. Les assemblées primaires furent chargées d'élire les juges de paix et les officiers municipaux ; les autres assemblées nommèrent les membres du Tribunal de cassation, les hauts-jurés, les administrateurs de département, les président, accusateur public et greffier du Tribunal criminel, les juges des tribunaux civils, enfin les membres du Corps législalif (Cinq-cents et Anciens), lequel eut la mission d'élire le Directoire exécutif.

Les districts furent supprimés. Les départements, où des administrations centrales remplirent les fonctions autrefois attribuées à l'assemblée et au directoire établis par la loi de 1789, furent divisés en municipalités dont la

1. Hamon, *La Vie municipale dans les communes du canton de Passais pendant la Révolution*, p. 266.

circonscription fut le canton. Toutefois il y eut une exception pour les localités dans le genre de Laval. L'article 178 de la Constitution portait en effet : « Toute commune, dont la population s'élève depuis cinq mille jusqu'à cent mille habitants, a pour elle seule une administration municipale. » D'après l'article 182 de la même constitution, fixant la proportion entre le nombre d'habitants et celui des administrateurs municipaux, Laval devait avoir sept de ces magistrats [1], connaissant « de la répartition des contributions directes, la surveillance des deniers provenant des revenus publics dans leur territoire » (art. 190, titre VII), ainsi que de « tout ce qui était précédemment attribué aux municipalités » et des « objets d'administration générale que la loi déléguait jadis aux districts et aux agents nationaux » (art. 19 et 21 de la loi du 21 fructidor an III [2]).

Le 13 fructidor an III (30 août 1795), l'administration du district reçut de celle du département cinquante-huit exemplaires de cette constitution, et le lendemain elle en adressa six à la commune de Laval. Le 15 fructidor (1er septembre 1795), la municipalité de cette ville, extraordinairement assemblée à la Maison commune pour préparer la tenue des assemblées primaires chargées « d'émettre leur vœu sur la présentation de l'acte constitutionnel proposé au peuple français, » décida que les réunions auraient lieu le 20 fructidor (6 septembre 1795), à neuf heures, dans l'église Saint-Vénérand, pour la section Saint-Michel; aux Jacobins, pour celle des Jacobins; à la Trinité, pour celle de Saint-Louis; aux Bénédictines, dans le local du Tribunal criminel, pour celle des

---

1. Les communes voisines de Laval formèrent un « canton forain. »

2. Pour cette analyse de la constitution de l'an III, cf. J. Hamon, *La Vie municipale dans les communes du canton de Passais pendaut la Révolution ;* Vergues, *Contribution à l'étude des municipalités de canton de l'an III,* p. 136 et sq.

Ursulines ; enfin dans l'église de Patience, pour la section des Cordeliers [1].

Au jour fixé, les Lavallois, avertis de ces assemblées par une ordonnance de leur municipalité, ainsi que les habitants d'Avénières, de Grenoux, de Changé, prévenus par leurs officiers municipaux auxquels un exemplaire de la loi du 5 fructidor an III avait été envoyé, se réunirent dans les sections de la Liberté, de la République, de l'Unité, de l'Égalité, de la Fraternité, et acceptèrent à la presqu'unanimité la nouvelle Constitution [2].

Après avoir, en vendémiaire an IV, reçu plusieurs soumissions aux lois de la République et plusieurs attestations, par lesquelles des habitants de Laval déclarèrent que certains de leurs parents ou de leurs amis étaient passés parmi les Chouans, et que « cette désertion » ne devait être attribuée qu'à la « débauche » et au « libertinage, » la municipalité prépara les élections de la nouvelle administration municipale, opérations qui eurent lieu en brumaire an IV [3]. Par une lettre du directoire du district en date du 5 brumaire an IV, la municipalité fut avertie que les assemblées primaires devraient se réunir le 10 brumaire (1er novembre 1795) pour nommer les administrateurs municipaux, les juges de paix et leurs assesseurs ; en conséquence, par des ordonnances publiées les 8 et 9 brumaire an IV, elle convoqua pour le 10 du même mois tous les citoyens ayant le droit de vote. Au jour fixé, les cinq sections s'assemblèrent, mais elles ne purent s'entendre pour faire les nominations : le lendemain, elles choisirent les deux juges de paix et leurs douze assesseurs. Se réunissant encore les 12, 14,

---

1. Arch. départ.. B4, f. 129 ; L30, f. 163'. — Arch. com., DuA13, f. 85 ; DivD39, f. 44 ; DiC6, f. 241.

2. Arch. com., DiC6, f. 242'. Nous avons dit que la Constitution fut acceptée « à la presqu'unanimité » ; il n'y eut en effet que deux voix opposantes.

3. *Idem,* DviD39, f. 54', 70 ; DiB5.

15 brumaire an IV (3, 5, 6 novembre 1795), elles finirent par nommer à la pluralité relative les sept membres de la nouvelle administration municipale [1]. Parmi ces nouveaux élus, certains ne voulurent pas devenir les collègues de l'ex-terroriste Bezier, et démissionnèrent le 16 brumaire an IV (7 novembre 1795) [2].

Sur ces entrefaites, les officiers municipaux, nommés par Boursault, l'année précédente, écrivirent au commissaire du pouvoir exécutif près le département, qu'ils considéraient que leurs fonctions avaient cessé depuis la tenue des assemblées primaires ; mais que, néanmoins, puisque la nouvelle administration municipale n'était pas complètement organisée, ils conserveraient leur poste jusqu'au 30 brumaire [3]. En fait, ils gardèrent plus longtemps leurs fonctions municipales ; mais dès lors ils s'en désintéressèrent, ayant, pour la plupart, été nommés à d'autres places. Le pouvoir réel appartint alors à l'administration du département et surtout au général La Barollière, chef des troupes cantonnées à Laval. Ce dernier réunit à la Maison commune les démissionnaires du 16 brumaire pour les engager à souscrire au choix des habitants. Trois d'entre eux, cédant aux prières du général, finirent par accepter, à condition que trois citoyens, parmi lesquels Piquois, ancien maire, leur fussent adjoints. Cette transaction aboutit. Le 14 ventôse, La Barollière installa cette nouvelle administration municipale, qui eut Le Pescheux Dauvais comme commissaire provisoire du Directoire exécutif. Le 2 germinal an IV (22 mars 1796), ces nouveaux magistrats prêtèrent serment de haine à la royauté [4].

---

1. Bibliothèque municipale, Fonds Maignan, 604, f. 103. — Arch. com., DivD39, f. 77, 78 ; DiiA13, f. 89 ; DiC6, f. 248' à 258.

2. Arch. com., DivD39, f. 80.

3. *Idem*, f. 87'.

4. Abbé Angot, *Mémoires épistolaires sur la Révolution à Laval*, p. 223. — Arch. com., DiB5 ; DiC6, f. 251 à 266.

Ainsi furent remplacés les officiers municipaux et les notables nommés par Boursault en brumaire an III. Ceux-ci, ainsi que leurs prédécesseurs, choisis également par des Représentants du Peuple, eurent à remplir de nombreuses attributions déléguées par l'État, ce qui ne les empêcha pas de s'occuper des intérêts locaux. Autant que leurs modiques ressources le leur permirent ils secoururent les indigents. Ils mirent tous leurs soins à régler les questions militaires et à appliquer les lois concernant les cultes. Ils surveillèrent les instituteurs, l'administration de la justice, le recouvrement des impôts, et rendirent de nombreuses ordonnances de police. Enfin, à partir de 1793, tous les magistrats municipaux, mais surtout ceux nommés le 27 brumaire an III durent s'occuper activement de l'achat des subsistances et de l'approvisionnement de Laval.

DEUXIÈME PARTIE

Attributions de la Municipalité de Laval
de 1790 à l'an IV

CHAPITRE PREMIER

Questions militaires

Section I. — Armée. Recrutement. Levée
de Volontaires.

La municipalité révolutionnaire de Laval s'occupa
toujours activement des questions militaires.

Le 8 mars 1790, le secrétaire greffier de la municipalité ayant présenté au bureau particulier un mémoire
s'élevant à la somme de 893 livres 4 sols 9 deniers pour
les dépenses faites depuis le 1er octobre 1789 jusqu'au
28 février 1790 par un détachement de « Royal-Roussillon Cavalerie, » composé de vingt-cinq hommes, ce
bureau arrêta d'envoyer ce mémoire à « MM. les Députés
composant la commission intermédiaire de l'assemblée
des trois provinces de la généralité de Tours, » et de
les prier de faire incessamment passer une ordonnance
du montant de ces dépenses[1].

Le 14 mars 1790 fut remise au procureur de la commune une lettre signée de nombreux citoyens, demandant le renvoi du détachement de « Royal-Roussillon
Cavalerie, » depuis quelque temps à Laval. La municipalité rejeta cette pétition parce que les signataires
n'étaient pas tous citoyens actifs, qu'ils ne l'avaient pas
présentée par une députation de dix citoyens actifs,
qu'ils ne s'étaient pas conformés à l'article 62 du décret

---

1. Arch. com., D 4, f. 3'.

sur la constitution des municipalités réglant le droit de réunion des citoyens, qu'enfin les termes de la requête n'étaient « ni décents ni respectueux [1]. »

Après l'émeute du 3 août 1790, qui eut pour cause l'enlèvement de grains par les marchands de Vitré, le bureau particulier arrêta, le 6 août, de demander pour Laval un escadron du « régiment de Royal-Picardie Cavalerie, » décision qui fut approuvée et confirmée par une délibération du conseil général du 9 août. Le 11 du même mois, la municipalité écrivit à ce sujet « à M. le Commandant général des provinces de Touraine, Maine, Anjou, » à la municipalité d'Angers, car le régiment de « Royal-Picardie Cavalerie » était en garnison à Angers, et à l'Assemblée Nationale, à laquelle furent demandés de plus quatre mille fusils. Comme l'arrivée de l'escadron en question tardait, les officiers municipaux s'adressèrent le 29 août 1790 à « Monseigneur de la Tour Dupin, » ministre de la guerre ; mais il semble qu'aucune suite ne fut donnée à leur demande [2].

*
* *

Au mois de juillet 1791, la municipalité fut occupée à distribuer des fusils. Au début de ce mois, en effet, l'administration du département de la Mayenne reçut un lot de 1.335 fusils, que, par son arrêté du 20 juillet, elle ordonna de répartir entre les sept districts de son arrondissement, proportionnellement au nombre de citoyens actifs et de bras armés que chacun d'eux contenait. Pour sa part, le district de Laval reçut 280 fusils, qu'il distribua entre les différentes communes de son ressort : il en délivra 220 à la ville de Laval, et le reste fut accordé aux autres municipalités [3].

1. Arch. com., DɪC6, f. 2 ; DɪA2, f. 12'.
2. *Idem*, DɪB4, f. 54 ; DvA40, f. 20.
3. Arch. départ., B1, p. 297.

En août, septembre et octobre 1791, les officiers municipaux et les notables se préoccupèrent de la formation du premier bataillon des volontaires de la Mayenne. « Décrétée le 4 août 1791, hâtée par des instructions du ministre de la guerre et du lieutenant général de Chabrillant, commandant la 22ᵉ division militaire à Tours, cette levée fut exécutée avec tant d'empressement par les administrateurs de la Mayenne que le bataillon fut constitué dans l'espace de quinze jours. Il est vrai qu'on fit exclusivement appel, pour le recruter, aux éléments patriotes des gardes nationales, on laissa de côté, jusqu'à nouvel ordre, les gens tièdes et les aristocrates, ce qui permit de réunir une troupe suffisamment enthousiaste [1]. » Les volontaires se rassemblèrent à Laval le 5 septembre 1791 [2]. Le procureur général syndic du département leur proposa de retourner chez eux en attendant l'arrivée du lieutenant général de Chabrillant ; mais ils refusèrent. Le lendemain, le directoire du département arrêta « que les gardes nationaux volontaires du département de la Mayenne resteraient » à Laval « jusqu'à l'arrivée de M. de Chabrillant et qu'on aurait soin de leur faire changer de logement tous les quatre jours [3]. » Pour faire ces changements, deux membres du directoire du département, deux de celui du district, furent adjoints aux officiers municipaux de la ville. Les habitants chez qui logeaient ces volontaires pouvaient à peine les nourrir, car les vivres commençaient à se faire rares : de ce chef la municipalité eut des difficultés. Le 7 septembre 1791, la femme Rallier, dont le mari, quoiqu'absent, devait fournir étape, se présenta aux officiers municipaux et leur demanda du pain, prétendant n'en pouvoir

---

1. Duchemin et Triger, *Premiers troubles dans la Mayenne,* p. 103.

2. Les volontaires de plusieurs districts arrivèrent dès le 4 septembre. Arch. com., D₁B4, f. 124.

3. Arch. com., D₁vA34.

trouver. Le jour même, le bureau particulier arrêta d'enjoindre aux différents boulangers de la ville de livrer le lendemain matin « à la dame Rallier une fournée de soixante pains de six livres, plus ou moins selon la grandeur de leur four, » et cela sous peine d'une amende qu'il devait fixer si besoin était [1].

Le temps se passait et de Chabrillant ne venait point faire la revue du bataillon, toujours à la charge des Lavallois. Comme l'on redoutait des émeutes, car la misère se faisait sentir d'une manière inquiétante, le bureau particulier de la municipalité écrivit, le 24 septembre 1791, à Plaichard-Choltière, alors à Paris, pour le charger de dépeindre au ministre de la guerre la détresse des habitants et de demander le prompt départ des volontaires [2]. Ceux-ci quittèrent Laval vers le milieu d'octobre, après avoir fait en cette ville un séjour de cinq semaines pendant lequel la municipalité dut veiller à leur logement, à leur nourriture, et leur distribua des fusils.

*
* *

En 1792, s'effectua une seconde levée de volontaires, qui fut plus difficultueuse que la première, car les populations voyaient d'un fort mauvais œil ces réquisitions, ayant espéré qu'avec l'abolition des milices, édictée par la loi du 20 mars 1791, serait supprimée toute obligation militaire personnelle.

Une loi du 25 janvier 1792 invita tous les citoyens français de dix-huit ans à cinquante ans à s'engager pour 2 années au moins et 5 années au plus, moyennant une prime de 80 l. dans l'infanterie et de 120 l. dans la cavalerie ou l'artillerie. Le 6 février suivant, le directoire du district, se hâtant de procurer « aux gardes nationaux du district l'occasion de prouver aux ennemis de la

1. Arch. com., DıB4, f. 123.
2. *Idem,* f. 124 ; DıA1, f. 167.

Liberté que la Patrie avait des ressources bien effrayantes pour eux, » chargea un de ses membres, Sourdille de la Valette, d'inviter « les citoyens à voler à la défense de la Patrie et de la Liberté » et à se faire inscrire « sur un registre à ce destiné[1]. » L'invitation réussit assez bien, car, le 21 février 1792, le procureur de la commune de Laval écrivit au procureur syndic du district que 32 engagements avaient été contractés la veille[2].

Laval reçut ensuite des bataillons venant des environs. Arrivèrent, en effet, dans ses murs, le 29 avril 1792, un bataillon du 53e régiment d'infanterie parti de Mayenne ; le 1er mai, un bataillon de volontaires d'Ille-et-Vilaine, et le 7 mai un bataillon de volontaires de Maine-et-Loire. Le procureur de la commune avertit le commandant de la garde nationale de l'arrivée de ces bataillons et le pria de commander des détachements pour « aller les reconnaître et observer les formes usitées en pareille circonstance[3]. »

La ville ne possédant pas de casernes, les troupes de passage furent logées chez les habitants qui se plaignirent fort de cette charge. Dans les premières semaines furent seuls soumis à l'obligation du logement les Lavallois possédant un foyer ; puis, dans sa réunion du 29 mai 1792, le conseil général de la commune décida que tous les citoyens actifs, même ceux en pension, seraient assujettis au logement des gens de guerre ; mais qu'ils pourraient inviter la municipalité à envoyer les volontaires dans des hôtelleries ou des auberges moyennant une rétribution de 31 sols (soit 30 s. pour les aubergistes et 1 s. pour l'individu chargé de recouvrer l'argent)[4].

Comme l'ennemi menaçait de plus en plus, parut la loi du 22 juillet 1792, relative au complément de l'armée

---

1. Arch. départ., B, p. 413.
2. Arch. com., DvA40, f. 106'.
3. *Idem,* fol. 118.
4. *Idem,* DıA1, fol. 189'.

de ligne et destinée à procurer les hommes nécessaires à la défense du territoire. Le 6 août 1792 le directoire du district répartit entre les différents cantons de son ressort le contingent qu'il devait fournir. Quatre jours plus tard, le conseil général de la commune chargea le maire et un officier municipal d'assister aux enrôlements des citoyens qui devaient compléter les bataillons de volontaires du département. Le 11 août 1792 les commissaires du district et ceux de la municipalité requirent Besnier Chambray, chef de la légion du district de Laval, de faire battre la générale le lendemain 12 août, « sept heures du matin, pour assembler la garde nationale du canton et se rendre en armes à neuf heures précises sur le champ de la fédération, à l'effet de concourir au complément, recrutement et à la formation des bataillons ordonnés par la loi du 22 juillet ». Ces mêmes commissaires et la municipalité invitèrent aussi, par un avis, « tous les citoyens inscrits et non inscrits, actifs et non actifs, » à se réunir le lendemain « neuf heures précises du matin sur le champ de la fédération pour concourir à l'augmentation des défenseurs de la Patrie[1] ». A cette réunion, les commissaires de la municipalité ne firent qu'assister les membres du district et jouèrent un rôle assez effacé.

Les alliés avançaient : le 23 août, Longwy capitula ; le 26, l'Assemblée décréta une levée de 30.000 hommes dans les seize départements voisins de Paris ; le 29 du même mois, elle envoya des commissaires pour activer les opérations du recrutement. Faucher et Maurin allèrent à Chartres puis arrivèrent à Laval le 7 septembre 1792 et convoquèrent la garde nationale pour le lendemain aux Jacobins. Les officiers municipaux ne répondirent pas avec empressement à l'enthousiasme de ces jeunes gens qui crurent utiles d'insérer dans leur rap-

1. Arch. départ., B, p. 461, Arch. com., DɪA2, f. 55, DvA40, f. 130 et 130'.

port, après s'être déclarés satisfaits des administrateurs du département et du district : « La municipalité était détestable, nous avons frappé là de grands coups... Nous leur (aux membres de la municipalité) avons dit qu'étant dépositaires du feu sacré, ils ne devaient pas le laisser éteindre, et qu'être froids dans ces moments-ci c'est être coupables du crime de lèze nation. Ils ont paru se monter à notre hauteur et nous ont servis avec succès [1] ». Le 8 septembre 1792, de grand matin, la générale fut battue et la garde nationale fut réunie dans l'église des Dominicains. « Parmi les intéressés les uns refusèrent catégoriquement de se déranger, d'autres se rendirent aux Jacobins de gré ou de force. Au nom des autorités du départemeut, du district et de la commune, une délégation alla chercher solennellement les citoyens commissaires du pouvoir exécutif [2] » qui vinrent haranguer le peuple et tâcher de l'enflammer du désir de voler à la défense de la patrie ; mais à cette séance du matin il n'y eut aucun enrôlement. L'après-midi fut aussi très agitée ; mais au moins il y eut quelques engagements. «... A 4 heures de l'après-midi les commissaires et les corps administratifs revinrent haranguer les gardes aux Jacobins. Ils se confondirent en remercîments à l'égard de ceux qui s'étaient engagés, dirent qu'on ne prendrait pour le moment que ceux qui seraient pourvus d'armes et que les autres partiraient au fur et à mesure des besoins et du complément de l'armement [3] ».

Le lundi 10 septembre 1792 eut lieu la foire de l'angevine ; ce jour-là, un embargo fut mis sur tous les chevaux amenés à Laval afin de les prendre pour l'armée. La municipalité, qui n'avait guère pris part aux opérations du recrutement du 8 septembre, ne craignit pas de pré-

---

1. Arch. nat., F16III, Mayenne, 5.
2. Delaunay, *La levée de 1792 et les commissaires du pouvoir exécutif.*
3. *Idem.*

ter son concours pour les arrestations de chevaux : elle
fit publier une ordonnance prescrivant aux cabaretiers
et aux aubergistes d'empêcher les chevaux qui leur
avaient été confiés de sortir de leurs écuries jusqu'à ce
qu'ils eussent été visités par des commissaires nommés
à cet effet[1]. Ces mesures soulevèrent un tel mécontentement chez les campagnards que les autorités, craignant
une révolte, crurent bon de rendre à leurs propriétaires
tous les chevaux, sauf ceux de luxe.

Pendant tout septembre 1792, les Lavallois logèrent
des volontaires. Comme les citoyens peu aisés se plaignaient amèrement de la lourde charge qu'on leur imposait ainsi, le conseil général décida, le 1er octobre, de
faire une adresse au département pour l'inviter à faire
caserner ces troupes le plus tôt possible. Le lendemain
il écrivit dans le même sens au directoire du district et
lui proposa de destiner au logement des volontaires une
des maisons religieuses, par exemple celle des Cordeliers alors inoccupée. Le 15 octobre, la municipalité
persistant dans ce projet pria le citoyen Le Bourgeois,
ingénieur en chef du département de la Mayenne, de
faire un plan de la maison des « ci-devant Cordeliers »,
destiné à être adressé au ministre de la guerre. Mais
comme cet aménagement devait demander un temps
considérable, le conseil général de la commune chargea
des commissaires de recenser à nouveau tous les habitants soumis à l'obligation du logement des troupes,
car un de ses membres avait observé que des étrangers
arrivés à Laval depuis peu et certains citoyens actifs,
en pension, ne recevaient jamais de volontaires et que
par suite cette charge du logement des soldats retom-
bait toujours sur les mêmes citoyens[2].

Notre municipalité s'intéressa aussi aux familles des
volontaires, et distribua des secours aux indigentes.

1. Arch. com., DuA13, fol. 47'.
2. *Idem*, DıA2, f. 86' et 94, DvA40, f. 142, 144.

Le 14 août 1792 le conseil général de la commune chargea neuf commissaires d'aller chez tous les habitants
solliciter des secours pour les pères et mères, femmes
et enfants des défenseurs de la Patrie alors aux frontières. En septembre les commissaires visitèrent toutes
les maisons ; de suite ils accordèrent quelques sommes
aux familles nécessiteuses que leur désigna Besnier
Chambray, commandant de la garde nationale. En
novembre ils continuèrent leurs aumônes et distribuè-
rent notamment 190 livres à dix-neuf femmes de volontaires [1].

***

Au début de 1793 de nombreuses désertions se produisirent ; le conseil d'administration des grenadiers du
département de la Mayenne, par une lettre du 26 janvier, en avertit la municipalité, qui malgré tout son
empressement et tout son « zèle pour l'exécution de la loi »
ne put se procurer aucuns renseignements sur ces délin-
quants [2].

Par un avis du 22 février, les administrateurs du district invitèrent les volontaires de la Mayenne à rejoindre
promptement leurs corps, et ils envoyèrent six exemplaires de cette proclamation à notre municipalité, qui
décida de réunir les citoyens le dimanche 24 février à
3 heures précises pour leur faire part de l'avis du district et les engager à « contribuer efficacement au maintien de la liberté et au salut de la République ». A cette
assemblée qui se tint à la maison commune, le procureur de la commune lut l'adresse des administrateurs du
district invitant les volontaires à rejoindre leurs corps
et exposa ensuite les motifs qui lui parurent capables de
déterminer les citoyens à y obéir. Mais tout fut vain. Le
lendemain, la municipalité, ayant constaté le triste résul-

1. Arch. com., DıA2, f. 58, 72', 78', 116, 117.
2. *Idem*, DvA40, f. 192'.

tat de la réunion du 24 février, prit le parti d'envoyer le procès-verbal de cette assemblée aux corps administratifs qui lui dicteraient les mesures à prendre [1].

Sur ces entrefaites parut le décret du 24 février 1793 par lequel la Convention prescrivit une levée de 300.000 hommes « comprenant éventuellement tous les hommes de 18 à 40 ans pour faire face à la guerre étrangère [2] ». En conséquence le directoire du département prit le 2 mars un arrêté fixant le contingent du district de Laval à 712 hommes ; puis conformément à l'article 6 du décret du 21 février le directoire du district fit, dans les 24 heures de la réception de la dite loi, répartition de ce contingent entre les différentes communes de son ressort, et ainsi il décida que Laval fournirait 182 volontaires.

A la veille de recevoir la loi sur le recrutement, le conseil général arrêta, le 4 mars 1793, que les citoyens seraient invités à se trouver le mercredi 6 mars, à 9 heures du matin dans l'église des ci-devant Cordeliers pour entendre la lecture de l'adresse aux Français, ainsi que celle de la loi du 24 février et prendre connaissance du nombre d'hommes à fournir par la commune. Le lendemain matin, la municipalité reçut la loi en question et de suite elle fit publier son arrêté convoquant les citoyens pour le 6 mars, et les prévenant en outre qu'elle avait ouvert à la maison commune un registre sur lequel se feraient « inscrire volontairement » ceux désirant se consacrer à la défense de la patrie [3]. La réunion fixée au 6 mars échoua. Deux jours plus tard les directoires du département et du district, réunis au conseil général de la commune pour faire exécuter le décret du 24 février,

---

1. Arch. com., D₁B4, fol. 173', D₁C6, fol. 170', DvA40, fol. 204.

2. J. Hamon, *La vie municipale dans les communes du canton de Passais pendant la Révolution*, p. 119.

3. Arch. départ., L2, p. 23. — Arch. com., D₁B4, f. 175, D₁A2, f. 167, DvA40, f. 212.

arrêtèrent « que convocation serait seulement faite pour le dimanche 10 du courant (mars 1793), neuf heures du matin, dans l'église des ci-devant Cordeliers, des citoyens veufs, sans enfants et non mariés, depuis dix-huit jusqu'à quarante ans, pour concourir au contingent des 182 hommes » que devait fournir la commune de Laval, et régler, à la majorité, le mode à adopter pour compléter ce nombre. De plus il fut décidé que ceux des citoyens qui prétendraient devoir jouir d'exemptions résultant d'infirmités « ou d'un âge au-dessous de 18 et au delà de 40 », seraient tenus pour les infirmités de les faire constater par des chirurgiens, commis à cet effet, et, pour l'âge, de prouver leur exemption par un extrait des registres de naissance, mariage et décès. Il fut également convenu que les directoires du département, du district et le conseil général seraient en état de permanence le dimanche 10 mars et les jours suivants, s'il en était besoin [1].

La réunion du 10 mars 1793, au lieu de conserver « ce calme qui en impose toujours aux malveillants et aux agitateurs et qui sied si bien à des républicains occupés de grandes mesures d'intérêt général », fut si tumultueuse qu'on ne put pas procéder au tirage au sort, mode adopté pour désigner les volontaires. Les communes avoisinantes, sujettes à cette réquisition, s'étaient soulevées et portées sur Laval où les jeunes gens de la ville, qui s'étaient rendus aux Cordeliers, protestaient énergiquement contre la levée du 24 février. Le 11 mars, eut enfin lieu le tirage au sort. Dès qu'il fut terminé, les jeunes gens parcoururent les rues « avec cris et tumulte » et « attaquèrent la troupe et la garde nationale. Plus de quarante révoltés furent arrêtés les armes à la main et conduits en prison » [2].

1. Arch. com., DivA34, DvA40, f 215.
2. *Idem*, DiB4, f. 176. — Dom Piolin, *Histoire de l'Eglise du Mans durant la Révolution*, t. II.

Tous les volontaires désignés par le sort ne partirent
pas : les 14, 15 et 18 mars, en effet, « plusieurs citoyens
appelés à marcher à la défense de la Patrie » se présentèrent à la municipalité, et en conformité de l'article 16
du titre premier de la loi du 24 février, lui demandèrent
de se faire remplacer par des jeunes gens qu'ils présentèrent et que le conseil général de la commune accepta [1].

Deux mois plus tard, les Vendéens et les Chouans
commençant leur guerre, le conseil général de la commune, sur la proposition de la Société populaire, décida
de demander la levée d'une force suffisante pour détruire
ces « brigands » ; mais avant qu'il eût le temps de présenter cette adresse à la Convention, celle-ci décréta le
30 mai 1793, une levée d'hommes destinés à combattre
les « rebelles » [2].

En septembre suivant, la municipalité envoya aux
directoires du district et du département l'état de tous
les citoyens qu'elle connaissait avoir été au service de la
République depuis 1791 [3].

Elle s'occupa ensuite de l'application d'un décret du
22 juillet 1793 prescrivant une levée de 30.000 cavaliers.
Pour faire exécuter ce décret, le directoire du district avait
pris un arrêté dont l'article 2 portait : « Les citoyens de
chaque commune se réuniront le jeudi 19 (septembre),
pour aviser aux moyens qu'ils voudront adopter pour
fournir leur contingent ». En conséquence, le 15 septembre, les officiers municipaux de Laval se transportèrent
dans « la ci-devant communauté des Cordeliers », où ils
réunirent les « citoyens sujets à fournir le contingent
mentionné dans la loi du 22 juillet ». Ils leur lurent le
décret de la Convention nationale sur la levée des
30.000 hommes et les invitèrent à se trouver aux Cordeliers le jeudi 19 septembre, comme l'avait ordonné le

---

1. Arch. com., D₁A2, f., D₁B4, f. A. B.
2. *Idem*, D₁A2, f. 210.
3. *Idem*, DvA40, f. 275.

directoire du département. Au jour fixé, les Lavallois s'assemblèrent; mais ils se séparèrent sans avoir désigné le contingent. Un des principaux motifs qui les porta à différer cette opération fut, dirent-ils, « le défaut d'une liste indicative » du nom de tous ceux devant y concourir. Ils demandèrent que les caporaux-fourriers de la garde nationale fissent « un état nominatif de tous les jeunes gens indistinctement » et que, pour ce travail, ils s'adjoignissent un citoyen « sujet lui-même à la loi du recrument », pris dans chacune des rues. Se conformant aux desiderata de la foule, le maire pria le commandant de la garde nationale de donner les ordres nécessaires pour faire dresser les listes en question, qui furent vite exécutées. Le 22 septembre au matin, la municipalité réinvita tous les jeunes gens depuis 18 jusqu'à 40 ans à s'assembler l'après-midi aux Cordeliers, les avertissant en outre que les absents seraient regardés comme « fuyards ». Cette réunion, à la différence de la précédente, aboutit ; et, les jours suivants, de nombreux jeunes gens, pris pour la levée, présentèrent des remplaçants au conseil général de la commune qui les accepta conditionnellement, réservant l'agrément des agents militaires [1].

Pendant ce temps, la municipalité s'employa à trouver des secours tant pour les volontaires que pour leurs parents. Le ministre de la guerre ayant demandé au début de 1793 des souliers et des capotes pour les défenseurs de la patrie, le conseil général de la commune, par sa délibération du 18 janvier 1793, invita tous les citoyens à déposer entre les mains de commissaires, qu'il nomma, leur offrande pour qu'avec cet argent il pût fournir les secours réclamés par le ministre. Le même jour, il arrêta qu'il ne donnerait que des souliers ; car les capotes qu'ils feraient faire ne pourraient être envoyées qu'après l'hi-

---

1. Arch. départ., L2, p. 64 et 77. — Arch. com., D₁C6, f. 180', DvA40, f. c', D₁A2, f. 235. — Abbé Angot, *Mémoires épistolaires sur la Révolution à Laval*, lettre du 22 septembre 1793.

ver ; et pour presser la fabrication des chaussures, il
décida de faire une avance de 600 livres [1]. La municipalité dressa aussi « le rôle des citoyens ayant droit à des
secours, à raison de leur affinité avec les citoyens volontaires au service de la République », et le 14 février 1793,
le procureur de la commune envoya au procureur du district deux exemplaires de cet état, en lui assurant que les
officiers municipaux avaient fait ce travail avec l'attention la plus scrupuleuse « pour n'employer au rôle que
les personnes indiquées en l'article 2 du décret du
26 novembre 1792 » [2].

Le 22 mars suivant, la municipalité adressa à l'administration du district « deux exemplaires de l'état des
gratifications » auxquelles avaient droit « les parents
des soldats volontaires », et le procureur de la commune
la pria de « faire parvenir cet état, sans délai, au ministre », pour qu'il accordât les secours si impatiemment
attendus [3].

Deux mois plus tard, en exécution de l'article 3 du décret
du 31 mars 1793, le procureur de la commune envoya à
son collègue du district les dons que la municipalité avait
reçus « pour contribuer aux frais de la guerre et au soulagement des défenseurs de la Liberté ». Les dons en
numéraire avaient été donnés aux cordonniers, pour les
payer des chaussures qu'ils avaient faites, et par suite
ne purent être adressés au district. Quant aux dons en
nature, l'envoi se composa de « 36 paires de souliers, 4 paires de guêtres, 3 paires de bas dont 2 de fil et l'autre de
filoselle ou de soie, 2 chemises, 1 sabre, 1 giberne ». En
plus de ces dons, la municipalité avait reçu des citoyens
des habits, vestes, culottes, mais comme le décret du
24 février chargeait les communes d'équiper les volontaires, nos officiers municipaux déclarèrent avoir distri-

1. Arch. com., DιA2, f. 146'.
2. *Idem*, DvA40, f. 195.
3. *Idem*, f. 222.

bué ces vêtements au contingent de Laval, et par suite
ne pouvoir les représenter [1].

Le 27 mai 1793, le conseil général de la commune,
pour remplir les engagements qu'il avait pris envers les
familles des volontaires, décida d'envoyer des commissaires chez tous les citoyens, et particulièrement chez
ceux qui avaient promis des dons, pour demander aux
uns de nouveaux secours, et aux autres l'exécution de
leurs promesses [2].

*
* *

Le 5 octobre 1793, en exécution de la loi du 22 juillet
1793, Le Pescheux, maire de Laval, envoya au procureur
syndic du district « le procès-verbal du signalement,
taille, noms et demeures, etc., des dix-huit citoyens
appelés par le sort pour le service de la République en
qualité de cavaliers [3]. »

Trois jours plus tard, un décret de la Convention
décida « que chaque canton de la République fournirait
six chevaux de selle armés et équipés pour la cavalerie
et deux chevaux de trait [4]. » Pour obéir à cette réquisition, le conseil général de la commune arrêta, le 14 octobre 1793, « que les chevaux des citoyens Chambrai et
Bouessé seraient sur-le-champ requis et mis en four-
rière. » Puis Moussét, vétérinaire, fut prié d'indiquer
tous les chevaux « convenables pour remplir la réquisition ordonnée par le décret de la Convention nationale »
et il fut chargé en outre « de la surveillance nécessaire
pour leur nourriture et leur pansement, jusqu'au moment
fixé pour leur départ [5]. » Voyant que ces chevaux res-

---

1. Arch. com., DvA40, f. 245.
2. *Idem*, DıA2, f. 209'.
3. *Idem*, DvA40, f. K'.
4. J. Hamon, *La Vie municipale dans les communes du canton
de Passais pendant la Révolution*, p. 161.
5. Arch. com., DıA3 ; DvA40, f. P', Q.

taient longtemps à Laval, que leur entretien par Mousset revenait à très cher, le maire écrivit le 17 nivôse an II (6 janvier 1794) aux administrateurs du district pour protester contre le long séjour de ces animaux et pour demander de les rendre à leurs propriétaires.

Quelques jours auparavant. la municipalité, vu les nombreuses troupes de passage par Laval, avait décidé de ne plus se charger de mettre à l'auberge, et de proportionner le nombre des soldats à loger à la richesse des particuliers. A la même séance, quelqu'un « ayant observé qu'il ne devait plus exister aucune distinction, » le conseil général avait arrêté « que les capitaines et sous-lieutenants et autres en grade logeraient indistinctement chez les pauvres, excepté le commandement [1]. »

Quelques semaines après le passage des Vendéens, le directoire du district rappela aux officiers municipaux la loi du 18 frimaire an II (8 décembre 1793) ordonnant qu'à compter du 1er nivôse (21 décembre 1793) au dernier jour de la seconde décade de pluviôse, tous les cordonniers de la République devraient fabriquer pour le service des armées des souliers « carrés par le bout. » En conséquence, ce directoire du district chargea les magistrats municipaux de faire exécuter la dite loi et de lui envoyer tous les dix jours un compte rendu des travaux [2]. Pendant que, conformément à la loi de frimaire an II, les cordonniers de Laval fabriquaient des souliers, de nombreux habitants en apportaient à la municipalité, ce qui permit à celle-ci de donner promptement des chaussures à une partie des troupes en garnison à Laval. Mais au début de pluviôse, les officiers municipaux, voulant payer les souliers offerts par les habitants, en demanda le prix au directoire du district. Celui-ci, par un arrêté du 15 pluviôse an II (3 février 1794), décida de ne rien donner aux citoyens aisés, pour qui ce don n'était qu'un

1. Arch. com., D١A3.
2. Arch. départ., L, f. 4.

léger sacrifice, et de délivrer 7 livres à ceux qui avaient donné la seule paire de chaussures qu'ils possédaient [1].

Le 21 pluviôse an II (9 février 1794), à la réunion du conseil général de la commune, le substitut de l'agent national fit observer « que les personnes employées pour servir d'espions au général Coustard n'avaient point été payées de leurs peines malgré toutes leurs demandes. Sur quoi délibérant, le conseil général, considérant que ce serait dégoûter les patriotes si on les traitait de cette manière, que le service qu'ils faisaient était dur et pénible..., arrêta, ouï l'agent national en ses conclusions, que leur mémoire serait envoyé au district avec invitation de le payer sur le champ [2]. »

Le 2 ventôse, le directoire du district accorda à la municipalité de Laval la somme de 197 l. 15 s. pour la rembourser des « frais et dépenses militaires faits tant aux casernes des ci-devant Cordeliers que sur les lieux en dépendant [3]. »

Le 8 du même mois, le citoyen Applagnat, chargé de distribuer le pain aux troupes, demanda au conseil général de lui nommer un remplaçant pour une quinzaine de jours. La municipalité, pour permettre à ce citoyen de s'absenter, lui donna pour successeur Pincé. Quelques jours plus tard, ce dernier, que la municipalité de Laval avait choisi comme casernier [4] de la commune, vit cette nomination confirmée par l'arrêté du directoire du district du 13 ventôse an II [5].

En germinal an II, comme les passages de troupes étaient toujours aussi fréquents et que les habitants se plaignaient de plus en plus d'être obligés de les loger, le bureau particulier de la municipalité, par sa délibéra-

1. Arch. départ., L2, p. 137.
2. Arch. com., DᵢA3.
3. Arch. départ., L2, p. 170.
4. Le casernier devait veiller au blanchissage des draps ainsi qu'au raccommodage des matelas et des couvertures.
5. Arch. com., DᵢA3. — Arch. départ., L2.

tion du 8 de ce mois (28 mars 1794), décida « qu'après l'autorisation du district, la municipalité mettrait en réquisition tous les ouvriers en bois pour, dans huit jours, loger dans des casernes les différents bataillons » cantonnés dans la ville [1].

Pendant la période que nous venons d'étudier, la municipalité ne laissa pas sans ressources les parents des soldats. Le 16 nivôse an II (5 janvier 1794), le conseil général de la commune autorisa Boisard, chargé de distribuer des secours aux familles des volontaires, à toucher la somme de 633 l. 4 s. 4 d. ; le 11 ventôse, en exécution des lois du 26 novembre 1792, du 4 mai 1793 et du 1er frimaire an II, le conseil général de la commune prescrivit au trésorier du district de verser au même Boisard 3.000 livres « pour parvenir au paiement des parents des défenseurs de la patrie [2]. »

Quatre jours plus tard, la municipalité proposa au comité révolutionnaire de nommer pour chacune des sections de la ville deux commissaires qui seraient chargés de la distribution des secours aux parents des volontaires [3].

*
* *

Après l'épuration faite par François-Primaudière, la municipalité voulant mettre fin aux désordres occasionnés par les troupes qui pillaient les denrées, décida, dans sa réunion du 1er floréal an II (20 avril 1794), d'écrire « au général Chabot pour l'engager d'ordonner à ses soldats de respecter davantage les propriétés. »

Le même jour, elle décida qu'il « serait fait un nouveau recensement des personnes en état de loger des militaires ; et que chacune en aurait en proportion de sa fortune [4]. »

1. Arch. com., D1B4, f. v'.
2. *Idem,* D1A3.
3. *Idem.*
4. *Idem.*

Quelques jours plus tard, les officiers municipaux reçurent du directoire du district « le tableau des jeunes gens de la première réquisition ne s'étant pas présentés pour leur enrôlement », avec invitation à réunir ces insoumis dans le plus bref délai. Aussitôt la municipalité fit quelques recherches et, le 13 messidor an II (1er juillet 1794), elle écrivit à l'administration supérieure « qu'il ne restait plus à partir de sa commune aucun individu de la première réquisition, à l'exception des citoyens Bizardière et Monsallier [1]. »

Auparavant, les officiers municipaux s'étaient occupés de différentes fournitures pour l'armée. Ainsi, sur l'ordre du directoire du district, la municipalité, par une ordonnance du 17 floréal an II (mai 1794), avait « invité tous les citoyens qui possédaient plus d'une paire de souliers d'en porter dans le jour l'excédent au district, pour le service de leurs frères d'armes de la première réquisition, » leur promettant, il est vrai, de leur en payer la valeur d'après l'estimation d'un commissaire nommé à cet effet [2].

Le 21 floréal (mai 1794), la municipalité avait été chargée par un arrêté du directoire du district : « 1° de faire avertir sur le champ au son du tambour tous les ouvriers cordonniers de la commune de se transporter » le lendemain matin, « au magasin de Patience pour y travailler de suite aux souliers nécessaires à la troupe cantonnée dans le district de Laval, d'y travailler depuis six heures du matin jusqu'à midi et depuis deux heures jusqu'à sept heures et ce sans pouvoir s'en exempter sous aucun prétexte quelconque sous peine d'amende... ; 2° de nommer un commissaire chargé de surveiller l'article précédent, et de prendre garde qu'il ne s'absentât aucun cordonnier du magasin que pour cause de maladie ou toute autre approuvée et reconnue valable par les corps

1. Arch. départ., L11, f. 6 et 9.
2. Arch. com., DiiA13, f. 56.

administratifs. » Ces ordres avaient été aussitôt exécutés et, le mois suivant, les cordonniers avaient réclamé plusieurs fois leur paiement au district[1].

Sur ces entrefaites, les officiers municipaux, conformément à l'arrêté du Comité de Salut Public du 19 floréal an II contenant l'ordre d'envoyer à Paris des armes portatives et des bayonnettes, » avaient réuni des ouvriers pour en fabriquer. Le directoire du district, par son arrêté du 5 prairial an II (24 mai 1794), avait approuvé les mesures prises par la municipalité ; et de plus, il avait chargé l'agent national de la commune de préparer un local pour les travailleurs et d'acquérir « partout où besoin serait les fers et aciers nécessaires à cette fabrication pour y faire procéder, dans le plus bref délai possible. » En messidor, le conseil général de la commune, vu, sans doute, la difficulté de se procurer les matières premières, recourut à un autre moyen pour obtenir les armes qu'il devait fournir : il arrêta, en effet, « que chaque serrurier serait tenu de fournir quatre bayonnettes par décade par chaque ouvrier. » Il simplifia ainsi sa besogne, chargeant les artisans de surmonter les difficultés qui l'embarrassaient[2].

Vers cette époque, « le citoyen Pillon, garde magasin des fourrages, délégué par l'agent Baudesson à l'armée de la Loire », se présenta au bureau particulier de la municipalité auquel il montra « une lettre du dit citoyen Baudesson en date du 23 floréal qui le chargeait de faire les fournitures aux troupes stationnées en cette commune ». La municipalité, saisissant avec empressement cette occasion de se décharger du soin de fournir du bois et de la chandelle à tous les postes d'état-major, opération dont elle ne s'était occupée que pour suppléer à l'absence des fournisseurs et faciliter le service public,

1. Arch. départ., L2, p. 299, 320, 358.
2. *Idem*, L2, p. 335 ; D₁A3.

arrêta que dans quatre jours elle cesserait les dites fonctions provisoires » et que « copie de sa décision « serait notifiée au dit citoyen Pillon, fournisseur, pour que le service ne souffrît aucune interruption [1] ».

Au même moment, sur l'ordre du directoire du district, la municipalité « mit en réquisition tous les bois de lits et paillasses se trouvant chez les fripiers de la ville » et nomma des commissaires pour aménager les casernes [2].

En thermidor et en fructidor an II, la municipalité fit publier plusieurs ordonnances. contenant des réquisitions de chevaux. Le 4 thermidor (22 juillet 1794) elle ordonna à tous les citoyens, possédant des chevaux, d'amener ces animaux le lendemain dans la cour du département, pour qu'il fût fait choix de ceux bons pour les armées. Cette ordonnance n'ayant pas eu de résultat appréciable, une nouvelle ordonnance du 7 thermidor an II (25 juillet 1794) enjoignit aux mêmes propriétaires de faire conduire leurs chevaux dans la cour du départe-ment « nonidi 9 thermidor ou dimanche (style esclave) neuf heures du matin». Cet ordre n'ayant pas été plus obéi que le précédent, la municipalité republia des ordon-nances identiques le 10 thermidor (28 juillet), les 6 et 20 fructidor an II (23 août-6 septembre 1794) et le 7 ven-démiaire an III (septembre 1794) [3].

Durant les derniers mois de l'an II, les officiers muni-cipaux assistèrent encore les parents des défenseurs de la patrie. Sur un ordre du directoire du district la muni-cipalité nomma de nouveaux commissaires vérificateurs et distributeurs pour répartir les secours accordés par la Convention aux familles indigentes des soldats. En thermidor, un arrêté du représentant du peuple Laigne-lot permit à la ville de Laval de toucher « sur les fonds existants dans la caisse du receveur du district, la

1. Arch. com., DıB4, f. y'.
2. *Idem,* DıA3. Arch. départ., L2, p. 370.
3. *Idem,* DııA13, f. 61 à 65'.

somme de 2.000 livres, » qui fut distribuée aux femmes et aux enfants des volontaires [1].

∗
∗ ∗

Au début de l'an III beaucoup de volontaires passèrent par Laval ; ne pouvant les installer tous dans des édifices publics, la municipalité continua à en loger la plus grande partie chez les habitants ; mais ceux-ci trouvèrent la charge lourde et se plaignirent tellement que, par sa délibération du 29 brumaire an III (19 novembre 1794), le conseil général de la commune invita les commissaires distributeurs des subsistances « à faire chacun dans leur quartier respectif, avec la plus grande exactitude, le recensement général de tous les individus (sans exception) en état de loger des troupes républicaines ». Il arrêta en outre que ces commissaires lui remettraient ce rôle, dès qu'il serait dressé, et que « les officiers municipaux et les notables (non commissaires des subsistances) se transporteraient dans chaque quartier pour réviser leur travail [2] ».

Le mois suivant survint un différend entre la municipalité et le « commissaire ordonnateur des guerres ». Celui-ci fit arrêter du bois que plusieurs habitants de la ville faisaient venir de la forêt de Concise. Les officiers municipaux prétendant qu'aucune loi ne donnait ce droit à ce fonctionnaire qui, d'après eux, pouvait seulement requérir du bois, portèrent l'affaire devant le directoire du district. Cette administration, par un arrêté du 1er pluviôse an III (20 janvier 1795), décida que « le commissaire ordonnateur des guerres exercerait un droit de préemption et préférence pour l'approvisionnement des établissements militaires sur les bois traités dans la forêt de Concise, ou dans les autres parties des

1. Arch. com., DivA34.
2. *Idem*, DiA3.

bois en abats dans l'étendue du district, qu'il ferait
charger et voiturer là où besoin serait ; et non sur ceux
que les citoyens de la commune de Laval auraient fait
charger pour leur compte... et qu'il lui serait fait défense
de troubler à l'avenir en aucune manière la liberté de
la circulation des denrées, sous sa responsabilité[1] ».

Quelques jours plus tard, sur la demande de l'autorité
militaire, la municipalité rendit une ordonnance enjoignant aux soldats qui se trouvaient dans leurs foyers
de rejoindre leurs corps le plus tôt possible (14 pluviôse
an III-3 février 1795)[2].

En messidor an III, le directoire du district, cédant
aux prières des habitants du Pont-de-Mayenne, désireux
d'exercer leur culte dans l'église Saint-Vénérand, décida
l'évacuation de cet édifice qui avait été transformé en
magasin militaire. Le 7 messidor (25 juin 1795) il chargea la municipalité de requérir des propriétaires de voitures et de chevaux de la commune pour transporter aux
Cordeliers les équipements militaires qui se trouvaient
à Saint-Vénerand. Le jour même, les officiers municipaux obéirent à l'ordre du district, et réquisitionnèrent
deux voituriers, qu'ils n'avaient point envoyés chercher
des grains. Le 11 messidor (29 juin 1795) ainsi que les
mois suivants, la municipalité ordonna plusieurs fois
à des voituriers ou même à des particuliers possesseurs
de chevaux et de voitures de transporter des objets militaires. Les 7 et 8 vendémiaire an IV (29 et 30 septembre 1795), elle chargea même des citoyens d'en conduire
jusqu'à Château-Gontier[3].

Peu avant leur remplacement par l'administration
municipale établie conformément à la constitution de
l'an III, nos officiers municipaux prévinrent les jeunes
gens de la première réquisition que le général La Barol-

1. Arch. départ., B3, f. 175'.
2. Arch. com., DₙA13, f. 73.
3. Arch. départ., L30, f. 60. Arch. com., Dₖ·D39, f. 60.

lière était autorisé « à les organiser en compagnies destinées à rester dans la commune » et invitèrent tous
ceux qui « voudraient en faire partie à aller se faire inscrire chez le citoyen Desmazières, capitaine, dans le délai
de trois jours ». Cette ordonnance n'eut pas grand résultat, aussi quelques jours plus tard la municipalité la réi-
téra-t-elle en lui donnant plus de publicité [1].

Durant l'an III des secours furent accordés aux parents
des défenseurs de la Patrie. Ces nécessiteux, par les
ordonnances de la municipalité des 5 germinal (25 mars
1795) et 7 messidor (25 juin 1795), furent avertis d'aller
« se faire inscrire chez leurs commissaires respectifs et
d'y porter les nouveaux certificats d'existence ou lettres
reçues de leurs enfants [2] ».

En exécution d'un arrêté de la commission des secours
publics du 16 germinal an III, le procureur syndic du
district écrivit le 3 messidor an III à notre municipalité
pour lui rappeler qu'elle ne devait délivrer des subventions qu'aux parents reconnus indigents. Par suite, le
Conseil général de la commune, dans sa séance du
19 messidor an III (7 juillet 1795), nomma une commission
de quatre membres qui, de concert avec les commissaires
distributeurs des subsistances et les commissaires vérificateurs, examinerait les facultés des citoyens, et lui
ferait rapport : ce qui lui permettrait d'accorder ou de
refuser, en connaissance de cause, les certificats d'indigence nécessaires pour l'obtention des secours. A la
séance suivante, c'est-à-dire le 22 messidor an III
(10 juillet 1795), le conseil général, après avoir entendu
l'avis de cette commission, arrêta une liste d'individus
à rayer du nombre des parents indigents et reconnut
plusieurs citoyens susceptibles de recevoir les secours
qu'ils demandaient [3].

1. Arch. com., DiiA13, f. 90.
2. *Idem*, DiiA13 fol. 77' et 82.
3. *Idem*, DiA3.

S'il fut toujours facile de déclarer que des subventions seraient accordées ; il fut souvent plus difficile de les verser.

En thermidor an III, « les citoyens Daubert, aîné, et Marteau, notaire, tous les deux commissaires de Laval pour la distribution des secours » aux parents des défenseurs de la patrie, ne purent obtenir du citoyen Larcher receveur du district, « le montant des deux ordonnances sur lui levées pour effectuer les paiements des secours ». Mais « désirant prouver leur bonne volonté à leurs concitoyens » auxquels ils voulurent épargner les souffrances engendrées par un dénuement absolu, ils firent l'avance de la somme de 18.708 livres, montant des deux ordonnances qu'ils n'avaient pas pu toucher [1].

En vendémiaire an IV, le receveur du district n'ayant pas de fonds spéciaux pour les secours accordés aux familles des militaires pour ce trimestre, ne voulut rien donner aux commissaires distributeurs de Laval. Ce que voyant, le conseil général de la commune permit aux officiers municipaux de prendre chez le receveur du district, sur la somme accordée par le Comité de salut public, 25.687 l. 19 s. pour les délivrer aux parents des défenseurs de la Patrie [2].

Section II. — *La Garde nationale de Laval*

Nous avons vu comment, impressionnés par la prise de la Bastille, et craignant des troubles sérieux, les habitants de Laval avaient formé une milice, qui était bientôt devenue garde nationale [3].

Notre municipalité n'eut donc pas à organiser ce corps. Mais, dès son entrée en fonctions, elle dut recevoir le serment civique qu'un décret du 7 janvier-16 mars 1790

1. Arch. départ., B4, f. 118.
2. Arch. com., D₁A3.
3. V. Première Partie, chap. I, *in fine*.

imposait à tous les citoyens remplissant les fonctions
d'officiers ou de soldats dans les gardes nationales. Le
22 mars 1790, certaines compagnies de la garde nationale de Laval ayant demandé à prêter ce serment, le
corps municipal les convoqua pour le lendemain à dix
heures du matin; mais ce jour-là, les autres compagnies
ayant formulé le même désir, le corps municipal fixa la
solennité du serment au jeudi 25 mars à « deux heures
de relevée » et décida de convoquer à cette fête le conseil général de la commune. Au jour fixé, les officiers
municipaux et les notables, escortés d'une compagnie de
la garde nationale, se rendirent sur la place du Palais
où un autel à la Patrie avait été dressé, et prirent place
sur une estrade. Après un discours du procureur et une
allocution du maire, les officiers de la garde nationale,
puis les compagnies prêtèrent serment. Pendant cette
cérémonie, la musique joua « un grand nombre d'airs
militaires qui annonçaient la joie publique ». Le 29 mars,
le conseil général, siégeant à la maison commune, reçut
le serment de Bruneau, notaire en cette ville et fusilier
de la garde, qui avait été absent le 25 mars [1].

Le 2 avril 1790, le conseil général chargea les officiers
de la garde nationale « de rayer du contrôle des compagnies ceux qui n'avaient pas prêté le serment civique,
le corps municipal ne pouvant regarder comme bons
citoyens que ceux qui avaient rempli cette formalité essen-
tielle » [2].

La municipalité s'occupa ensuite de préparer la fête
de la Fédération. Comme le directoire du district n'était
pas encore formé, le procureur de la commune de Laval,
en vertu du décret du 8 juin 1790, requit les commandants de toutes les gardes nationales du district d'assembler les dites gardes pour choisir 6 hommes sur 100;
et d'envoyer ces députés à Laval. Le corps municipal, le

1. Arch. com., DıC6, f. 9 et 10', DıA2, DıA2, f. 22 et 23'.
2. *Idem*, DıA2, f. 25'.

jour de l'assemblée de tous les délégués des gardes
nationales du district, se rendit aux Cordeliers, lieu de
la réunion ; et ayant vérifié les pouvoirs des citoyens
présents, il constata qu'il y avait dans le district 1.798
gardes nationaux, dont 1.300 pour Laval, et que le nombre de leurs députés s'élevait à 99. Il déclara ensuite que
l'assemblée devait choisir 1 citoyen sur 200 pour se rendre à Paris à la fête de la Fédération de toutes les gardes
nationales du royaume, fixée au 14 juillet suivant, et que
le district de Laval ne devait y envoyer que 8 députés,
puisqu'il ne comptait pas 1.800 gardes. Il fut donc immédiatement procédé à l'élection de 8 députés, qui acceptèrent la mission qui leur était confiée et demandèrent à
ce qu'il fût procédé le plus tôt possible à leur taxe ; ce
que le corps municipal fit le 1er juillet, en arrêtant qu'il
leur serait alloué la somme de 6 livres par jour pour
leurs dépenses et que le secrétaire greffier de la municipalité leur avancerait à chacun la somme de 72 livres,
« sauf à compter à leur retour »[1].

Le 4 juillet, alors que ces délégués se disposaient à
partir, l'un d'eux tomba malade. Comme il fallait le remplacer et qu'il était impossible de faire revenir tous les
électeurs, le corps municipal tira au sort le nom d'un de
ceux qui n'avaient pas été élus le 27 juin, mais qui
avaient cependant obtenu plus de 15 voix. Ayant ainsi
désigné le nouveau député et craignant qu'un des autres
délégués n'eût un empêchement imprévu, le corps municipal procéda de la même manière à la nomination d'un
suppléant[2].

Avant ces remplacements, la municipalité avait homologué des délibérations prises par la garde nationale de
Laval, qui, les 20 et 21 juin 1790, avait élu plusieurs
députés pour la représenter à la fête de la Fédération
du Mans[3].

1. Arch. com., D1C6, f. 43, 47'.
2. *Idem*, f. 48.
3. *Idem*, f. 45.

Le 22 août 1790, après avoir ordonné l'achat d'un registre destiné à inscrire tous les citoyens actifs et les enfants des citoyens actifs âgés de 18 ans, comme le prescrivait une proclamation du roi du 18 juin 1790, le corps municipal arrêta de donner encore la somme de 84 livres à chacun des députés à la Fédération de Paris; et à Enjubault de la Roche la somme de 156 livres, car ce délégué n'avait rien touché à son départ[1]. Laval se fit difficilement rembourser ces indemnités ; enfin le district, après de nombreuses réclamations de la municipalité, décida que ces frais seraient remboursés « au secrétaire de la municipalité de cette ville par le receveur des impositions ordinaires de l'année 1790 »[2].

Au moment où la municipalité allait être remboursée, elle eut des difficultés avec la garde nationale qui ne voulait plus reconnaître son autorité. Cette garde avait déjà opéré plusieurs changements dans son règlement, sans en avoir préalablement averti les officiers municipaux. De sa seule autorité aussi, elle avait nommé des officiers malgré le procureur de la commune, qui avait rappelé en vain que toute modification à cette troupe ne devait avoir lieu que « de concert entre la garde et la municipalité ». Mais celle-ci fit bientôt reconnaître ses pouvoirs : en effet, les quatorze compagnies de la garde nationale se divisèrent sur la manière de monter la garde au poste, pendant la nuit. Le bureau particulier, voulant ramener le calme et comptant sur l'obéissance des citoyens, décida que la garde serait montée provisoirement par 14 hommes de la même compagnie[3], ce qui fut exécuté dans la suite.

1. Arch. com., D1C6, f. 58' et 60, D1B4, f. 58'. — Les députés de Laval à la Fédération de Paris restèrent vingt-six jours en voyage : partis le 4 juillet, ils ne rentrèrent à Laval avec la bannière du département que le 29 juillet. Voilà pourquoi ils demandèrent et obtiurent une indemnité supplémentaire.
2. Arch. départ., B, p. 96.
3. Arch. com., D1B4, f. 78.

.˙.

En 1791, la municipalité aida la caisse de la garde
nationale. Le 26 février 1791, cette troupe exposa que
sa caisse étant presque vide, elle ne pouvait suffire aux
dépenses du service. Le bureau particulier décida d'envoyer une adresse au département pour solliciter des
secours pour la garde nationale de Laval[1]. Cette adresse
fut sans doute infructueuse, car le 18 mars suivant, le
conseil général de la commune arrêta que, « sous le bon
plaisir de MM. les Administrateurs du directoire, la
municipalité ferait, s'il était nécessaire, une avance de
300 livres à titre de prêt pour les dépenses les plus
urgentes de la garde nationale et que cette troupe serait
engagée à présenter une nouvelle adresse pour inviter
MM. les Administrateurs du département de solliciter des
secours auprès de l'Assemblée nationale ». La nécessité
de cette avance à la caisse de la garde nationale se fit
bientôt sentir, car, sur une demande des officiers municipaux en date du 8 avril 1791, le directoire du département autorisa la municipalité à faire l'avance de 300 livres
décidée par le conseil général du 18 mars. Cette somme
fut vite dépensée ; et le 14 juin 1791, la garde nationale
déclara n'avoir plus rien et ne pas pouvoir continuer le
service, si la commune ne lui accordait pas quelque sub-
vention. En conséquence, le conseil général demanda
encore au directoire du département l'autorisation de
prêter de l'argent à la caisse de la garde nationale[2].

Le 29 juin, selon le désir des administrateurs de la
garde, le conseil général de la commune se réunit à
2 heures de l'après-midi, sur la place du Gast, pour recevoir le serment de cette troupe. Assistèrent à cette fête
les administrateurs des directoires de département et de

1. Arch. com., D1A1, f. 121.
2. *Idem*, f. 121, 149, DvA40, f. 70.

district, les juges des différents tribunaux, les officiers municipaux, les notables et toute la garde nationale. Le maire fit un discours qu'il termina par cette formule : « Je jure et promets comme citoyen, sur ma conscience et mon honneur de n'attaquer directement ou indirectement par des propos séditieux ou par des démarches obliques la liberté publique qui repose sur les lois constitutionnelles, et je consens à être réputé traître et infâme dans le cas où je contreviendrais à mon serment ». Après quoi, tous les membres des corps administratifs dirent : « Je le jure ». Puis le « commandant général » fit un discours semblable à celui du maire, mais avant de répéter le même serment, il ajouta : « Je jure comme militaire d'employer les armes remises entre mes mains à la défense de la Patrie, et à maintenir contre tous les ennemis du dedans et du dehors la constitution décrétée par l'Assemblée nationale et de mourir plutôt que de souffrir l'invasion du territoire français par des troupes étrangères, de n'obéir enfin qu'aux ordres qui seront donnés en conséquence des décrets de l'Assemblée nationale ». Tous les officiers et soldats de la garde prêtèrent ce serment. Cette cérémonie terminée, le conseil général rentra à la maison commune pour en dresser procès-verbal[1].

Le 1er juillet 1791, la société des Amis de la Constitution ayant demandé un achat de canons et de munitions pour maintenir la tranquillité, le bureau particulier décida de convoquer les officiers municipaux et les notables pour discuter cette proposition. Le conseil général, le 8 juillet, nomma des rapporteurs pour acheter des canons neufs, et vendre les anciens, ainsi que les vieux fers se trouvant dans la Tour-Renaise. Peu après, il fit écrire aux municipalités de Saint-Malo et de Nantes, et à un fabriquant de cette dernière ville pour savoir « à quel prix reviendraient quatre pièces de canon de quatre »[2].

1. Arch. com., D1A1, f. 154.
2. *Idem,* D1B4, f. 116, D1A1, f. 156, 159'.

Ces armes étaient attendues avec impatience par plusieurs gardes nationaux qui avaient formé une compagnie de canonniers, dont la fondation avait été autorisée par la municipalité après avis du conseil d'administration de la garde nationale. La création de cette compagnie entraîna de nouveaux frais. Le 21 juillet 1791, la municipalité fut obligée de demander aux administrateurs du département de la Mayenne l'autorisation de payer les dépenses de la nouvelle compagnie. L'administration départementale lui répondit qu'avant de l'autoriser, elle voulait avoir un état exact de ses comptes. Le 25 juillet 1791, le bureau particulier décida de dresser un tableau détaillé de la situation des différentes caisses de la commune, tableau qui fut envoyé au directoire du département le 18 août suivant [1].

Le 27 octobre 1791, le conseil général de la commune examina de nouveau la question d'achat de canons, que réclamait la société des Amis de la Constitution : il décida l'acquisition de 2 canons de bronze, qui devraient être échangés contre des couleuvrines « hors d'état de servir ». Comme ces pièces n'allaient pas suffire pour le paiement des canons, le conseil général décida de prendre la différence « sur une somme de 2.500 livres due à la caisse de la police par la caisse des pauvres de cette ville, à laquelle elle avait été prêtée, il y avait environ trois ans ». Puis il chargea le greffier de faire venir de Nantes deux barils de poudre de cent livres chacun, qu'il décida d'employer à fabriquer des cartouches [2].

*
* *

A la fin de novembre 1791, les compagnies de la garde nationale, sur l'invitation que leur en fit la municipalité, choisirent comme colonel Besnier de Chambray pour

1. Arch. com., DvA40, f. 85, DıB4, f. 118'.
2. *Idem*, DıA1, f. 163.

remplacer Enjubault de Bouessay, nommé commandant
de la gendarmerie nationale. Mais le colonel n'avait pas
le commandement des gardes nationaux par le seul fait de
sa nomination ; pour l'installer, le corps municipal arrêta
le 7 décembre 1791 que le lendemain, à « une heure de
l'après-midi, la garde nationale s'assemblerait sur la
place de la Chiffolière pour là y reconnaître le dit sieur
Besnier de Chambray pour colonel [1]. »

Il fallut ensuite faire appliquer la loi du 14 octobre
1791, prescrivant d'inscrire sur une liste tous les citoyens
actifs et fils de citoyens actifs, âgés de dix-huit ans et
au-dessus, afin de réorganiser la garde nationale. Dans
ce but, la municipalité prévint les habitants de Laval
qu'elle ouvrirait un registre le samedi 18 février 1792 et
les invita à s'y faire inscrire, les prévenant en outre
qu'ils devraient tous se rendre le lundi 27 février dans
leur section respective, où un officier municipal, accompagné d'un notable, réglerait le nombre et la formation
des compagnies. Au jour fixé, la municipalité constata
qu'il y avait à Laval 1.419 gardes nationaux, qu'elle
décida de répartir en neuf compagnies, sur lesquelles il
serait « tiré deux compagnies de grenadiers, composées
chacune de quatre-vingts hommes, à l'instar de la garde
nationale de Paris. » Le 20 mars 1792, cette distribution
fut définitivement arrêtée par le district, qui chargea les
officiers municipaux de réunir « incessamment les citoyens
inscrits sur le registre » ouvert conformément à la loi
du 14 octobre 1791 « pour les former en compagnies et
en bataillons, » comme le prescrivait la section deuxième
de cette même loi. La municipalité exécuta ces ordres,
et, le 2 avril 1792, le maire envoya à l'administration du
district « le résultat des procès-verbaux d'élection des
officiers de la garde nationale dans sa nouvelle organisation, ainsi que la nomination de partie de son état-

1. Arch. com., D₁C6, f. 121°·

major. » Bientôt, de nombreux Lavallois, « animés du bien public, » manifestèrent à la municipalité « le désir de s'organiser définitivement et de s'assembler le plus tôt possible afin de reconnaître leurs nouveaux officiers et de faire le service sur le nouveau pied. » Le corps municipal, s'empressant de répondre à ce zèle, arrêta de demander au commandant provisoire de la garde nationale de faire assembler sa troupe le lundi 9 avril, à huit heures du matin, sur la place de la Chiffolière [1].

Lorsque le nouveau service fut commencé, on s'aperçut au bout de quelques jours que plusieurs fusils avaient été perdus. Aussi, le bureau particulier, voulant prévenir de nouvelles disparitions, décida-t-il, dans sa réunion du 21 avril 1792, que l'officier commandant chaque poste devrait, en finissant sa garde, mentionner sur un registre « la quantité de fusils, munitions et ustensiles » existant au corps de garde ; et que ce procès-verbal devrait être signé de l'officier quittant le poste et de son successeur [2].

Pendant l'année 1792, la municipalité s'occupa de procurer des armes à la garde nationale. Elle commanda des canons à Le Courant, fondeur à Rennes. Mais celui-ci ne se pressa pas de livrer les pièces commandées. Aussi le conseil général, dans sa séance du 13 avril 1792, chargea-t-il Dupont-Grandjardin, député à l'Assemblée, d'en acheter à Paris ; et, par cette même délibération, il résolut de faire résilier le marché avec Le Courant, de Rennes. La municipalité décida en outre de solliciter du directoire du département l'autorisation d'acheter « deux cents fusils de munitions » pour armer la garde nationale de la ville. Cette permission fut accordée le 16 avril 1792 et la municipalité en profitant immédiatement put consentir, le 15 mai suivant, à prêter au commandant général de la garde nationale quatre-vingts fusils pour

1. Arch. com., DⅡA13, f. 37' ; DᵥA40, f. 106, 112 ; DₗB4, f. 139 ; DₗC6, f. 132 ; DₗᵥA39.
2. *Idem*, DₗB4, f. 143'.

les compagnies de grenadiers, soit quarante pour la compagnie des Jacobins, autant pour celle des Cordeliers, et neuf autres pour la compagnie des canonniers [1]. Pendant ce temps, les pourparlers avec Le Courant, fondeur à Rennes, tendant à la résiliation du marché passé avec lui, échouèrent et la municipalité décida qu'elle accepterait les canons fabriqués à Rennes et qu'elle les joindrait à ceux reçus de Paris. Voyant que l'arrivée de ces pièces était proche, le conseil général résolut de se débarrasser le plus avantageusement possible des anciennes couleuvrines et des affûts, et, le 29 juin 1792, il décréta qu'il ne céderait pas les couleuvrines à moins de 20 sols la livre. Malgré cette décision, il ne retira pas grand profit de ces engins. Le 17 juillet 1792, en effet, ayant reçu les canons de Le Courant, et craignant que ce fondeur ne fût en perte, le conseil général de la commune arrêta de lui envoyer, franc de port, deux des couleuvrines que possédait la commune [2].

Quelques jours plus tard, parut la loi du 28 juillet, ordonnant aux districts de fournir les armes et les munitions de guerre nécessaires à l'armement des gardes nationales. Autorisée par le département, notre municipalité vendit, le 2 novembre 1792, au directoire du district, les armes, canons et munitions, qu'elle venait d'acheter et qu'elle céda pour la somme de 15.335 l. 1 s. [3]

*
* *

En mai 1793, les canonniers de la garde nationale de Laval demandèrent à remplacer leurs fusils par des pistolets, ce que le conseil général leur accorda par sa délibération du 6 mai, suivant en cela l'exemple donné par la Convention pour les canonniers des troupes de la Répu-

1. Arch. com., DɪA1, f. 187' ; DɪvA34 ; DɪC6, f. 142.
2. *Idem,* DɪA2, f. 41, 45'.
3. *Idem,* DɪA1, f. 89, 104 ; DɪA2, f. 68.

blique. Comme certains gardes nationaux étaient propriétaires de leurs fusils et comme la municipalité man-
quait de ces armes, il fut décidé que les canonniers qui
en possédaient seraient invités à les céder à la municipalité qui les rembourserait. Deux jours plus tard, la
municipalité écrivit au directoire du département pour le
prier d'acheter lui-même ces pistolets et de laisser les
fusils à la commune, la garde nationale de Laval étant
souvent chargée d'aller rétablir l'ordre dans les localités
voisines ou même hors du territoire du district; et, à
l'appui de ses dires, la municipalité rappela le rôle des
Lavallois lors des troubles du Bourgneuf et d'Évron.
Peu après, le directoire du département autorisa le remplacement des fusils par les pistolets. Le 3 juin 1793, le
procureur de la commune pria le commandant de la garde
nationale de veiller à ce que l'arrêté du directoire du
département fût exécuté et à ce qu'il ne fût donné une
paire de pistolets à chaque canonnier que lorsqu'il aurait
remis son fusil [1].

Sur ces entrefaites, un changement se produisit dans
la garde nationale. Plusieurs Lavallois, qui, quelques
mois auparavant, avaient obtenu l'autorisation de former une compagnie de cavalerie, eurent tellement de
peine à se procurer des fourrages qu'ils durent se défaire
de leurs chevaux et rentrer dans les compagnies ordinaires. Comme il était nécessaire d'avoir dans la ville
quelques cavaliers, le conseil général décida, le 10 août,
d'écrire au directoire du département pour demander
quelques gendarmes [2].

Le 17 du même mois, le conseil général de la commune, sur l'ordre du district, pria « le commandant de la
garde nationale de vouloir bien donner des ordres pour
surseoir à la réorganisation » de sa troupe jusqu'au
retour de certains Lavallois absents à ce moment. Mais

1. Arch. com., D1A2, f. 200 ; DvA40, f. 249, 258'.
2. *Idem*, D1A2, f. 224.

la lettre de la municipalité parvint au commandant de la
garde nationale alors qu'une grande partie des compagnies avaient déjà procédé à la réélection de leurs chefs.
Aussi le commandant de la garde pria-t-il le procureur
de la commune « de solliciter de l'autorité des corps
administratifs de donner des ordres aux cantons » pour
que l'élection ait lieu dans le courant de la semaine,
afin de pouvoir former l'état-major le dimanche suivant.
Le 19 août, le procureur de la commune écrivit en ce
sens au procureur syndic du district ; mais il n'obtint pas
ce que demandait le commandant de la garde nationale ;
en effet, le 24 août, le maire écrivit aux administrateurs
du district pour leur rappeler les prières à eux adressées
le 19, et il les avertit que cette élection était d'autant
plus urgente que les officiers se plaignaient « de relâche
dans l'obéissance et la discipline. » Il est probable que
cette lettre n'eut pas plus de résultat que la première,
car, à la fin de septembre 1793, lorsque tous les détachements de la commune furent rentrés, le maire, après
avoir pris l'avis du district, fit procéder le 1er octobre à
une nouvelle organisation de la garde nationale [1].

*
* *

Quelques jours après l'épuration de la municipalité
faite par Esnue-Lavallée, le procureur de la commune,
sur l'ordre du conseil général, pria le commandant de la
garde nationale de charger les « chefs de bataillon et
capitaines » de « faire connaître le civisme ou l'inci-
visme de leurs soldats » pour pouvoir « armer les uns et
désarmer les autres. » Il avertit en outre cet officier qu'il
lui fournirait les piques dont la garde pourrait avoir
besoin [2].

1. Arch. com., DvA40, f. 271' 273.
2. *Idem*, DvA40, f. 0.

Au début de pluviôse an II (fin janvier 1794), la municipalité obtint des administrations supérieures que les gardes nationaux fussent payés 15 sols par jour et par homme, lors de leur service pour le compte du district et du département [1].

Le 6 ventôse, les officiers municipaux présentèrent au directoire du district un état des réparations à faire aux différents postes de la commune. Deux jours plus tard, les administrateurs du district autorisèrent la municipalité à faire les dites réparations dont le montant devait être acquitté « par qui de droit [2]. »

Peu après, des citoyens assistant à une réunion du conseil général de la commune, se livrèrent à des manifestations trop bruyantes ; aussi, « vu le trouble et le désordre qui s'étaient manifestés dans l'assemblée des auditeurs, » fût-il décidé, le 21 ventôse, « que pour éviter tous ces inconvénients : 1° les officiers et sous-officiers de la garde nationale passeraient » le lendemain « par un scrutin épuratoire ; 2° que le commandant temporaire serait invité à dresser une liste de tous ceux possédant des grades dans la garde et n'ayant pas reçu de certificats de civisme ; et que cette liste serait présentée au conseil général par les capitaines et lieutenants [3]. »

En germinal an II, la municipalité commença à s'occuper des moyens de fortifier la ville. Le 1er germinal (21 mars 1794), le conseil général, désirant protéger « les avant-postes », décida d'établir des barrières à toutes les entrées de la ville ; pour exécuter cette décision, il chargea quatre de ses membres de s'entendre avec des ingénieurs. Dès le 4 germinal an II (24 mars 1794), ces quatre commissaires firent leur rapport. De suite, les officiers municipaux et les notables décidèrent la création de huit grandes barrières, de deux petites

1. Arch. com., DvA40.
2. Arch. départ., L2, p. 182.
3. Arch. com., D1A3.

barrières et d'une porte. Ils arrêtèrent en outre de changer de place les corps de garde de Beauvais et du Gué-d'Orger ; puis ils décidèrent d'envoyer cette délibération aux administrateurs du district et à ceux du département pour obtenir leur autorisation [1].

*
* *

Après avoir décidé, le 24 prairial an II (12 juin 1794), d'acheter des instruments de musique pour la garde nationale, le conseil général de la commune, considérant les récriminations des citoyens qui se plaignaient d'être obligés de monter la garde trop souvent, arrêta d'inviter le « commandant temporaire » « à faire monter la garde aux différents postes par les troupes stationnées pour dégrever la garde nationale ». Il décida en outre que le directoire du district serait prié de « salarier la garde nationale sur un autre pied que celui adopté pour les militaires [2] ».

Vers cette époque, la municipalité, autorisée par l'arrêté du directoire du district du 27 germinal an II (16 avril 1794) à établir des barrières, chercha à profiter de la permission qui lui avait été accordée. L'administration supérieure mettant à la disposition de la commune des bois destinés d'abord à la marine, le bureau particulier, par sa délibération du 23 fructidor an II (9 septembre 1794) décida d'envoyer des charpentiers les examiner. Sur le rapport de ces artisans, il fut résolu d'utiliser ce bois pour la fabrication des barrières : pour activer et pour surveiller ces travaux, le bureau particulier de la municipalité nomma des commissaires, dans sa séance du 17 brumaire an III (7 novembre 1794) [3].

---

1. Arch. com., DıA3.
2. *Idem.*
3. *Idem,* DıB5, DıvA34 ; Arch. départ.,L2, p. 272.

*
* *

En frimaire an III, le conseil général de la commune estimant que les gardes nationaux, sans souliers, sans sabots et mal nourris, faisaient des courses et des veilles trop nombreuses voulut alléger la charge pesant sur ses concitoyens. Le 7 frimaire an III (27 novembre 1794) les officiers municipaux et les notables arrêtèrent que « les capitaines de la garde nationale seraient invités par l'intermédiaire du commandant temporaire de faire le plus tôt possible le dénombrement exact de tous les citoyens » compris dans leur compagnie respective, « en mettant sur une colonne ceux qui depuis 18 ans jusqu'à 50 pouvaient faire leur service, sur une seconde colonne ceux du même âge hors d'état de le faire, sur une troisième colonne ceux âgés de 50 à 60 ans en état de faire le service intérieur et sur une quatrième colonne ceux de ce même âge incapables de le faire vu leurs infirmités ». D'après ce recensement, la municipalité se serait adressé à qui de droit, pour que les citoyens « exténués par un service très multiplié ne fussent désormais employés qu'au service de l'intérieur de la ville et pour ce qui concernât seulement le service des gardes nationales [1].

Après avoir rappelé aux membres de la garde qu'ils devaient obéir à leurs chefs [2], et surveillé les élections des officiers, la municipalité, « convaincue de la nécessité d'une réforme et réorganisation de la garde nationale formant la légion du district de Laval » et considérant que puisque « toutes les autorités constituées avaient été épurées, il était urgent que la garde nationale fût également réformée sur les mêmes bases d'épuration », décida le 2 prairial an III (20 mai 1795) de con-

----

1. Arch. com., D₁A3.
2. *Idem*, D₁₁A13, f. 68'. Bibliothèque municipale, Fonds Maignan, 410, f.132.

voquer pour le lendemain les capitaines et commandants des différentes compagnies, afin de délibérer sur cette question [1]. A cette réunion, un nouveau règlement fut fait et envoyé de suite au directoire du district, qui l'homologua par un arrêté du 11 prairial an III (29 mai 1795) [2]. Dès le lendemain, une ordonnance de la municipalité prescrivit aux Lavallois de se réunir le 19 prairial (7 juin 1795) à la Halle des Toiles, pour procéder à la réorganisation de la garde nationale [3].

Le 28 prairial an III parut un décret de la Convention nationale, qui, exemptant du service les domestiques, journaliers, « manouvriers » et ceux exerçant une fonction publique, modifia beaucoup la composition de la garde nationale. La confection des nouveaux rôles et les élections des officiers et sous-officiers durèrent tout le mois de messidor [4]. Le 3 thermidor an III (21 juillet 1795) les membres du corps municipal de Laval prirent communication des procès-verbaux de nomination des gradés, et constatèrent que les citoyens avaient organisé les différentes compagnies de la garde suivant les formes prescrites par le décret du 28 prairial. Le 8 thermidor an III (26 juillet 1795), la municipalité, accompagnée du procureur syndic du district, se rendit place de la Liberté, où elle reçut le serment prêté par les commandant, adjudant-major, porte-drapeau, capitaines, officiers et sous-officiers de la garde nationale. Ainsi fut installée cette troupe locale, qui fut transformée en fructidor an IV par l'administration municipale établie conformément à la constitution de l'an III [5].

Pendant les derniers mois de l'an III, la municipalité s'occupa des fortifications de Laval. Un plan présenté

1. Arch. com., D₁C6, f. 220'.
2. *Idem.* f. 221. — Arch. départ., B4, f. 69.
3. *Idem*, DₙA13, f. 81.
4. *Idem*, f. 82', 84, DₗᵥD39. f. 19, 25. — Arch. départ., L38, f. 53', 63 ; Lᵥ, f. 73.
5. Arch. com., D₁C6, f. 233, 236' 294'.

par la garde nationale fut homologué par le directoire
du département qui chargea le district de Laval de se
concerter avec les officiers municipaux de cette ville et
les ingénieurs pour diriger les ouvrages projetés. Conformément à un arrêté du directoire du district, le corps
municipal, dans sa séance du 23 messidor an III (11 juillet 1795), chargea deux de ses membres de requérir tous
les ouvriers et voituriers nécessaires à l'exécution des
travaux [1]. Comme les constructions n'avançaient pas
vite, le conseil général de la commune, par sa délibération du 1er thermidor an III (19 juillet 1795), pria les
administrateurs du département d'activer les travaux.
De plus il attribua la direction de cette entreprise au
citoyen Pomerolle, sous la surveillance des ingénieurs
chargés de décider du nombre d'ouvriers « qui seraient
employés et du salaire qui leur serait accordé conformément à leur âge et à leurs facultés [2] ». Malgré ces
prescriptions, la clôture de la ville s'éleva lentement et
notre municipalité cessa ses fonctions avant l'achèvement complet des fortifications qui, d'ailleurs, furent
peu importantes.

1. Arch. départ., B4, f. 91'. — Arch. com., DıC3, f. 229'.
2. Arch. com., DıA3.

CHAPITRE II

Perception des Impôts.

PREMIÈRE SÉRIE. — *Anciens impôts.*

Section *I.* — Impôts indirects.

§ I. – Le Tarif.

La municipalité surveilla la perception de l'impôt du
tarif[1], qui était sur le point de disparaître. Elle eut à
vaincre la mauvaise volonté des anciens privilégiés, qui
durent payer pour tout ce qui était entré en ville pour
leur compte pendant les six derniers mois de 1789[2].
Pour lutter contre le mauvais vouloir de certains contribuables et pour secourir le fermier de cet impôt, le
bureau particulier de la municipalité, par sa délibération

1. « C'était, nous dit Couanier de Launay, dans son *Histoire de
Laval*, p. 413, une taxe imposée par les habitants eux-mêmes sur
les objets de consommation et sur les produits de leur industrie :
elle était levée par les officiers municipaux et leur servait à acquitter le total de la taille attribuée à la ville. Le Tarif faisait donc
disparaître la répartition par tête dont l'inégalité faisait des mécon-
tents et des jaloux. Les nobles et le clergé exempts de taille pouvaient être soumis au Tarif ». Mais « le conseil d'état ne voulut
pas porter atteinte aux privilèges des exempts et les maintint
exceptés du Tarif. Il considéra le changement du mode d'imposition comme avantageux aux habitants et propre à favoriser le développement de la ville ». Notre municipalité ne leva jamais elle-
même cet impôt, qui était affermé lorsqu'elle entra en fonctions.
2. Arch. com., D₁B4, f. 9'. D₁C6, f. 16 et 25'. D₁A1. D₁A2,
f. 26'.

du 14 avril 1790, autorisa le procureur de la commune à exercer toutes les poursuites et diligences nécessaires contre plusieurs employés des fermes et contre le « sieur abbé Derenaize », pour les contraindre à payer tant pour le passé que pour l'avenir[1]. Le 27 avril 1790, le corps municipal, averti par le fermier du tarif que plusieurs cabaretiers et aubergistes de cette ville « étaient en retard pour le paiement des droits du tarif », arrêta « que le bureau leur écrirait incessamment afin qu'ils payassent les dits droits[2] ».

La municipalité dut soutenir un procès contre les fermiers du tarif qui demandèrent la résiliation de leur bail et une indemnité. Une commune ne pouvant soutenir un procès qu'avec l'autorisation du directoire du département, qui devait être donnée après l'avis du directoire du district (art. 54 et 56 des lettres patentes du roi sur la constitution des municipalités), le conseil général de la commune décida le 9 avril de demander cette autorisation. Il ne reçut aucune réponse à cette demande : le 10 septembre, il adressa une nouvelle requête afin d'obtenir l'autorisation nécessaire pour « défendre à la demande que leur avait intentée l'adjudicataire du tarif ». Cette autorisation lui fut accordée le 7 octobre 1790[3].

Enfin à propos du tarif, une dernière difficulté se présenta. Le bail du tarif devait finir le 1er octobre 1790 ; les impositions nouvelles créées par l'Assemblée devaient commencer en janvier 1791. La municipalité de Laval devait-elle continuer ou faire continuer la perception du tarif pour le trimestre allant du 1er octobre 1790 au 1er janvier 1791, ou au contraire devait-elle cesser la perception de cet impôt, ce qui aurait constitué une perte assez sérieuse pour la ville. Très perplexes, les membres de la municipalité écrivirent le 13 août aux

1. Arch. com., DıB4, f. 13' et 14.
2. *Idem*, DıC6, f. 32.
3. *Idem*, DıA1.

administrateurs du département de la Mayenne, pour
leur demander l'autorisation « d'administrer le tarif eux-
mêmes par l'entremise d'un directeur », pour les mois
d'octobre, novembre et décembre 1790. Puis le 29 septembre, ils arrêtèrent que les officiers municipaux ne feraient
point continuer la perception du tarif pendant les trois
derniers mois de 1790, parce qu'ils étaient sans qualité
pour proroger cette imposition et parce que le comité des
finances ne rendait point de décret pour les y autoriser ; ce
qui leur ferait éprouver de la part des contribuables une
résistance presque impossible à surmonter. Le 14 octobre 1790, ils reçurent du Directoire du district une lettre
leur ordonnant de ne pas rétablir le tarif, et d'attendre
l'établissement des nouvelles impositions ; ces ordres
furent confirmés par une lettre du procureur général
syndic du département en date du 26 octobre. Devant
ces injonctions des administrations supérieures, la municipalité n'osa pas faire revivre le tarif : ainsi se termina
la perception de cet impôt [1].

En 1791, les officiers municipaux et les notables chargèrent des commissaires de vérifier et d'examiner les
comptes rendus par l'adjudicataire du tarif pour la neu-
vième et dernière année de son bail. Ces commissaires,
après avoir pris connaissance des comptes du fermier de
cet impôt, dirent qu'ils devaient être arrêtés en l'état où
ils avaient été présentés. Le 27 octobre 1791, le conseil
général de la commune fit sien cet avis et ordonna aux
membres du bureau particulier de la municipalité d'en
avertir les autorités chargées d'arrêter définitivement
les dits comptes [2].

---

1. Arch. com., DvA40, f. 23', DιC6, f. 68', B p. 51.
2. *Idem*, DιA1, f. 164.

§ II. — **Traites**

La municipalité ne négligea pas la perception des traites [1].

Nous voyons, en effet, le conseil général de la commune approuver, le 29 mars 1790, la conduite du procureur de la commune, qui, les jours précédents, avait envoyé deux cavaliers arrêter un roulier, parce que ce roulier, chargé de verres à boire, avait refusé de payer les droits des traites [2].

§ III. — **Aides**

Notre municipalité s'occupa aussi de la perception des aides [3]. Le 2 avril 1790, après lecture d'un mémoire déposé par le sieur de Bussi, directeur des aides, le conseil général de la commune décida de faire une ordonnance « pour défendre à toutes personnes de vendre ni débiter en détail aucuns cidres, vins, eaux-de-vie, ni autres liqueurs quelconques sans avoir bouchon ou enseigne à leur porte, à la charge par eux de souffrir les visites des commis aux aides et de payer scrupuleusement et exactement tous les droits qui seraient dus pour raison des liqueurs de toutes espèces qu'ils débiteraient, laquelle ordonnance ferait aussi injonction aux cabaretiers, aubergistes et autres vendant habituellement des vins, cidres ou autres liqueurs de souffrir l'exercice des dits commis aux aides et d'acquitter tous les droits dont ils étaient arriérés et à l'avenir tous ceux qu'ils pourraient devoir ». Dès le lendemain, cette ordonnance fut faite et publiée [4].

1. M. Hamard définissant les traites et péages dit : « C'étaient, pour la plupart, des taxes à l'exportation, véritables douanes intérieures, de province à province, barrières sans nombre qui entravaient tout commerce par leur multiplicité ». *Tenue des états de Bretagne de l'année 1752*, p. 22.

2. Arch. com., DıA2, f. 28'.

3. « Les aides étaient un impôt perçu à l'occasion de la vente et du transport des marchandises, notamment des boissons ». Hamard, *op. cit,*, p. 21.

4. Arch. com., DıA2, f. 26, DııA13, f. 1.

Le 7 juin 1790, de Bussi dénonça verbalement au bureau particulier de la municipalité le mauvais vouloir des cabaretiers et aubergistes, qui refusaient de payer les droits d'aides dus sur les boissons consommées chez eux. Le bureau particulier renvoya cette plainte au corps municipal, qui, le 17 juin 1790, fit republier l'ordonnance du 3 avril précédent [1].

Le 30 septembre 1790, le maire et les officiers municipaux firent publier une ordonnance par laquelle ils enjoignirent « à tous habitants de la ville et faubourgs de se transporter an bureau des aides, lorsqu'il arriverait chez eux des voitures de bois et de foin, pour acquitter les droits réservés, dus à raison de 13 sols par chaque chartée des dites denrées » [2].

§ IV. — Impôt sur les tabacs

Nos officiers municipaux durent veiller au maintien de l'impôt sur les tabacs, que l'Assemblée nationale n'avait pas supprimé. Le 7 avril 1790, ils s'alarmèrent, tant dans l'intérêt de l'Etat que pour la santé publique, de l'énorme contrebande qui se faisait à Laval et dans les environs. Le lendemain, une ordonnance de la municipalité enjoignit aux employés de l'administration des tabacs de reprendre leurs fonctions pour s'opposer à la fraude et défendit « à toutes personnes » « de préparer, vendre, débiter et apporter en cette ville, sous aucuns prétextes, des tabacs autres que ceux pris dans les bureaux des entreposeurs établis par sa Majesté en observant toutes les formalités requises par les lois, règlements et ordonnances et notamment d'être munis de l'attache de l'entreposeur... » Les jours suivants, une circulaire fut envoyée aux municipalités voisines, pour les engager à arrêter, dans la mesure de leur pouvoir, la fraude des tabacs [3].

---

1. Arch. com., D1B4, f. 38.
2. *Idem*, DuA13, f. 25'.
3. *Idem*, D1A2, f. 30, D1C6, f. 19', DuA13, f. 2.

§ V. — **Impôt sur le sel**

S'occupant de la suppression de l'impôt sur le sel,
ordonnée par le décret de l'Assemblée nationale des 14,
15, 18, 20 et 21 mars 1790, sanctionné par le roi le 30
du même mois, le corps municipal, le 6 mai 1790, fixa le
prix de vente du sel à 1 sol la livre. Quelques jours plus
tard, Cassen, receveur du grenier à sel, rendit ses comptes
au bureau particulier de la municipalité, qui les vérifia et
les arrêta. Mais ce fonctionnaire prétendit avoir seul le
droit de liquider le grenier à sel, et celui de fixer le prix
du sel. De leur côté les officiers porte-clefs des magasins
firent des difficultés. Pour vaincre ces résistances, le
corps municipal, réuni le 12 mai, maintint l'arrêté qu'il
avait pris le 6 mai ; et de plus il décréta que jusqu'à
l'épuisement du grenier la vente du sel se ferait les
mardi et samedi de chaque semaine, en présence d'un
officier municipal[1].

Section II. — **Impôts directs**

§ I. — **Vingtièmes**

Notre municipalité se préoccupa de la perception des
vingtièmes[2]. Dans sa réunion du 7 mars 1790, le bureau
particulier décida « que le recouvrement des dits impôts
« serait fait par le secrétaire greffier de le commune,
« chargé de faire les fonctions de trésorier suivant déli-
« bération prise par le conseil général de la commune le
« 1er mars ». Par suite Hardy de Lévaré, receveur par-

1. Arch. com., D1C6, f. 54', 38, D1B4, f. 22.
2. Cet impôt direct était assis sur le revenu réel, déclaré par le
contribuable. Créé en 1710, cet impôt général, auquel cependant
échappèrent le clergé par des abonnements ou des exemptions et la
noblesse par des privilèges ou par la mauvaise volonté qu'elle mit
à déclarer ses richesses, fut tantôt du dixième, tantôt du cinquan-
tième, le plus souvent du vingtième, surtout à partir de 1750.
(Esmein, *Cours élémentaire d'histoire du Droit français,* éd. 1907,
p. 562, 565 à 568 et 602).

ticulier des finances de la ville de Laval, remit à ce secrétaire greffier de la municipalité les rôles des vingtièmes pour l'année 1790 [1].

§ II. — **Capitation**

Pour cet impôt [2], en 1792, le conseil général de la commune renouvelant ses plaintes et protestant contre une élévation de 16.694 liv. à 25.305 liv., le directoire du département se décida à arrêter « que la capitation de la ville de Laval demeurait réduite à la somme de 16.694 livres » [3].

DEUXIÈME SÉRIE. — *Impôts nouveaux.*

Section I. — **Contribution patriotique.**

La municipalité veilla au recouvrement de la contribution patriotique, qui, créée par un décret du 3 novembre 1789, fut établie d'après les déclarations des contribuables eux-mêmes.

Le 2 avril 1790, les officiers municipaux et les notables décidèrent que le dimanche suivant on inviterait tous ceux qui n'auraient pas encore fait leur soumission pour la contribution patriotique à venir la faire dans le courant de la semaine [4]. Le 7 du même mois, la municipalité chargea son secrétaire greffier d'envoyer une circulaire aux souscripteurs de la contribution patriotique pour les engager à venir acquitter cette imposition, le plus tôt possible [5].

---

1. Arch. com., D1B4, f. 3', 57.
2. « C'était un impôt par tête. Les contribuables étaient répartis en classes d'après leur état, leur profession, leur revenu présumé ». Hamard, *op. cit.*, p. 20.
3. *Idem*, D1A2, f. 29'. Correspondance avec le directoire du département et le directoire du district.
4. *Idem*, D1C6, f. 16'; D1A2 f. 27.
5. *Idem*, D1A2, f. 31.

Le 25 mai 1790, s'étant aperçu que plusieurs citoyens qui, par leur fortune, étaient obligés à la contribution patriotique. n'avaient pas fait de soumission, le bureau particulier de la municipalité décida de procéder à leur taxe, le lundi 31 mai; ce qui eut lieu le jour fixé. A la réunion du corps municipal du 11 juin 1790, on lut cette taxe imposée aux Lavallois qui n'avaient pas encore fait de déclaration, et il fut décidé que « la dite taxe serait incessamment dénoncée aux différents particuliers » en retard pour le paiement de cette contribution [1].

*
* *

Le 7 janvier 1791, sur l'invitation des administrateurs du district, le conseil général de la commune dressa la liste des citoyens ayant « négligé de se taxer pour la contribution patriotique » et qui, « suivant la commune renommée, » paraissaient devoir participer à cette imposition. Il taxa ainsi seize habitants, pour un total de 2.461 livres et décida de faire signifier ces taxes par un des gardes de la ville [2]. Puis, dans plusieurs séances du 7 au 13 janvier 1791, le conseil général examina les soumissions volontaires ; il constata « les plus grandes preuves de patriotisme dans les contributions que les citoyens s'étaient empressés de faire pour le soulagement de l'État » et déclara n'avoir « rien par devers lui de suffisamment notoire pour en arguer d'infidélité [3]. »

Si les taxes fixées par le conseil général de la commune parurent justes à cette assemblée, les contribuables jugèrent la chose tout différemment. Aussitôt les significations faites, ce fut une série de réclamations que le conseil général constata et dont il décerna acte : car il n'avait pas le droit de statuer, cette prérogative appar-

---

1. Arch. com., DıC6, f. 41.
2. *Idem*, DıA1, f. 107. Bibliothèque municipale, Fonds Maignan, 407, f. 29.
3. *Idem*, DıA1, f. 108 et suiv.

tenant au directoire du département qui recevait ces contestations du directoire du district, auquel la municipalité en envoyait copie. Le 18 mars 1791, Jacques Lecomte, marchand, vint protester devant le conseil général contre la taxe dont il avait été l'objet. Le 23 mars, Jean Guérin Dubourg, bourgeois, taxé à 101 livres pour sa contribution patriotique, vint déclarer au bureau particulier ne posséder qu'une maison située rue Sainte-Anne, paroisse Saint-Vénérand, sur laquelle il y avait un viage de 96 livres, et, par suite, ne pas devoir payer de contribution patriotique, à laquelle les décrets de l'assemblée n'avaient astreint que les citoyens jouissant de plus de 400 livres de rente. Le même jour, Joseph et Jeanne Dry protestèrent contre la taxe de 110 livres qu'on voulait leur faire payer. Le lendemain, réclamations d'Antoinette Routier, veuve Duchesnay, et de Marin Mottier la Rivière. Le 28 mars 1791, Étienne Lelièvre, tanneur, taxé à 200 livres, se présenta au bureau particulier et dit qu'il ne devait rien payer parce qu'il n'avait pas 400 l. de revenu, mais que cependant il offrait 100 livres. Le bureau particulier lui décerna acte de ses déclarations et envoya l'affaire au district qui la transmit au département. Le même sort fut réservé aux dires de Julien Hameau, marchand, taxé à 200 livres, et de Cormier de la Potinière, « marchand pottier d'étain, » qui, taxé à 101 livres, n'avait, d'après lui, que 700 livres de revenu dont il fallait déduire 345 livres de rentes. Enfin, le 14 mai 1791, de Villaudray, prêtre, se présenta au bureau particulier et engagea la municipalité à diminuer la contribution patriotique de l'abbé Séguret taxé à 300 livres[1].

*
* *

En 1792, fut continuée la perception de la contribution patriotique ; mais comme de nouveaux impôts avaient

1. Arch. com., D₁A1, f. 120 ; D₁B4, f. 99-103', 110.

été créés et comme le numéraire était très rare, les citoyens ne mirent aucun empressement à acquitter cette imposition. Aussi, le 18 septembre 1792, le conseil général, considérant que les preuves de patriotisme devaient se multiplier avec les dangers de la patrie et que, dans les circonstances où ils se trouvaient, les Lavallois n'en pouvaient « donner de gages plus authentiques que leur exactitude à remplir leurs engagements envers elle, » décida-t-il de publier un arrêté portant que ceux qui n'avaient pas encore payé la totalité de leur contribution patriotique dans la caisse du receveur de la commune seraient invités à le faire le plus tôt possible et au plus tard le 18 octobre suivant ; et que s'ils ne se conformaient pas à cette ordonnance, il serait procédé contre eux par voie de saisie exécution. Comme la municipalité désirait. éviter des poursuites aussi ennuyeuses pour elles que coûteuses pour les contribuables, elle résolut de faire donner une grande publicité à cet arrêté, qui, à notre connaissance, fut le dernier concernant la contribution patriotique [1].

Section II. — Impôt foncier, Impôt mobilier, Patentes.

La municipalité, renouvelée partiellement en novembre 1790, prépara le recouvrement de l'impôt foncier décrété par l'Assemblée Nationale les 22 et 23 novembre 1790. D'après l'article premier du titre II de la loi, les municipalités devaient, aussitôt après sa réception, et sans attendre le mandement du directoire du district, faire un tableau indicatif du nom des différentes divisions ou sections de leur territoire. Pour appliquer cet article, le bureau particulier décida, le 17 janvier 1791, de convoquer le corps municipal pour le mercredi 19 du même mois, et de demander à cette assemblée de diviser la commune en dix sections ; puis de nommer des commis-

1. Arch. com., D₁A2, f. 78.

saires pour vaquer aux opérations indiquées par la loi, avec ceux que choisirait le conseil général le dimanche 23 janvier 1791 [1].

Le 19 janvier, le corps municipal se réunit ; mais au lieu de diviser le territoire en dix sections, il le partagea en six ; puis il décida d'envoyer copie de cette délibération au directoire du district et de faire afficher à la porte de la maison commune et des églises la liste de ces sections, ainsi que celle des rues comprises dans chaque division. Il choisit ensuite deux commissaires pour chacune des six sections de la ville [2].

Le 23 janvier 1791, le conseil général se réunit à la maison commune. Après avoir pris connaissance de la loi des 22-23 novembre 1790 sanctionnée par le roi le 1er décembre suivant, ainsi que de la délibération du corps municipal divisant la ville en 6 sections et nommant 12 commissaires, il renvoya les nominations qu'il devait faire au lundi 30 janvier, à deux heures de l'après-midi. A cette date, les officiers municipaux et les notables se retrouvèrent réunis et choisirent trois [3] commissaires pour chacune des six sections. Parmi ces élus, certains démissionnèrent et furent remplacés le 3 février 1791 [4].

Les commissaires ainsi nommés par le corps municipal et par le conseil général se mirent de suite à l'œuvre. Le relevé des propriétés situées dans la commune fut, par eux, déposé au greffe de la municipalité au début de mai 1791 ; aussi, dans sa réunion du 14 mai 1791, le bureau particulier décida-t-il de les convoquer pour le 17 du même mois pour discuter le mode d'établissement de la contribution foncière [5].

1. Arch. com., D₁B4, f. 80.
2. *Idem*, D₁C6, f. 79' et 82' ; DvA40, f. 60.
3. L'art. 2 du titre II de la loi des 22-23 novembre-1er décembre 1790 portait que les commissaires choisis par le corps municipal devaient être « assistés d'un nombre au moins égal d'autres commissaires nommés par le conseil général de la commune. »
4. Arch. com., D₁A, f. 115, 116.
5. *Idem*, D₁B4, f. 110.

Que donna cette assemblée ? Nous n'avons pu le savoir. En tous cas, le 14 décembre 1791, le procureur de la commune envoya au procureur syndic du district « la matrice du rôle pour la contribution foncière arrêtée par MM. les Officiers municipaux, d'après les états de section déposés au greffe de cette municipalité et arrêtés par MM. les Commissaires nommés à cet effet [1]. »

*
* *

Pendant ce temps, la loi du 13 janvier-18 février 1791 avait créé la contribution mobilière, et notre municipalité s'était occupée de l'établissement de cet impôt. En exécution de l'article 32 de la loi du 13 janvier 1791, chaque municipalité devait former un état de tous les habitants domiciliés dans son territoire, le faire publier et le déposer à son secrétariat pour que chacun pût en prendre connaissance. Devaient être compris dans cet état tous ceux jouissant de leurs droits, quand bien même ils n'auraient pas été en situation de payer la taxe de trois journées de travail. Étaient seulement exceptés de ce rôle ceux ne jouissant pas de leurs droits et les enfants n'ayant ni état ni profession, et demeurant chez leur père. Le corps municipal devait diviser la ville en sections analogues à celles instituées pour la contribution foncière. L'article 33 de la loi prescrivait à tous les citoyens de faire certaines déclarations au secrétariat de la municipalité, dans la quinzaine de la publication de l'état des habitants. Ce délai passé, les officiers municipaux avec les commissaires adjoints devaient procéder à l'examen de ces déclarations et suppléer celles qui n'auraient pas été faites ou qui seraient incomplètes. Les opérations des municipalités devaient se terminer « en établissant à l'article de chaque contribuable ses cotes

1. Arch. com., DvA40 f. 99.

fixées en évaluant son loyer d'habitation et son revenu, en statuant sur les exceptions personnelles qui pouvaient augmenter ou diminuer l'évaluation du revenu, en fixant ensuite sa cote d'habitation au trois centième, enfin en taxant au sou pour livre les mêmes revenus et accordant aux propriétaires les déductions proportionnelles à leurs revenus fonciers. » Après ces opérations, la matrice du rôle devait être déposée pendant huit jours au greffe de la municipalité, où chaque contribuable pouvait en prendre communication et faire ses observations, sur lesquelles, ces huit jours passés, la municipalité devait délibérer pour, ensuite, arrêter définitivement son projet et l'envoyer au district [1].

Le conseil général de la commune de Laval adopta pour la division de la ville les sections qu'il avait créées pour l'établissement de la contribution foncière. Il choisit des commissaires pour faire le rôle dont nous avons parlé ; mais ceux-ci furent tellement lents que, le 18 octobre 1791, le directoire du district de Laval, en exécution d'une loi des 11, 13-17 juin 1791 nomma des commissaires pour aider ceux de la municipalité [2].

Le 27 octobre 1791, Bescher, greffier du tribunal criminel du département, déclara au bureau particulier de la municipalité établir domicile à Laval et pria les officiers municipaux de le comprendre sur la liste des citoyens actifs et sur le rôle de la contribution mobilière [3].

Si les uns, comme Bescher, demandaient à être inscrits sur ce rôle, d'autres, par contre, trouvaient y être mis en trop bon rang : tel le sieur Marteau qui, « employé » dans la section 6ᵉ de la matrice du rôle de la ville de Laval pour une maison évaluée 230 livres 10 sols, obtint du directoire du district un arrêté annu-

1. Instruction de l'Assemblée Nationale du 13 janvier 1791 sur la contribution mobilière.
2. Arch. départ., B. p. 348.
3. Arch. com., DɪP4, f. 125'.

lant l'évaluation faite par la municipalité et en ordonnant une nouvelle [1].

*
* *

Les 2-17 mars de cette même année 1791, parut une loi supprimant tous les droits d'aides, les maîtrises, les jurandes et établissant les patentes. L'article 9 de cette loi portait : « Tout particulier qui voudra se pourvoir d'une patente, en fera, dans le mois de décembre de chaque année à la municipalité du ressort de son domicile, sa déclaration, laquelle sera inscrite sur un registre à souche. Il lui en sera délivré un certificat, coupé dans la feuille de sa déclaration [2]... » En outre l'article 17 disait *in fine :* « Les officiers municipaux tiendront la main à ce qu'aucun particulier ne s'immisce dans l'exercice des professions assujetties à des patentes par le présent décret sans avoir rempli les formalités ci-devant prescrites et sans avoir acquitté le droit » ; et l'article 18 ajoutait : « Tout particulier qui aura obtenu une patente sera obligé avant d'en faire usage de la rapporter à la municipalité, où il sera apposé un visa au bas de la déclaration prescrite par l'article 9. Tout colporteur et forain sera de plus obligé de faire viser sa patente dans toutes les municipalités autres que celles de son domi-

1. Arch. départ., B1, p. 393.
2. La patente était accordée par le district ainsi que le prouve la fin de l'article 9 ainsi conçu : «... Ce certificat (délivré par la municipalité au commerçant) contiendra son nom et la valeur locative de ses habitations, boutique, magasins et atelier. Il (le commerçant) se présentera ensuite chez le receveur de la contribution mobilière, auquel il paiera comptant le quart du prix de la patente suivant les taux ci-après fixés et fera sa soumission de payer le surplus par parties égales dans les mois de mars, juin et septembre. Ce receveur lui délivrera quittance de l'acompte et récépissé de la soumission ; et sur la représentation de ces certificats, quittance et récépissé qui seront déposés et enregistrés aux archives du district, la patente lui sera délivrée au secrétariat du directoire pour l'année suivante ».

cile... Il sera dressé dans chaque municipalité une liste ou un registre alphabétique des noms des personnes qui auront obtenu une patente, ainsi que de ceux des forains ou colporteurs qui auront fait viser les leurs. Cette liste sera déposée au secrétariat de la municipalité et il sera libre à toute personne de la voir ».

Voilà les obligations des municipalités relativement à l'impôt des patentes.

Le 21 avril 1791, le bureau particulier, ayant reçu la loi sur les patentes, décida de faire imprimer des registres conformes aux modèles du décret, pour que cet impôt fût recouvré le plus tôt possible [1].

Mais une complication faillit accroître considérablement le travail de notre municipalité. En effet, le 9 juillet 1791, le directoire du district, chargé par le directoire du département d'enjoindre aux municipalités de son arrondissement de se pourvoir de tout ce qui était nécessaire pour recevoir les déclarations et délivrer les certificats prescrits par la loi des 2-17 mars, et, à défaut par ces municipalités de se mettre en règle, de remplir lui-même leurs fonctions, prit un arrêté déléguant « MM. les officiers municipaux de la ville de Laval à l'effet de recevoir de tous les habitants des autres municipalités du district les soumissions du droit des patentes, les déclarations nécessaires et de faire recevoir le droit dû à raison des patentes » si les dites municipalités ne se procuraient pas des registres à souche dans un délai de huit jours. Heureusement pour nos officiers municipaux, les communes voisines se pourvurent de registres, et reçurent les déclarations de leurs habitants, si bien que notre municipalité n'eut à se préoccuper que de la ville de Laval [2].

---

1. Arch. com., D₁B4, fol. 107'.
2. Arch. départ., B, p. 268. — Arch. com., B, p. 268.

* *

Au début de novembre 1791, la municipalité fit publier aux prônes des églises et par affiches que l'adjudication à bail au rabais de la perception des impôts foncier et mobilier de la ville de Laval se ferait le 7 novembre à la Maison commune. Au jour fixé, personne ne s'étant présenté, le conseil général décida de faire publier et afficher que la perception des impôts de la ville était encore à donner à ferme et que l'adjudication en aurait lieu le mardi 22 novembre 1791, à 2 heures [1].

Cette fois, le sieur Marquet se porta adjudicataire des impositions foncière et mobilière de 1791 et de 1792 et proposa un cautionnement de 20.000 livres. Bien que, le 30 novembre 1791, le directoire du district eût remontré à la municipalité que cette adjudication était illégale puisqu'elle était contraire à l'article 1er du titre V de la loi du 1er décembre 1790 prescrivant aux municipalités de n'adjuger le recouvrement des impositions foncière et mobilière que pour un an et que le cautionnement proposé par Marquet paraissait insuffisant, le conseil général de la commune s'assembla, le 19 décembre 1791, pour rendre définitive l'adjudication faite à Marquet. Le 23 décembre, le même corps décida de communiquer à ce citoyen un arrêté du directoire du département, ratifiant l'adjudication qui lui avait été faite mais prescrivant aussi que le cautionnement à fournir était de 40.000 livres, et il chargea son bureau d'exiger cette somme [2].

Au moment d'exécuter le contrat d'adjudication, plusieurs cautions de Marquet se retirèrent. Malgré ces défections, le conseil général décida, le 25 janvier 1792,

1. Arch. com., DıA1, f. 165.
2. Arch. départ., B. p. 373. — Arch. com., DıA1, f. 171. DvA40, f. 103.

de ne pas annuler le contrat, à la condition que deux
commissaires de la municipalité vérifieraient toutes les
semaines l'état de la caisse de l'adjudicataire. Le
29 février suivant, le directoire du département approuva
cette décision, pourvu que l'adjudicataire s'engageât à
verser chaque mois entre les mains du receveur du district une somme au moins égale au douzième du total
des impôts, à montrer ses livres et ses états à toutes
réquisitions, à se conformer au décret des 20, 22,
23 novembre 1790, enfin à verser tous les mois au receveur particulier de la municipalité au moins le douzième
des sols additionnels imposés pour les dépenses annuel-
les de la municipalité ; et à ne retenir pour lui que trois
deniers pour livre de toutes les recettes. Par sa délibération du 23 mars 1792, le conseil général de la commune
chargea deux officiers municipaux de vérifier chaque
semaine la caisse de Marquet, qui avait accepté les conditions du directoire du département [1].

Quelques jours plus tard la municipalité dressa les
états de sections, conformément à l'article 2 de la loi
du 26 mars précédent concernant les contributions foncière et mobilière de 1791 et de 1792 [2].

Le 28 avril 1792, parut une ordonnance de la municipalité prévenant les Lavallois qu'ils devaient aller avant
le 15 mai au greffe de la municipalité déclarer s'ils avaient
ou non les facultés équivalentes à celles donnant la qualité de citoyen actif, le nombre de leurs domestiques,
« celui de leurs chevaux de selle, de carrosse, etc. », la
situation et la valeur de leur habitation, leur profession,
les sommes pour lesquelles ils avaient été imposés pour
la contribution foncière de 1790, s'ils étaient céliba-
taires ou non et le nombre de leurs enfants, toutes déclarations « relatives à la contribution mobilière » ; et avertissant en outre ces habitants que, passé le 15 mai,

1. Arch. com., DıA1, f. 178, 179, 186.
2. *Idem*, DvA40, f. 117.

personne ne serait admis « à présenter des causes de déduction à raison des objets énoncés ci-dessus[1] ».

*
* *

La municipalité renouvelée en décembre 1792 ne reçut les mandements pour les contributions foncière et mobilière de 1792 que le 24 janvier 1793. Mais l'administration du district avait fort mal fait le travail qui lui incombait : aussi quatre jours après avoir reçu ces mandements le conseil géneral de la commune nomma-t-il des commissaires pour conférer avec les administrateurs du district sur l'impossibilité de recouvrer l'imposition mobilière telle qu'elle avait été arrêtée et pour se concerter avec eux sur les moyens d'en distraire l'impôt foncier qui était à la charge des propriétaires[2].

Sur ces entrefaites, la municipalité s'aperçut que la commune avait été mal imposée pour l'année 1791. Le 1er février 1793, le conseil général de la commune nomma des commissaires pour adresser au département une pétition tendant à obtenir le degrèvement des sommes de 42.000 livres, 8.000 livres et 2.800 livres, imposées à tort sur la contribution mobilière de 1791. Prévoyant le cas où les administrateurs du département refuseraient, il chargea ses commissaires d'insister pour avoir le degrèvement des 8.000 livres et celui des 2.800 livres et pour obtenir que la somme de 42.000 livres fût rejetée sur la contribution foncière de 1791. Le 4 mars 1793 le conseil général de la commune prit connaissance d'un arrêté du département qui rejetait sur l'impôt foncier de 1791 les sommes imposées à tort sur la contribution mobilière de la même année et qui chargeait la municipalité de faire, dans le délai d'un mois, le nouveau rôle de la contribution mobilière de 1791 et le rôle supplétif de la contribution foncière pour la même année.

1. Arch. com., DııA13, f. 41.
2. *Idem.* DvA40, fol. 181. DıA2, f. 153.

Aussitôt la municipalité nomma des commissaires pour faire ces rôles [1].

A la fin de mars 1793, les commissaires pour faire rapport sur les impôts foncier et mobilier de 1791 et 1792, annoncèrent que la matrice était complètement faite et qu'il ne restait plus qu'à dresser les rôles. Se conformant aux conclusions de ce rapport, la municipalité décida que les commissaires qu'elle avait nommés au bureau des contributions y resteraient attachés et qu'ils devraient se procurer les employés nécessaires pour la confection des rôles, s'ils ne pouvaient faire eux-mêmes ce travail. Malgré ces mesures, certains rôles furent encore quelque temps sans être achevés. Le 26 août 1793, en effet, le directoire du département prit un arrêté, aux termes duquel la municipalité de Laval était « tenue sous sa responsabilité de mettre en recouvrement dans le plus bref délai ses rôles de contribution mobilière pour l'année 1791, qui devrait être apurée depuis longtemps, ainsi que ses rôles de contribution foncière et mobilière pour 1792 », « de beaucoup trop en retard » [2].

Comme les caisses publiques étaient vides et comme, d'autre part, on commençait à exiger de nombreux particuliers des certificats de civisme qui n'étaient accordés qu'à ceux acquittant leurs impôts, le conseil général de la commune, par sa délibération du 20 septembre 1793, autorisa le receveur des contributions à accepter les sommes que les contribuables désireraient « payer à compter sur les rôles des impositions tant foncières que mobilières des années 1791 et 1792 » [3].

*
* *

En nivôse an II (fin décembre 1793-janvier 1794), les impôts des années 1791 et 1792 n'étaient pas encore

1. Arch. com., DɪA3, fol. 155, 167'.
2. *Idem*, DɪA2, f. 181', 195.
3. *Idem*, DvA40, f. D.

complètement recouvrés, et il était encore dû des sommes considérables aussi bien sur les patentes que sur les autres impositions de 1791 et de 1792 [1].

Déjà depuis quelque temps existait une loi prescrivant de faire dans un certain délai une déclaration pour servir de base à un véritable impôt, qu'on décorait du nom d'emprunt. Les habitants de Laval ignoraient cette loi dont le texte avait été brûlé par les Vendéens. Aussi furent-ils fort étonnés lorsqu'on les menaça « de leur faire payer la triple imposition foncière faute par eux d'avoir fait la déclaration pour l'emprunt forcé et volontaire ». Prenant la défense de leurs compatriotes, les officiers municipaux de Laval demandèrent le 19 nivôse an II (8 janvier 1794) aux administrateurs du district de prier la Convention « de ne pas punir des citoyens pour n'avoir pas satisfait à des lois qu'il leur était impossible de connaître » [2].

*
* *

Par sa délibération du 18 germinal an II (7 avril 1794), le conseil général nomma des commissaires pour travailler à l'établissement des impositions de 1792, et pour mettre un peu d'ordre dans leurs travaux, il renouvela la division de la ville en six sections ; chacune d'elles étant cotée par une des lettres A, B, C, D, E, F [3].

Au début de messidor an II, la municipalité reçut du directoire du district un mandement pour la contribution foncière de l'année 1793. D'après cette pièce, dressée en exécution des lois du 1er décembre 1790 et 4 octobre 1791, du décret du 3 août 1793, et de la « commission » des citoyens administrateurs du département du 2 pluviôse an II, la commune de Laval se trouva imposée pour la contri-

---

1. Arch. com., DvA40, f. S.
2. *Idem*, DvA40, f. R.
3. *Idem*, DᵢA3.

bution foncière, à la somme totale de 137.377 l. 19 s. 8 d., savoir :

« Pour le principal de la con-
« tribution foncière pour la som-
« me de . . . . 104.226 l. 18 s. 7 d.
« Pour les fonds de décharges
« et non valeurs à raison de
« 2 s. pour livre du principal,
« à la somme de . . . . 10.422 l. 13 s. 10 d.
« Pour les dépenses à la
« charge du département, à
« raison des 4/5 de ces dépenses
« à la somme de . . . . 12.619 l. 13 s.
« Enfin pour les dépenses à
« la charge du district à la
« somme de . . . . 10.108 l. 14 s. 3 d. »

Conformément aux ordres des administrations supérieures, le conseil général de la commune transcrivit ce
mandement sur ses registres (16 messidor an II-4 juillet 1794), et en accusa réception au directoire du district. Mais son rôle se borna là pour l'instant ; et il ne
songea pas de suite à en préparer le recouvrement [1].

La municipalité avait en effet d'autres impositions à
faire percevoir que la contribution foncière de 1793. Les
impôts mobiliers de 1791 et de 1792, n'étaient touchés
qu'en partie. Pour parvenir à leur recouvrement complet,
les magistrats municipaux pressèrent les travaux des
commissaires rédacteurs des états destinés à servir de
base à l'assiette de ces impôts, et par une ordonnance
du 5 fructidor an II (22 août 1794), ils avertirent « tous
les citoyens ayant payé des acomptes sur leur imposition
mobilière de 1791, d'apporter leurs quittances à la municipalité pour y être visées, car elles ne pourraient leur

---

1. Arch. com., D₁A3.

être passées en compte par le percepteur que sur un vu des officiers municipaux » [1].

Le 23 vendémiaire an III (octobre 1794), la municipalité de Laval, en exécution de la loi du 20 octobre 1791, relative à la perception des contributions foncière et mobilière, fit publier que l'adjudication au rabais du recouvrement de ces impôts pour l'année 1793, montant : la contribution foncière au total de 147.377 l. 19 s. 8 d. ; la contribution mobilière à la somme de 49.046 l. 4 s. 17 d., aurait lieu à la Maison commune le quintidi 5 brumaire an III (octobre 1794) à 10 heures du matin [2]. Ce jour-là le citoyen Roche, horloger, se rendit adjudicataire des dits impôts foncier et mobilier pour 1793. Le surlendemain on demanda au district et au département les autorisations nécessaires qui furent données par les arrêtés des 8 et 13 brumaire an III (octobre et novembre 1794). Ces arrêtés ratifiant l'adjudication du 5 brumaire et permettant d'établir en sols additionnels 4 deniers par livre pour la perception de la contribution foncière et seulement 3 deniers par livre pour celle de l'impôt mobilier, furent communiqués au citoyen Roche. Celui-ci déclara persister dans son adjudication qui devint

1. Arch. com., D₁B5, D₁₁A13, f. 62.
2. *Idem*, D₁C6, f. 188. Voici le détail du montant des contributions foncière et mobilière pour 1793.
Pour la foncière :

Contribution foncière en principal. . .	104.226 l. 18 s.	1 d.
Fonds de décharge et non valeur . . .	10.422 l. 13 s.	10 d.
Dépenses à la charge du département.	12.619 l. 13 s.	
Dépenses à la charge du district. . . .	10.108 l. 14 s.	7 d.
Charges locales de la municipalité . .	10.000 l.	
Total :	147.377 l. 19 s.	8 d.

Pour la contribution mobilière :

Contribution mobilière en principal. .	20.594 l. 11 s.	
Fonds de décharge et non valeur. . .	2.059 l. 10 s.	4 d.
Dépenses à la charge du département.	10.580 l. 6 s.	
Dépenses à la charge du district. . .	6.902 l. 16 s.	9 d.
Charges locales de la municipalité. .	8.909 l.	
Total :	49.046 l. 4 s.	17 d.

définitive. Par ce contrat, Roche, responsable de la rentrée des impôts « sur tous ses biens présents, futurs et même par corps », s'obligea à se conformer au décret de l'Assemblée nationale des 20, 22 et 23 novembre 1790, notamment à verser chaque mois au moins le douzième du principal des impositions entre les mains du receveur du district, et la même quantité des sols additionnels au receveur particulier de la municipalité[1].

⁎

Le 27 pluviôse an III (15 février 1795), le conseil général de la commune chargea le corps municipal de choisir des commissaires pour exécuter « les travaux préliminaires de la contribution mobilière de 1793 ». En conséquence, le 5 ventôse an III (23 février 1795), les officiers municipaux désignèrent 4 nouveaux commissaires pour chacune des six sections de la ville et 3 suppléants[2].

Le même jour, ils invitèrent ces commissaires à « faire de suite et sans interruption les travaux préliminaires de la contribution mobilière de 1793 et 1794 »[3]. De plus ils firent publier une ordonnance prescrivant à tous les citoyens de se rendre au secrétariat de la municipalité pour y faire les déclarations ordonnées par « l'article 33 du titre III de la loi du 18 février 1791 (vieux style) sur la contribution mobilière », et ils avertirent les Lavallois que, pour recevoir ces déclarations, il ouvriraient le 15 ventôse un registre, qui serait fermé le 1er germinal suivant, « après lequel temps, les habitants ne seraient plus reçus à faire leur déclaration »[4].

Par ses délibérations des 18 germinal an III (7 avril 1795), 12 floréal (1er mai) et 23 floréal an III (12 mai 1795), le

---

1. Arch. com., D₁A3.
2. *Idem.*
3. *Idem*, D₁C6, f. 201.
4. *Idem*, D₁₁A13 f. 75.

conseil général de la commune décida que la caisse de la municipalité paierait la somme de 17 livres montant des contributions mobilières de Bertoux et de Dugast, pour rembourser ces citoyens de ce qu'ils avaient avancé « lors de la suppression des maîtrises et jurandes pour parvenir à la liquidation d'icelles », et la somme de 43 l. 14 s. 7 d., montant de l'imposition mobilière des années 1791 et 1792 de Leprêtre, « pour lui faciliter la rentrée d'une petite rente » qui lui était due, « sauf par la suite à lui retenir cette somme sur les deniers qui pourraient lui être comptés comme indigent »[1].

Le 7 messidor an III (25 juin 1795), la municipalité, après avoir envoyé à l'administration du district le relevé des trois quarts du rôle de la contribution foncière de 1794, écrivit au citoyen Bigot pour le prier d'aider les commissaires chargés d'exécuter les opérations préliminaires de la contribution mobilière de 1793 et 1794[1]. Le 19 thermidor an III (6 août 1795), parut une circulaire invitant les commissaires à accélérer leurs travaux, pour que la municipalité pût rédiger promptement la matrice du rôle de la contribution mobilière de l'année 1793. L'achèvement de toutes ces opérations dura encore plusieurs mois car le recouvrement de la contribution mobilière de 1793 n'eut lieu qu'en ventôse an IV (février-mars 1796)[2].

A la fin de l'an III, la municipalité s'occupa de la perception de l'impôt des patentes. Le 19 fructidor an III (5 septembre 1795), parut l'avis suivant :

« La municipalité de Laval, en conformité de la loi du 4 thermidor dernier qui porte art. 1er : « Nul ne pourra exercer un commerce quelconque et de quelque genre que ce puisse être en gros ou en détail sans être pourvu d'une patente qui indiquera la nature de son commerce. »

1. Arch. com., DıA3.
2. *Idem*, DıvD39, f. 5.
3. *Idem*, f. 32' ; DııA13, f. 92.

Art. 4 : « Les colporteurs et marchands roulants sont tenus de se pourvoir de patentes dans le lieu de leur principal domicile ; à défaut de domicile, ils paieront les droits sur le taux fixé dans les villes au-dessous de 2.000 âmes et ce paiement sera fait au chef-lieu du département.

« Prévient ses concitoyens marchands, commerçants et négociants de se transporter dans le plus bref délai chez le citoyen Barate, receveur de l'enregistrement, demeurant Pont de Mayenne, pour prendre des patentes suivant la nature de leur commerce, et, ensuite, venir à la municipalité les faire viser et enregistrer conformément à l'article 3 de la dite loi.

« La municipalité prévient en même temps que les vendeurs et vendeuses d'arbustes, fleurs et fruits, légumes, volailles, poissons, beurre et œufs, vendant dans les rues, halles et marchés publics ne seront point tenus de se pourvoir de patentes, pourvu qu'ils n'aient ni boutique ni échoppe et qu'ils ne fassent aucun autre commerce qne ceux ci-dessus, à la charge par eux de se conformer aux règlements de police.

« Les arts, métiers et professions ne sont point compris dans les dispositions de la loi précitée. »

Cette ordonnance fut peu obéie, si bien qu'avant de terminer ses fonctions, notre municipalité dut, par deux fois, rappeler aux marchands l'obligation, qu'ils avaient, de se munir de patentes ; ce qu'elle fit par des avis publiés les 7 vendémiaire an IV (29 septembre 1795) et 1er brumaire an IV (22 octobre 1795) [1].

1. Arch. com., DIIA13, f. 85', 86 et 89.

CHAPITRE III

Finances de la commune de Laval

* * *

Section I. — **Budget.**

La loi de 1789 avait oublié totalement de donner aux
communes le moyen de se procurer les fonds nécessaires
pour solder leurs dépenses. Heureusement pour elle,
notre municipalité reçut en 1790 quelques sommes provenant de la perception des anciens impôts ou de remboursements de prêts faits par les magistrats qui
l'avaient précédée [1].

La loi du 17 juin 1791, sur la contribution foncière et
mobilière de cette année, vint mettre un terme à l'embarras des officiers municipaux ; en effet, son article 6
prescrivit que les « sols et deniers additionnels, nécessaires aux municipalités pour leurs dépenses locales,
seraient, pour l'année 1791, répartis par émargement sur
la colonne du rôle à ce destiné aussitôt que l'état en aurait
été arrêté par le directoire du département, sur l'avis du
directoire du district et d'après la demande que les municipalités en formeraient dans le plus court délai. »

Conformément à cet article, le corps municipal, dans
sa séance du 5 novembre 1791, arrêta l'état des dépenses
locales parmi lesquelles figurèrent des rentes dues par
la ville, les impositions sur la maison commune et les
presbytères, les frais de la garde nationale, le traitement

1. Arch. com., DvA40, f. 56'.

du receveur des impôts. Ce tableau fut adressé de suite à l'administration du district, qui, après avoir mis son « vu et approuvé, » l'envoya au directoire du département. Celui-ci, par sa délibération du 30 décembre 1791, arrêta définitivement le budget de la commune de Laval, se chiffrant, pour l'année comprise entre la Saint-Martin 1790 et la Saint-Martin 1791, par 21.736 l. 18 s. 6 d. de recettes et 21.233 l. 11 s. 4 d. de dépenses [1].

*
* *

Le 19 janvier 1792, le conseil général de la commune, sans argent pour acquitter les dépenses journalières, demanda au directoire du département de délivrer au secrétaire de la municipalité 6.000 livres sur des sommes qui devaient lui revenir dans la suite. L'année se passa ; les officiers municipaux ne reçurent rien. Aussi, le conseil général de la commune, considérant que les sols additionnels ne suffisaient pas à payer toutes les dettes de la municipalité, décida-t-il, dans sa séance du 10 septembre 1793, de réitérer sa demande de 6.000 livres et d'adresser, le plus tôt possible, aux députés de la Mayenne près la Convention, les états et les pièces nécessaires pour obtenir l'avance désirée [2].

Le même jour, les commissaires nommés pour vérifier les comptes de la municipalité de la Saint-Martin 1791 jusqu'au 1er janvier 1793, firent leur rapport, d'après lequel le budget fut arrêté et signé par les membres du conseil général qui l'adressèrent aussitôt aux administrations supérieures [3].

*
* *

Durant l'année 1793, la municipalité eut comme ressources, en plus des sols et deniers additionnels aux

---

1. Arch. com., DıC6, f. 115 ; DvA40, f. 93' ; DıvD34.
2. *Idem*, DıA2, f. 177', 228'.
3. *Idem*, f. 228.

impôts foncier et mobilier, des sommes provenant de la fonte des cloches envoyées à Nantes. Ce qui lui permit de faire face à ses dépenses s'élevant à 18.009 livres, d'après un projet de budget adopté par le conseil général de la commune dans sa séance du 9 germinal an II (29 mars 1794) [1].

*
* *

Le 9 messidor an II, le conseil général de la commune prit connaissance d'un arrêté du représentant du peuple Laignelot accordant « une somme de 79.110 livres, savoir 50.000 livres pour les dépenses de la commune, pour le paiement et l'entretien des reverbères, pour le pavage des rues, pour l'agrandissement de la salle des séances, ainsi que pour différents embellissements » et 19.110 livres pour permettre à l'hôpital « ci-devant Saint-Joseph » de construire de nouvelles salles. De suite, le conseil général chargea le secrétaire de la commune de recevoir cette somme de 79.110 livres, et les citoyens Tellot et Maréchal d'en surveiller l'emploi [2].

*
* *

Au point de vue financier, les magistrats municipaux nommés par Boursault remplirent deux rôles : ils s'occupèrent de leur budget propre et de celui des années précédentes, qui était fort négligé.

Le 29 brumaire an III (19 novembre 1794), sur le rapport de deux commissaires, qui, après avoir examiné les opérations « du citoyen Épiard, ci-devant secrétaire et trésorier de l'ancienne municipalité, » affirmèrent avoir trouvé exacts les comptes des trois registres des dépenses journalières, des travaux publics et de la garde nationale, le conseil général de la commune arrêta ces comptes « dans la forme que les citoyens commissaires

---

1. Arch. com., D₁A3.
2. *Idem*, D₁A3.

11

les avaient vus. » Il décida, en outre, que la somme de 44.747 l. 16 s. 7 d., montant de l'excédent des recettes sur les dépenses, « serait par le dit citoyen Épiard versée dans la caisse de la commune. » En exécution de cette délibération, le 2 frimaire an II, l'ancien trésorier versa à la municipalité les 44.747 l. 16 s. 7 d., dont il était dépositaire, et le jour même il en reçut bonne et valable décharge [1]

Par sa délibération du 24 pluviôse an III (12 février 1795), le corps municipal, constatant que, contrairement aux prescriptions de la loi du 14 décembre 1789, il n'y avait pas eu de « compte historique pour l'année 1793 et pour 1794 jusqu'au 27 brumaire an III (14 novembre 1794), époque où il était entré en fonctions, décida d'écrire à Le Pescheux, « ancien maire, pour l'inviter à présenter dans le plus bref délai un compte général et historique de la recette et dépense municipales faites » au cours de 1793 et de partie de 1794, « pour être présenté et arrêté par le conseil général et ensuite être soumis à l'examen du district et arrêté définitivement par le département [2]. »

Peu après, Hayer, secrétaire et trésorier de la municipalité de 1790 jusqu'au 1er brumaire an II, présenta plusieurs pétitions, où il exposa qu'il avait déjà rendu certains comptes ; que pour les autres, il ne pouvait en donner un état détaillé, à cause des troubles qui avaient agité la commune ; qu'enfin certaines sommes lui avaient été dérobées lors de l'invasion des brigands. Sur le rapport d'un de ses membres, le conseil général déchargea Hayer des sommes appartenant à la commune et volées par les Chouans, et décida d'arrêter les comptes de cet ancien trésorier, dès que le bureau particulier les aurait vérifiés [3].

1. Arch. com., DᵢA3 ; DᵢC6, f. 189.
2. *Idem*, DᵢC6, f. 197.
3. *Idem*, DᵢA3.

La municipalité, établie le 27 brumaire an III (17 novembre 1794), s'occupa également de son propre budget. Comme ressources, elle toucha notamment les sols additionnels de la partie des impositions foncière et mobilière de 1791, 1792, 1793, qui n'était pas encore payée, ainsi que des sommes accordées par le directoire du district, ou empruntées, soit à la caisse des travaux publics, soit à celle des subsistances, ou encore trouvées, telle celle de 259 l. 12 s., découverte « dans une poche, dans un cabinet de la municipalité, situé dans le fonds de la salle » des séances du conseil général. Par contre, il fallut verser certaines rentes, payer les frais de la garde nationale, les traitements dus aux employés municipaux, ainsi qu'aux « sergents et aux quatre agents de ville, veiller à l'entretien de la Maison commune, de l'horloge, des rues, du ruisseau du Rateau ; acquitter certaines impositions. Bien que ses dépenses se montassent au chiffre de 123.857 l. 10 s. 5 d., cette municipalité ne fut point en déficit. En effet, ses recettes s'élevant à 126.426 l. 6 s. 1 d., les comptes présentèrent, « sauf erreur ou omission, » un excédent de 2.568 l. 15 s. 4 d., dont bénéficia l'administration municipale établie par la Barollière [1].

Section II. — **Émission de papier-monnaie.**
Création de la caisse des billets de confiance de Laval.

La municipalité de Laval dut recourir à une émission de papier-monnaie et créer une caisse de billets de confiance ou billets patriotiques, coupures ou monnaie divisionnaire des assignats ; car au début de la Révolution il n'y eut que des assignats de grosse valeur ; ceux de 10 et de 15 sols, utilisables pour les petits paiements, n'ayant été créés que dans la suite.

1. Arch. com., DıA3 ; DıC6, f. 261 à 265'. Comptes de la municipalité de Laval du 30 brumaire an II au 14 ventôse an IV.

L'initiative de la caisse patriotique de Laval appartint
à la Société des amis de la Constitution qui, la première,
rédigea un projet de création de billets de confiance.
Le 27 juillet 1791, le conseil général de la commune
prit connaissance de ce projet ainsi que d'un mémoire
exposant que « l'extrême disette de numéraire » qui se
faisait sentir par toute la France, et notamment dans le
département de la Mayenne, anéantissait le commerce
et qu'il n'y avait pas d'autre moyen de le maintenir
qu'en établissant une caisse de billets de confiance, qui
pourraient circuler dans tout le département. Le conseil
général de la commune de Laval reconnut que le plan
proposé était bon et arrêta que « ce projet d'établissement d'une caisse de dépôt et d'échange d'assignats,
sous la garantie de la commune légalement autorisée »,
serait présenté au directoire du département[1]. Le 29 juillet 1791, la municipalité envoya ce projet à l'administration départementale par l'entremise du district qui l'approuva par son avis du 30 juillet. Le 1er août, le département autorisa la commune à mettre à exécution
le plan qui lui était présenté. Dès le lendemain,
le conseil général de la commune chargea un des notables d'être le trésorier de la caisse patriotique et choisit
parmi ses membres six commissaires vérificateurs de
cette caisse. Le 19 août, le conseil général discuta certains points du règlement de la caisse des billets de confiance, auquel il apporta quelques modifications qui
furent approuvées par le district et par le département.
Ce règlement, que nous nous permettons de reproduire,
pour montrer exactement les droits de la municipalité
sur la caisse patriotique, était ainsi conçu :

« ARTICLE I. — Il sera établi dans la ville de Laval
un bureau sous le nom de Caisse de dépôt et d'échange
d'assignats sous la garantie de la municipalité légalement autorisée par les corps administratifs.

1. Arch. com., D₁B4, fol. 119. 159', 160 et suivantes.

« ARTICLE II. — L'administration de cette caisse sera confiée à un trésorier à gages, qui sera choisi par le conseil général de la commune et tenu de donner suffisante caution en immeubles. Cette administration sera surveillée par un membre du directoire du département, un du district, un de la municipalité, un du conseil de la commune, et quatre commissaires pris dans les citoyens actifs et nommés par le conseil général de la commune. Leur service durera six mois avec faculté de pouvoir être réélus le dit temps expiré. Deux de ces commissaires serviront par semaine.

« ARTICLE III. — Le bureau sera autorisé à mettre en émission successivement contre des assignats jusqu'à la concurrence de 1.200.000 livres des billets de la Caisse de 20 sols, de 40 sols et de 3 livres savoir :

200.000 billets de 20 sols	200.000 livres
200.000 billets de 40 sols	400.000 liv.
200.000 billets de 3 livres	600.000 liv.
	1.200.000 liv.

« Les billets seront conçus en ces termes :

LAVAL B. P.

« La municipalité de Laval, légalement autorisée, paiera aux porteurs... en assignats, ceux de 5 livres exceptés.

« Les billets de différentes valeurs seront distingués par la forme de la planche.

« ARTICLE IV. — Pour éviter toute contrefaction chaque billet portera un talon ou vignette qui sera coupé en deux, en sorte que le talon qui restera à la Caisse puisse servir à la confrontation en cas de doute.

« ARTICLE V. — La signature de ces billets sera confiée à six commissaires qui ne pourront jamais être administrateurs et qui seront nommés par le conseil général de la commune, ils signeront indifféremment les trois espèces de billets, ils ne sont point comptables ni responsables à raison de leurs signatures ainsi qu'il se pratique pour les signataires des assignats.

« ARTICLE VI. — Pour que les signatures soient connues, il en sera déposé des modèles au greffe de chaque municipalité.

« ARTICLE VII. — Chaque billet portera une des six signatures dans le bas, et au dos un timbre de la régie dont on remettra également un modèle à chaque municipalité.

« Chaque billet portera sa lettre et son numéro définitif et on aura soin d'annoncer combien il y aura de numéros à chaque lettre afin que le public puisse calculer combien on aura mis de billets en circulation.

« ARTICLE VIII. — La caisse générale sera fermée par quatre serrures dont les clefs seront confiées à la garde de M. le Maire, de M. le Procureur de la commune, d'un notable choisi par le conseil général et la quatrième sera déposée dans la caisse intermédiaire dont il sera parlé ci-après.

« ARTICLE IX. — Chaque dimanche il sera tiré de la caisse générale une somme suffisante pour le service de la semaine sous le récépissé des commissaires de semaine, qui sera déposée dans la caisse générale, laquelle somme sera mise dans la caisse intermédiaire fermant sous trois clefs qui seront confiées aux commissaires de semaine et au trésorier.

« ARTICLE X. — Les commissaires verseront chaque jour dans la caisse particulière la somme dont elle pourra avoir besoin pour le service journalier et en tireront un récépissé qui sera mis dans la caisse intermédiaire.

« ARTICLE XI. — Chaque jour, les commissaires de semaine vérifieront la caisse du trésorier et prendront un nouveau récépissé des sommes qu'ils lui remettront en lui rendant l'ancien.

« ARTICLE XII. — Tous les dimanches l'état de la caisse générale sera vérifié par les deux commissaires sortants et les deux commissaires entrants ; le bordereau des effets qui s'y trouveront tant en billets qu'en assignats sera déposé à la municipalité et rendu public par la voie de l'impression.

« ARTICLE XIII. — Pour indemniser des frais il sera exigé un droit de change de demi pour cent sur les assignats de 50 à 100 livres ; de 1 0/0 sur ceux de 200 livres ; et de 1 1/2 0/0 sur ceux de 300 livres. A l'égard des assignats de 500 à 2.000 livres, ils ne seront reçus à la caisse qu'à la volonté des administrateurs qui instruiront le public, par une affiche, de la quantité qu'ils en pourront recevoir et de l'escompte que chacun de ces assignats devra supporter.

« ARTICLE XIV. — Aussitôt que le numéraire sera devenu plus commun et que la circulation des billets deviendra inutile, ils seront brûlés publiquement après leur rentrée dans la caisse en présence des commissaires et le public sera instruit, par la voie de l'impression de la quantité qui devra être brûlée, et du jour qu'ils le seront.

« ARTICLE XV, — Pour faciliter la circulation de ces billets, le directoire du département sera prié d'autoriser les receveurs d'impôts directs et indirects à les recevoir pour comptant, en paiement des impositions, à la charge de les échanger gratuitement à la caisse contre des assignats [1] ».

Le 24 août 1791, le conseil général choisit un notable comme « gardiataire d'une des clefs » de la grande caisse et un autre notable comme suppléant de ce fonctionnaire. Puis il nomma six commissaires pour signer les billets de confiance et leur rappela qu'aucun d'eux ne devait apposer sa signature sur ces billets que lorsqu'ils seraient « 3 réunis pour cet objet [2] ».

---

1. Extrait du *Bulletin de la Commission de recherche et de publication de documents relatifs à la vie économique de la Révolution*, trimestriel, année 1910, nᵒˢ 1, 2, p. 169.

2. Arch. com., D₁A1, f. 158'.

Lors de son émission, ce papier monnaie circula difficilement. Voulant faire cesser cet état de choses, le corps municipal décida le 30 août 1791 de réunir les boulangers pour les engager à accepter ces billets de confiance. Le lendemain, une assemblée des officiers municipaux et des boulangers arrêta que « dors en avant on prendrait pour base de la fixation du prix du pain le terme moyen des trois plus hauts prix des grains de chaque espèce se vendant dans les marchés publics soit en papier ou numéraire, et qu'au surplus on suivrait l'ancien usage pour l'augmentation et diminution du prix du pain », moyennant quoi les boulangers s'engagèrent à accepter les billets de confiance[1]. Cette entente ne réussit pas à vaincre toutes les mauvaises volontés, car le 10 septembre suivant, le bureau particulier fit publier une proclamation ainsi libellée :

« La disette extrême du numéraire étant sur le point d'occasionner la ruine et l'anéantissement de toute espèce de commerce, la municipalité, sans cesse occupée du bien public, n'a trouvé de ressource que dans la création d'un papier monnaie en échange d'assignats connu sous le nom de billets de confiance. Plusieurs personnes doutant ou feignant de douter de la solidité des dits billets, refusent de les accepter en paiement, mais ont-ils bien réfléchi que la représentation des dits billets en émission est déposée en assignats à la municipalité ; que la commune en est responsable, et qu'à toute heure du jour on a la faculté de venir les échanger gratuitement contre des assignats ; il est donc du devoir de tout bon citoyen de favoriser la circulation de ce papier devenu d'une nécessité indispensable dans la circonstance et il ne peut y avoir à les décrier que des malveillants et des ennemis du bien public, qui ne tendent qu'à attirer sur leur patrie des maux incalculables »[2].

1. Arch. com., D₁C6, f. 109' et 110.
2. *Idem*, D₁B4, f. 124.

Sentant que les billets patriotiques, même ceux de 20 sols, étaient trop forts pour les petites transactions, le conseil général prit, le 28 septembre 1791, une délibération par laquelle il serait, « sous le bon plaisir de MM. les Administrateurs du directoire du département, fait une émission de billets de 10 sols jusqu'à la concurrence de la somme de 200.000 livres, qui serait faite en caractères d'impression et en couleur rouge ». La création de ces nouveaux billets de confiance fut autorisée par l'administration du département le 7 octobre 1791 [1].

** **

Le 21 novembre 1791, après le renouvellement municipal de la Saint-Martin 1791, le conseil général chargea deux de ses membres de conserver les clefs de la caisse des billets de confiance, car les anciens dépositaires de ces clefs ne faisaient plus partie de la municipalité. Le mois suivant, Lepescheux Dauvais, qui, comme maire, était chargé de droit d'une des clefs de la grande caisse où étaient renfermés les assignats donnés en échange des billets de confiance, demanda à en être déchargé. Par sa délibération du 15 décembre, le conseil général décida que « sous le bon plaisir du département » la dite clef serait « déposée ès mains de M. le Seyeux de la Giraudière, officier municipal » [2].

Sur ces entrefaites, l'Assemblée nationale décida l'émission de nombreux assignats de 10, 15, 25 et 50 sols; mis de suite en circulation, ces assignats devaient faire dans les départements un tort considérable aux billets des caisses patriotiques. Très embarrassé, le conseil général convoqua les administrateurs de la caisse des billets de confiance pour décider si la fabrication des billets de Laval devait être suspendue ou continuée. Le

1. Arch. com., DıA1, f. 161, DıvA34.
2. *Idem*, DıA1, f. 166 et 170.

30 décembre 1791, la suspension fut résolue ; des commissaires furent chargés de se rendre chez Gaudin et Faur reprendre les planches servant à l'impression et de les déposer dans la grande caisse contenant les assignats [1].

Cette décision ne semble pas avoir été exécutée, et bientôt l'émission des petits billets de confiance reprit.

Le 9 mars 1792, sur la proposition du maire, le conseil général de la commune « reconnaissant l'utilité de ces billets » et « craignant les inconvénients qui pourraient naître du retard dans leur émission », arrêta « sous le bon plaisir du département, » de faire faire au nom de Levesque, négociant et officier municipal, une griffe qui serait apposée sur les billets de plus de 10 sols ; car les commissaires chargés de signer le papier monnaie émis ne pouvaient suffire à la besogne qui leur était imposée. Le mois suivant, le conseil général, considérant que tout le département réclamait une émission de billets patriotiques décida de demander au département l'autorisation d'émettre 200.000 liv. en billets de 5 s. et de 2 s. 6 d., savoir pour 100.000 liv. de chaque espèce. En mai, il demanda encore la permission de faire fabriquer et d'émettre la somme de 420.000 liv. de billets patriotiques, dans les espèces jugées les plus convenables et les plus avantageuses par les administrateurs de la caisse [2].

Ceux-ci, vers la même époque, s'émurent de la rareté des assignats de 50 à 100 livres, rareté provenant de ce qu'une grande quantité de ce papier monnaie était renfermée « dans la caisse patriotique », comme gage du remboursement des billets de confiance. Ces administrateurs arrêtèrent « que sous le bon plaisir de la municipalité, il serait ouvert un échange d'assignats de 50 à 100 liv. contre ceux de 200 liv. et au-dessus, de manière toutefois qu'il restât toujours en caisse une

<hr>

1. Arch. com., DɪB4, f. 128, 129.
2. *Idem*, DɪA1, f. 185, 187, 189.

somme de 150 à 160.000 liv. pour faire face au remboursement des billets qui pourraient être rapportés à la caisse, à la charge par ceux qui désireraient échanger des assignats de 200 liv. et au-dessus contre des assignats de 50 à 100 liv. de payer pour droit d'échange un demi pour cent sur les assignats de 200 liv., et trois quarts pour cent sur ceux de 300 liv. et au-dessus, et que le caissier délivrerait la valeur de chaque assignat qui serait présenté à l'échange, moitié en assignats de 100 liv., et moitié en assignats de 50 à 90 liv. ». Ces décisions furent approuvées par le corps municipal, qui les homologua le 4 mai 1792 [1].

En juin 1792, notre municipalité entra en relations avec celle de Brest. Celle-ci lui écrivit que des militaires et des marins de sa commune possédaient de nombreux billets de confiance, dont ils étaient fort embarrassés ; que, pour secourir ces soldats, elle avait résolu de proposer aux municipalités « une correspondance », qui, si elle était acceptée, la mettrait en état de faire l'échange de ses billets contre ceux des autres municipalités. Elle offrait de réunir tous les billets de confiance de Laval circulant à Brest, pour les renvoyer à la caisse patriotique de Laval, qui lui rendrait soit en billets de la caisse de Brest, soit en assignats. Le 9 juin, le conseil général délibéra sur cette proposition qu'il accepta, en réglant avec soin le mode d'échange des billets [2].

Le 18 septembre 1792, le conseil général approuva la conduite de Frin de Cormeré, lequel, ayant appris que les billets patriotiques de Laval ne jouissaient à Rennes d'aucun crédit, avait invité un de ses amis habitant cette localité à les rembourser à bureau ouvert [3].

Puis fut de nouveau agitée la question de la rareté des assignats de 50 à 100 liv. et des moyens de remédier

1. Arch. com., D1C6, f. 134.
2. *Idem*, D1A2, f. 40.
3. *Idem*, f. 79.

à cette pénurie. Les administrateurs de la caisse des billets de confiance, possédant encore en réserve du papier monnaie de cette espèce, proposèrent d'échanger les assignats de 500 liv. contre un assignat de 200 liv. et la différence, soit 300 liv. contre des assignats de 50 à 100 liv. moyennant un quart pour cent de bénéfice ; et ceux de 1.000 et 2.000 liv., dans la même proportion et au même taux. Ils offrirent également d'échanger les assignats de 200, 300, 500, 1.000 et 2.000 liv., contre des billets de confiance de Laval à raison de trois quarts pour cent de bénéfice, et de continuer à échanger les assignats de 50 à 100 liv. selon les règles arrêtées précédemment. Le 23 octobre 1792, le conseil général de la commune accepta ces propositions, mais il défendit d'extraire de la caisse patriotique plus de 300.000 liv. en assignats de 50 à 100 liv. [1].

Survint la loi du 12 novembre 1792 sur les billets au porteur, dont un article interdisait la circulation du papier monnaie local, après le 1er janvier 1793. La caisse patriotique de Laval, qui avait émis pour 1.800.000 liv. de billets, s'émut fort de cette prescription. Aussi, le 18 novembre 1792, le conseil général de la commune ordonna-t-il de demander au Ministre de l'intérieur de lui faire parvenir des assignats de 5 liv. ou des coupures au-dessous. De plus, pour éviter toute confusion, résultant d'un remboursement précipité, la municipalité résolut de demander de prolonger au-delà du 1er janvier les remboursements, le délai fixé par la loi étant trop bref. Le lendemain, le conseil général, persistant dans ce projet, décida de présenter à la Convention nationale une adresse pour obtenir de laisser en circulation les billets de confiance de 5 s. et de 2 s. 6 d., et même d'en émettre de nouveaux jusqu'à ce que la monnaie de cuivre fût assez commune pour suppléer aux petit billets [2].

<hr>

1. Arch. com., D1A1, f. 99.
2. *Idem*, f. 114 et 116', DvA40, f. 153 et 155'.

Le mois suivant, il fallut rembouser des billets de confiance. Comme Guédon, payeur général du département, avait remis à la caisse patriotique de Laval, de la part des administrateurs de la trésorerie nationale, la somme de 800.000 liv. en assignats de 5 liv. et en coupons d'assignats, le conseil général de la commune ordonna aux administrateurs de la caisse patriotique de lui remettre pareille somme en gros assignats. Peu après, la municipalité fit envoyer 40.000 liv. à chacun des receveurs de district de Craon, de Mayenne, de Château-Gontier et seulement 20.000 liv. à chacun des receveurs de district d'Ernée, de Villaines, d'Evron pour permettre à ces fonctionnaires de rembourser les billets de confiance qu'on leur présenterait. En outre elle décida de créer à Laval 3 bureaux pour échanger les billets patriotiques le samedi suivant ; et de les installer l'un chez Roche, un autre à l'hôpital Saint-Julien, et le troisième à Saint-Tugal. Sur la demande de la commune de Vitré, le conseil général de Laval arrêta de rembourser les billets de cette ville pendant janvier 1793, à condition que la municipalité de Vitré rembourserait les billets de Laval [1].

*
* *

A la fin de décembre 1792, il y eut tellement de billets patriotiques à rentrer à la caisse de Laval, qu'on ne sut bientôt plus où les ramasser. La municipalité, mise au courant de cette situation, décida, le 23 décembre, que les administrateurs de la caisse patriotique seraient invités à se réunir au conseil général de la commune le mardi 26 décembre, à 8 heures du matin, pour faire le compte des billets et les mettre en paquet. Quant au « brûlement » de ce papier-monnaie, il fut fixé au samedi 29 décembre. Ce jour-là, les membres du conseil général

---

1. Arch. com., D₁A2, f. 131, DᵥA40, f. 159.

et les administrateurs de la caisse patriotique s'assemblèrent sur la place de la Liberté, à deux heures de
l'après-midi. On apporta alors un sac et un baril contenant les billets de confiance qui avaient été reconnus et
vérifiés le 26 décembre. Après s'être assuré que les
cachets apposés sur ce sac et sur ce baril n'avaient pas
été brisés, on plaça tous ces billets de confiance dans
une cage de fer et on mit le feu. Le « brûlement » terminé, la municipalité en dressa un procès-verbal qui fut
envoyé à l'administration du district[1]. Cette opération,
accompagnée du même cérémonial, se reproduisit plusieurs fois, notamment les 5 et 12 janvier 1793, 23 février,
27 avril, 1er juin, 9 juillet, 14 septembre 1793, où les
flammes consumèrent pour plus de 1.199.250 livres de
billets de confiance[2].

« Une nouvelle loi du mois de décembre 1792 ayant
prolongé la circulation des billets de confiance jusqu'au
mois de mars 1793 » et l'affluence de ceux demandant à
être remboursés « étant beaucoup diminuée, » le conseil
général de la commune décida que dorénavant l'échange
des billets de confiance ne serait fait qu'à la caisse
patriotique. En conséquence, il fit écrire, le 11 janvier
1793, aux receveurs des districts de Mayenne, d'Ernée,
d'Évron, de Villaines, de Château-Gontier et de Craon,
pour leur ordonner de n'échanger de billets de Laval que
pour la somme qui leur avait été remise[3].

Il fallut aussi rembourser les billets de confiance que
les municipalités étrangères avaient retiré de la circulation et adressé à la caisse de Laval. Pour ce, les 19, 20
et 22 janvier 1793, différentes sommes furent adressées
aux villes de Dol, de Vitré, de Fougères, de Poitiers ; en
février et en mars 1793, le district de Blois, les municipalités de Soissons, Redon, Dol, Fougères, Châlons,

---

1. Arch. com., D1A2, f. 133' 136 ; D1C6 f. 165.
2. *Idem*, D1C6, f. 167 à 180'.
3. *Idem*, DvA40, f. 171.

— 179 —

Neuilly-le-Vendin, Lignières-la-Doucelle [1], Noyon,
Chartres, Saint-Calais, Avranches, Rochefort, Condé,
Bressuire, Vitré, Neufchâtel, Bayeux, Mortagne, Mau-
beuge, Laon, Loches, Le Havre, Beauvais, Verneuil,
reçurent remboursement des billets de confiance de Laval
qu'ils avaient adressés à notre municipalité [2].

Le conseil général de Laval voulut aussi retirer de la
circulation les billets des caisses patriotiques des communes étrangères. A cet effet, il décida d'ouvrir à la
Maison commune un registre sur lequel seraient inscrits
les noms des citoyens porteurs de billets de confiance des
municipalités étrangères ainsi que le montant des billets
qu'ils déposeraient pour que les officiers municipaux de
Laval envoyassent les dits billets aux communes qui les
avaient émis et les échangeassent contre des assignats [3].

Sur ces entrefaites, le conseil général de la commune
fit publier l'avis suivant :

« Citoyens. Vous êtes avertis que la municipalité de
Laval continuera d'échanger pendant le courant du présent mois de mars 1793 des billets de confiance qu'elle a
émis, mais la loi a fait cesser la circulation de ceux de
10 sols et au-dessus. Déjà quelques billets faux avaient
circulé ; leur nombre augmente et ce qui les rend plus
dangereux, c'est que, les contrefacteurs se réformant,
les signes caractéristiques des bons billets d'avec les
faux diminuent de jour en jour. D'après cela, il serait
difficile à la majeure partie d'en saisir la différence, et en
les recevant vous seriez exposés à être trompés. Votre
intérêt se trouve donc lié avec l'exécution de la loi et la
prudence seule vous prescrit de ne plus recevoir de
billets de confiance de dix sols et au-dessus. Laval ce
5 mars 1793, an II de la République [4]. »

1. Neuilly-le-Vendin et Lignières-la-Doucelle sont deux communes du nord de la Mayenne qui firent partie du district de
Villaines.
2. Arch. com., DvA40, f. 175' à 214'.
3. *Idem*, DɪA2, f. 156'.
4. *Idem*, DɪA2, f. 167 ; DɪB4, f.175.

Le 31 mai 1793, s'occupant toujours du remboursement des billets de confiance de 10 sols et au-dessus, le
conseil général de la commune décida qu'il recevrait ce
papier-monnaie jusqu'au 30 juin, sans toutefois pouvoir
dépasser une somme de 3.000 livres et qu'à partir du
1er juillet, le remboursement n'aurait plus lieu. Les Lavallois s'empressèrent tellement de se présenter à la caisse
patriotique, que, celle-ci, le 10 juin, avait remboursé plus
de 3.000 livres, somme fixée comme maximum par le
conseil général ; aussi, nos officiers municipaux arrêtè-
rent-ils de ne rembourser ces billets que jusqu'au vendredi suivant, et de faire annoncer par les tambours de
ville cette décision les mardi, mercredi et jeudi précédents [1].

Comme le conseil général voulait procéder au remboursement des billets de confiance de 5 s. et de 2 s.
6 d., il résolut, le 3 août 1793, de faire venir de Nantes
les sols lui revenant de la fonte des cloches qu'il avait
envoyées à l'hôtel des Monnaies de cette ville [2].

*
* *

Bientôt devait finir le remboursement des billets de
confiance. Le 16 octobre 1793, la municipalité, prenant
en considération le long délai qu'elle avait accordé pour
la rentrée de ces billets, crut bon d'en fixer le dernier
terme au samedi suivant inclusivement [3].

Par sa délibération du 11 frimaire an III (1er décembre 1793), le bureau particulier de la municipalité décida
de faire publier une ordonnance, avertissant les Lavallois que « passé le 30 de ce mois, terme de rigueur, les
billets de confiance de 5 sols et de 2 sols 6 deniers ne
seraient plus reçus à la municipalité en échange d'assi-

1. Arch. com. D1A2 f. 211, 216'.
2. *Idem*, f. 221.
3. *Idem*, DvA40, f. P.

gnats nationaux ». Mais cette décision ne fut pas exécutée complètement, car le 23 nivôse an II (12 janvier 1794) le conseil général de la commune décida « que le terme de remboursement des billets de confiance de 2 sols 6 deniers serait fixé au 1er floréal, et qu'à cet effet il serait écrit à Paris aux journalistes, pour qu'ils insérassent cet arrêté dans leur bulletin afin de lui donner toute la publicité possible [1] ».

Sur ces entrefaites, la municipalité reçut de nombreux billets patriotiques de 20 sols, 40 sols et 3 livres, envoyés par divers départements qui en demandaient le remboursement. Pour empêcher de tels envois, le conseil général de la commune fit écrire à ces départements que ces billets patriotiques de 3 livres, 40 sols et 20 sols « n'avaient plus cours depuis longtemps, qu'il n'y en avait eu de mis en circulation que ceux que l'on n'avait pas eu le temps de compter et brûler lors de l'invasion des brigands », enfin qu'on ne remboursait plus que les billets de 5 sols et de 2 sols 6 deniers et cela seulement jusqu'au 1er floréal [2].

En ventôse an II, les officiers municipaux touchèrent l'argent qui revenait à la commune de la fonte des cloches à Nantes. Précédemment Thomas, directeur des monnaies de Nantes, avait envoyé à la municipalité de Laval une somme de 5.000 livres, mais, comme le métal envoyé pesait 17.924 livres, la somme reçue par la caisse patriotique n'était qu'une partie de ce qui devait revenir à la commune. Thomas, ayant annoncé qu'il était prêt à solder sa dette, les officiers municipaux et les notables « considérant les besoins de petite monnaie pour suppléer aux assignats de confiance de 5 sols et de 2 sols 6 deniers... arrêtèrent que le citoyen Delauney demeurerait chargé de se faire rembourser du prix des dites cloches... et de le faire voiturer par eau le plus prompte-

1. Arch. com., DiB5 ; DiA3.
2. *Idem*, DiA3.

ment possible, dans le cas où aucun obstacle ne s'opposerait à la navigation, ayant soin de le faire décharger de bord à bord à Angers, pour éviter les frais commissionnaires ». Le 15 ventôse, vu l'embargo mis sur la navigation de la Loire et le grand besoin de monnaie pour rembourser les petits billets de confiance, Delaùney fut autorisé à « faire venir par voiture de terre les gros sols provenant des cloches [1] ».

Le mois suivant, le secrétaire-trésorier Épiard, ayant montré à la municipalité la pénurie d'argent qu'éprouvait la caisse municipale et le grand nombre de dépenses telles que bois, chandelle, entretien des troupes de la République, etc., le conseil général de la commune, par sa délibération du 4 germinal an II (24 mars 1794), autorisa Épiard à percevoir sur la caisse des petits billets de confiance « la somme de 3.000 livres, d'après l'autorisation du district, pour subvenir aux dépenses les plus urgentes de la commune [2] ».

*
* *

Après avoir reçu en floréal un envoi de gros sols provenant de la fonte des cloches de Laval à l'hôtel des monnaies de Nantes, notre municipalité exécuta, en prairial, la loi du 11 ventôse an II. En conséquence, les officiers municipaux par leur délibération du 19 prairial an II (7 juin 1794), chargèrent deux d'entre eux « de procéder à la vérification de la caisse des petits billets de confiance » et de verser le montant de ce papier monnaie entre les mains du trésorier du district. Ces commissaires se rendirent chez Hamon, ancien trésorier de la caisse patriotique ; mais celui-ci, le 24 prairial an II (12 juin 1794), se présenta au conseil général de la commune auquel il déclara avoir, en exécution de

1. Arch. com., DīA3.
2. *Idem.*

la loi du 11 ventôse, « compté et mis en mains du citoyen Larcher (receveur du district) la somme de 60.400 livres, montant des assignats de 5 sols et 2 sols 6 deniers » dont le remboursement n'était pas effectué. Il ajouta que l'émission de ces billets s'était élevée à 90.000 livres, qu'il était rentré environ 30.000 livres de ce papier monnaie et qu'il en restait à peu près pour 60.000 livres en circulation ; mais « qu'il ne pouvait dire avec précision la quantité qui restait encore à rembourser, attendu qu'il en était rentré concurremment avec des assignats d'autre valeur[1] ».

Voulant activer la rentrée des billets de confiance de 5 sols et de 2 sols 6 deniers, la municipalité, par une ordonnance du 25 messidor an II (13 juillet 1794) prévint ses concitoyens qu'elle procéderait le 29 messidor (17 juillet 1794) à la signature de ces billets, qui devaient être « échangés chez le trésorier du district en billets nationaux[2] ».

Tout le papier-monnaie ne fut pas présenté de suite ; pour en finir avec ce remboursement qui avait déjà trop duré, la municipalité fit publier le 19 fructidor an II (5 septembre 1794) l'avis suivant :

« Les officiers municipaux de la commune de Laval préviennent tous leurs concitoyens que la rentrée des petits billets de confiance de 2 sols 6 deniers et 5 sols cessera d'avoir lieu au premier brumaire, époque à laquelle la caisse sera fermée.

« Ils invitent donc tous les citoyens à venir au bureau de la municipalité, qui sera ouvert à cet effet le matin depuis 8 heures jusqu'à 10 heures et le soir depuis 2 heures jusqu'à 4 heures.

« Les samedis seront destinés particulièrement pour les habitants de la campagne[3] ».

1. Arch. com., DiA3.
2. *Idem*, DiiA13, f. 60.
3. *Idem*, DiiA13.

*
* *

Par une ordonnance du 12 frimaire an III (2 décembre 1794), la municipalité épurée par Boursault prévint ses concitoyens « que les billets de confiance de 2 sols 6 deniers et de 5 sols ne seraient plus échangés par la commune de Laval avec des assignats nationaux, passé le 30 de ce mois, terme fatal [4] ».

Ainsi se termina le remboursement des billets de de confiance émis par Laval et avec lui la caisse patriotique dont nous venons d'étudier l'évolution.

4. Arch. com., DııA13, f. 68.

CHAPITRE IV

Affaires religieuses

L'Église qui, dans la nuit du 4 août 1789, renonça
« comme la noblesse à tous les droits seigneuriaux attachés à beaucoup d'évêchés, d'abbayes, de canonicats » [1]
et abdiqua « toutes ses exemptions pécuniaires et toutes
ses franchises en matière d'impôt » [2], vit bientôt la Révolution atteindre ses biens et ses membres par des lois de
sécularisation.

Devant les nécessités financières exposées par Nec-
ker, l'Assemblée nationale fit application d'une doctrine
transformant « la propriété ecclésiastique en une jouissance révocable, la plaçant sous la haute main du pouvoir civil et y voyant une réserve suprême pour les cas
de détresse » [3].

Poussée par Talleyrand, qui, le premier, parla d'une
« opération sur les biens ecclésiastiques dans son plan
de réorganisation financière », puis par Mirabeau, Bar-
nave, Thouret, Treilhard et Le Chapelier [4], l'Assemblée
constituante, malgré les protestations de Camus, de
l'abbé d'Eymar, de l'abbé Maury, de l'abbé de Montes-
quiou, vota, le 2 novembre 1789 par 568 voix contre 346
et 40 voix nulles, un décret mettant les biens du clergé

---

1. De la Gorce, *Histoire religieuse de la Révolution*, t. I, p. **128**.
2. *Idem.*
3. *Idem,* p. 133.
4. Dans l'ouvrage de M. Gautier, *L'an 1789, évènements, mœurs,
idées, œuvres et caractères* (p. 764), sont très nettement analysées
les théories de ces révolutionnaires.

« à la disposition de la Nation » [1], ce que les images populaires représentèrent sous cette forme : « Enterrement de très haut, très puissant et magnifique seigneur Clergé décédé en l'Assemblée nationale, le jours des Morts 1789 » [2].

Dans la suite, plusieurs lois développèrent le décret du 2 novembre, et prescrivirent de nombreuses mesures ayant pour but de séculariser le plus vite et le mieux possible les propriétés de l'Église. Le 13 novembre, l'Assemblée nationale imposa « aux chefs des communautés ecclésiastiques l'obligation de déclarer tous leurs biens dans les deux mois » [3]. Par un décret du 20 mars 1790, la Constituante ordonna aux officiers municipaux de se présenter dans les monastères et les cloîtres pour dresser des inventaires ; le 14 avril 1790, elle transféra aux autorités civiles l'administration des biens ecclésiastiques, puis réglementa, le 14 mai 1790, la vente de ces propriétés.

Se conformant aux volontés des législateurs, les officiers municipaux de Laval, dans leur séance du 27 avril, décidèrent de se transporter le mardi 4 mai « dans les maisons des révérends pères Jacobins, Cordeliers et Capucins de cette ville à l'effet de procéder aux inventaires ». Puis ils inventorièrent aussi les deux communautés séculières de Saint-Tugal et de Saint-Michel. Le 2 septembre 1790, envoyant au procureur syndic du district « la liste des communautés ecclésiastiques d'hommes ou de femmes séculières et régulières et des établissements publics autres qu'ecclésiastiques » situés à Laval, les magistrats municipaux expliquèrent qu'ils avaient « fait l'inventaire du mobilier et des titres, dressé l'état du revenu et des charges, même celui des personnes dans

---

1. Cette expression fut proposée par Mirabeau. Gautier, *op. cit.*, p. 765 ; de la Gorce, *op. cit.*, t. I, p. 150 et 151.
2. Gautier, *op. cit.*, p. 755.
3. De la Gorce, *op. cit.*, t. I, p. 153.

les communautés de religieux » ; mais qu'ils n'avaient point agi de même dans les communautés de femmes, « parce que le décret du 13 novembre (1789) n'en parlait pas et qu'au contraire il n'exigeait la formalité de l'inventaire que dans les communautés de religieux ». Les états des biens du clergé furent envoyés au district le 11 octobre 1790[1].

Pendant ce temps, la municipalité avait dû résoudre une difficulté. En juillet 1790, il avait fallu nommer un procureur marguillier pour la régie et l'administration des biens de la fabrique de la Trinité. A cet effet les habitants de cette paroisse s'étaient réunis, et le corps municipal s'était rendu à cette assemblée, mais on n'y avait pas « pris de délibération », l'article 50 du décret constitutif des municipalités ne s'expliquant pas clairement sur le rôle que les officiers municipaux devaient jouer en cette occurrence. Puis le 6 juillet, le conseil général de la commune décida que les marguilliers de la Trinité et de Saint-Vénérand, ainsi que les administrateurs des hôpitaux et bureaux de charité, continueraient provisoirement leurs fonctions et que l'on défendrait aux citoyens de s'assembler pour procéder à leurs élections. Pour faire cesser cette situation provisoire la municipalité écrivit le 9 juillet à « MM. de l'Assemblée nationale composant le comité de constitution » pour leur demander à propos de ces nominations des éclaircissements qu'ils n'eurent jamais[2].

S'occupant de la gérance des biens du clergé et des congrégations, le bureau particulier décida, le 15 octobre 1790, de faire publier que le mardi 26 du même mois, la municipalité louerait à ferme plusieurs closeries que les congrégations faisaient cultiver à moitié[3].

Un peu plus tard, la municipalité s'occupa des deman-

1. Arch. com., D₁B4, f. 2, D₁C6, f. 31, D5A40, f. 27'.
2. *Idem,* D₁A1, DvA40, f. 16.
3. *Idem,* D₁B4, f. 71.

des de pensions faites par les religieux. Le 5 novembre 1790, les Jacobins de Laval présentèrent au directoire du district une adresse où ils exposèrent que, ne touchant plus ni arrérages de rente ni fermes des héritages dépendant autrefois de leur communauté et que, d'autre part, devant quelques sommes à des particuliers, ils désiraient toucher les pensions auxquelles ils avaient droit[1]. Le district renvoya cette adresse à la municipalité de Laval, pour qu'elle fît venir devant elle ces religieux et qu'elle leur demandât quels étaient autrefois leurs revenus, et à combien s'élevaient leurs dettes. Le conseil général, le 13 novembre, nomma des commissaires pour examiner cette affaire et rédiger un mémoire qui serait envoyé au directoire du district. Quelques jours après, il donna un avis favorable à une requête formée par les mêmes religieux demandant un acompte sur le traitement dû aux membres de leur communauté, acompte que le directoire du district leur accorda le 3 décembre suivant[2].

*
* *

En janvier 1791, comparurent devant le bureau particulier de la municipalité de nombreux religieux, demandant l'autorisation de recevoir du trésorier du district les traitements qui leur avaient été accordés par les lettres patentes du roi du 26 février 1790[3].

D'après le décret du 27 novembre 1790, tous les ecclésiastiques devaient jurer d'être fidèles à la nation, à la loi et de maintenir de tout leur pouvoir la constitution nouvelle, y compris les lois sur le clergé. Un décret du 4 janvier 1791 vint renforcer cette obligation vis-à-vis des prêtres fonctionnaires publics ; mais il semble que

1. Décret des 2-4 novembre 1789. Lettres patentes du roi du 26 février 1790.
2. Arch. com., D₁A1, f. 88, 94, B, f. 135.
3. *Idem*, D₁B4, f. 81', 84, 85, 87, 88', 91, 94.

cette législation ne fut pas très bien observée à Laval.
Le 8 février, en effet, le procureur de la commune écrivit au procureur général du département :

« J'ai reçu le décret du 4 janvier sanctionné le 9 du même mois, que vous m'avez fait l'honneur de m'adresser ; ne serait-il pas prudent, Monsieur, avant de dénoncer à M. le Procureur du directoire du district les ecclésiastiques réfractaires à la loi qui les concerne, d'attendre que l'instruction ordonnée par l'Assemblée nationale et qui ne doit pas tarder ait été lue. »

Deux jours plus tard, le maire de Laval prévint le procureur syndic du district qu'aucun ecclésiastique fonctionnaire public ne s'était présenté au greffe de la municipalité pour y déclarer avoir l'intention de prêter le serment exigé par la loi ; et par la suite aucune déclaration de ce genre n'eut lieu [1].

Ensuite il fallut s'occuper de modifier les circonscriptions des paroisses et de fermer certaines églises. Le 5 juin 1791, le procureur général du département ordonna à la municipalité de fermer les chapelles des Ursulines, des Bénédictines et de Patience ; car ces chapelles n'étant ni des églises paroissiales, ni des succursales, ni des oratoires, mais bien des chapelles domestiques appartenant à la nation qui avait bien voulu en laisser l'usage aux religieuses, les prêtres pouvaient y dire la messe seulement pour ces congréganistes et non pour le public [2]. Le 8 du même mois, le procureur syndic du département requit la municipalité de donner les ordres les plus précis pour faire fermer ces trois chapelles pendant les offices, afin que seules les religieuses y assistassent. Le corps municipal, auquel fut communi-

---

1. Arch. com., DvA40, f. 61 et 62.

2. On voulait ainsi empêcher les fidèles d'assister à l'office paroissial célébré dans ces chapelles par les prêtres insermentés, qui pouvaient encore exercer leur culte dans les autres églises, jusqu'à leur remplacement par des « intrus ».

qué cet ordre, décida d'en envoyer un extrait aux religieuses intéressées. Pour être plus certain de l'exécution de sa décision du 8 juin, et pour empêcher les religieuses de convoquer les catholiques, le directoire du département arrêta « que les cloches existantes dans les églises des maisons des religieuses de son arrondissement » seraient supprimées et enlevées « pour être déposées au secrétariat de chaque district respectivement », et il chargea les municipalités d'exécuter cet arrêté [1]. Sur ces entrefaites, la paroisse de Saint-Tugal disparut, le directoire du district ayant émis, le 6 juin, l'avis de fermer les chapelles de Saint-Julien, de Saint-Michel, des Jacobins et de supprimer la paroisse de Saint-Tugal, qui fut réunie à la Trinité, après liquidation des comptes par un procureur marguillier que la municipalité fut chargée de faire nommer par les habitants [2].

En 1791, les officiers municipaux ne s'occupèrent que deux fois du mobilier du clergé, qu'ils avaient inventorié l'année précédente. Le 27 mai 1791, le bureau particulier de la municipalité décida qu'un de ses membres irait, le 6 juin 1791, à la maison des Jacobins, pour reconnaître les scellés apposés par la municipalité, car, ce jour-là, un notaire de Laval devait procéder à « la vente des meubles et effets relaissés par les ci-devant religieux des Jacobins. » Le 29 juillet 1791, un administrateur du district procéda, en présence d'un officier municipal, au recensement des objets qui restaient au couvent des Cordeliers ; puis, toujours en présence de ce membre de la municipalité, il apposa les scellés et établit un gardien [3].

Toutes les occupations de la municipalité que nous venons de mentionner pour l'année 1791 sont peu de chose à côté des mesures nécessitées par l'application de la loi des 12 juillet-24 août 1790 sur la constitution civile

---

1. Arch. com., D4A34, D1C4, f. 97.
2. *Idem*, B, p. 235, 236. D1C5, f. 92', D5A40, f. 65.
3. Arch. départ., B, p. 278, 311. — Arch. com., D1B4, f. 112.

du clergé, qui créait un évêché à Laval. 425 électeurs du
département se réunirent à Laval le 12 décembre 1790
pour nommer un évêque. Leur choix s'arrêta sur un
grand vicaire de Mgr de Hercé, évêque de Dol, Michel
Desvaupons, qui accepta d'abord et fut proclamé évêque
de Laval le 16 décembre 1790. Mais le 22 février suivant, il démissionna. Le 20 mars 1791, les électeurs lui
donnèrent pour successeur Villar, supérieur du collège
de la Flèche[1], bien que le 12 mars Mgr de Gonssans,
évêque du Mans, député à Paris, eût interdit cette élection. Le 21 mars 1791, les électeurs du département
avisèrent la municipalité de la nomination de Villar et
l'invitèrent à assister à sa proclamation. Le lendemain,
le conseil général, escorté par la garde nationale, se
rendit à la Trinité où avaient eu lieu les opérations électorales. Dans cette église, il se plaça en face du chœur ;
le président de l'assemblée annonça alors l'élection de
Villar, qui arriva entouré d'une garde d'honneur. Le
nouvel évêque monta sur l'estrade du président et fit un
discours qui fut suivi d'une grand'messe en musique et
d'un *Te Deum*. Le 23 mars, Villar fit visite à la municipalité. Il se présenta à la Maison commune à 11 h. 1/2
du matin, accompagné d'un « ecclésiastique doctrinaire
de sa congrégation, » du receveur du district et d'un
officier de la garde nationale. Dès qu'il apparut dans la
cour de la Maison commune, on envoya à sa rencontre
quatre officiers municipaux et quatre notables, qui, avec
le maire, le reconduisirent jusqu'à la porte une fois sa
visite terminée[2].

Puis l'évêque repartit pour La Flèche et Paris où il
devait se faire sacrer. Le 10 mai, le conseil général,
envisageant l'installation prochaine de Villar, arrêta un

1. D'après Boullier (*Mémoires ecclésiastiques sur Laval*, ch. III,
p. 34), Villar fut élu par 159 voix sur 289. On voit que les électeurs étaient beaucoup moins nombreux qu'en décembre.
2. Arch. com., D1A1, f. 123.

programme très complet de fêtes qui devaient accompa
gner cette solennité, et il chargea des commissaires de
le faire exécuter [1]. Mais ce plan fut modifié dans la suite.
Le 25 mai, en effet, la municipalité apprit que Villar
devait arriver le lundi 30 mai et se faire installer le lendemain. Ce mardi étant un jour maigre, à cause des
rogations, le conseil général décida de réduire à trente
couverts le dîner qu'il voulait offrir, car, d'après lui,
il était impossible de traiter un plus grand nombre de
personnes avec des vivres maigres, » et il chargea le
procureur de la commune de se concerter avec le procureur marguillier de la Trinité pour faire décorer cette
église, choisie pour cathédrale par Villar [2].

Dès le 30 mai, une grande effervescence régna en
ville, car ce jour-là le nouvel évêque arriva à Laval. La
municipalité envoya des troupes à sa rencontre, et elle-
même, ainsi que les différents corps administratifs et
judiciaires, se transportèrent à un quart de lieue sur la
route de Tours. A 4 heures, Villar entra dans la ville, où
son arrivée fut annoncée par de nombreuses salves d'artillerie et par le son des cloches. Aux premières maisons
de la ville, il descendit de voiture, et, accompagné des
corps qui étaient allés au devant de lui, il se rendit à
pied à la maison que le conseil général de la commune
lui avait fait préparer rue du Val-de-Maine [3].

Le lendemain fut consacré à l'installation de l'évêque.
Le matin, la municipalité, escortée de la musique et
d'une garde d'honneur, se rendit à la Trinité. Ensuite
Villar arriva. Après une adoration du Saint-Sacrement,
il monta sur une estrade élevée entre le chœur et la nef,
où il prononça un « beau discours, » ainsi que le serment exigé par la loi. Quand le maire et le procureur de
la commune eurent répondu à cette allocution, Villar se

1. Arch. com., D₁A1, f. 138.
2. *Idem,* fol. 141.
3. *Idem,* fol. 142.

plaça sur le trône épiscopal et assista à une grand'messe solennelle suivie d'un *Te Deum*. Pendant que les ecclésiastiques présents allèrent à la sacristie rédiger le procès-verbal de cette installation, le conseil général de la commune rentra à la Maison commune où l'évêque, paré de ses habits pontificaux, ne tarda pas à arriver et où il dîna avec plusieurs membres de son clergé, les députés des corps administratifs et judiciaires, et les commissaires de la municipalité. L'après-midi, la garde nationale se rangea sur la place de la Chiffolière et fit un feu de joie que Villar alluma le premier. Le soir, de 8 à 9 heures, les cloches de la ville sonnèrent à toute volée, et à 9 heures commencèrent les illuminations qui durèrent jusqu'à minuit, moment où se termina « cette heureuse journée, pendant toute laquelle la joie, la gaieté et le plus pur patriotisme n'avaient cessé d'éclater à chaque instant. » Villar parut enchanté de cette fête, et, le 8 juin, il vint à la Maison commune en remercier le conseil général [1].

Deux jours auparavant, Séguéla avait présenté au bureau particulier de la municipalité les provisions que Villar lui avait délivrées pour exercer les fonctions de vicaire à la cathédrale. Comme il avait déclaré avoir prêté le serment requis par la loi pour tous les ecclésiastiques fonctionnaires publics, mais ne pouvoir en présenter copie, le bureau s'en rapporta à sa parole et enregistra les provisions. A la fin de juin et dans les mois suivants, plusieurs ecclésiastiques se présentèrent aussi au bureau particulier, lui montrèrent les provisions qu'ils avaient reçues de l'évêque et prêtèrent le serment requis par la loi, ou le répétèrent d'abondance s'ils l'avaient déjà prêté. Ce furent notamment Laban, Réveil, Levenard, Guilbert, vicaires épiscopaux, Cordier et Garot, clercs tonsurés, nommés aux écoles de Saint-Martin et

1. Arch. com., DıA1, fol. 145', 147'.

du Cimetière. Le 30 juillet, le clergé régulier, qui, jusqu'alors n'avait pas voulu prêter le serment exigé par les lois des 17 novembre et 26 décembre 1790, se soumit en partie. Ce jour-là, en effet, comparurent devant le bureau particulier de la municipalité de nombreux « religieux capucins » et des frères « conventuels de la ci-devant communauté des religieux capucins de cette ville. » Le soir, le maire avertit le district que tous les capucins de Laval, sauf un, avaient prêté serment[1].

Vers cette époque, eut lieu l'élection du curé de Saint-Vénérand, dont la municipalité s'occupa fort peu. Les électeurs du district, après quelques hésitations, choisirent Dorlodot, qui, né à la Chalade, dans le diocèse de Verdun, avait fait ses études à Reims et était devenu curé de la paroisse d'Authon du Perche, petite commune du diocèse de Chartres. Les officiers municipaux furent seulement chargés par le district de trouver un logement pour le nouveau curé. Le 18 août 1791, le bureau particulier chargea de ce soin Plaichard-Choltière et Le Pescheux-Dauvais qui proposèrent au district une petite maison dépendant de la « ci-devant » communauté des Jacobins[2].

* *
*

Le 14 février 1792, le bureau de la municipalité demanda à Villar de faire une lettre pastorale permettant aux fidèles du diocèse l'usage des œufs pendant le Carême[3].

A ce moment, une affaire assez grave éclata. L'administration du département envoya aux officiers municipaux l'arrêté suivant : « Le directoire du département a arrêté de rappeler à la municipalité de cette ville, les articles 9, 32 et 34 de la loi du 3 août dernier (1791) sur

1. Arch. com., D1B4. f. 115, 120, 123 ; DvA40, f. 86'.
2. *Idem*, DvA40, f. 88' ; D1B4, f. 121.
3. *Idem*, DvA40, f. 105'.

les décrets des 26 et 27 juillet, relatif aux attroupements ; en conséquence, la charge expressément de veiller à ce qu'il ne se fasse dans aucune maison particulière et sous quelque prétexte que ce soit aucun rassemblement capable d'inquiéter la tranquillité publique et de prendre les mesures les plus convenables pour empêcher qu'ils aient lieu à l'avenir, d'autant mieux qu'il est libre à tout prêtre non assermenté, suivant la loi du 13 mai 1791, de célébrer la messe seulement dans les églises nationales, qu'il ne tient qu'à eux de jouir de cette faculté paisiblement et sans trouble, et que d'ailleurs ils peuvent se procurer, si bon leur semble, un édifice particulier avec inscription pour y exercer séparément les actes du culte religieux. » Obéissant à cette injonction, la municipalité fit publier, le 17 février 1792, l'arrêté que voici : « Sont et demeurent défendus les rassemblements nombreux qui se font journellement dans plusieurs maisons particulières et qui font naître des soupçons par le mystère dont on cherche à les envelopper, excitent l'inquiétude du peuple et le tiennent dans une agitation dont il est instant de prévenir les suites. Les contrevenants seront réputés auteurs d'attroupements séditieux et punis conformément à la loi. »

A la suite de ces arrêtés, cinq prêtres se présentèrent au bureau particulier, le 23 février 1792, et déclarèrent avoir « l'intention de former une société particulière dans leur maison respective pour y exercer le culte... » Ils ajoutèrent que si ce parti n'était pas agréé par les corps administratifs, ils demandaient à « prendre à loyer un édifice public, que notamment celui de Saint-Martin entrerait plus dans leurs vues pour la manifestation de cet usage, et qu'ils offraient d'en payer la somme de 100 livres ». Le bureau de la municipalité décerna acte de ces déclarations et les envoya au département qui devait statuer[1]. Le 26 février 1792, de bon matin, deux

1. Arch. com., DɪvA34 ; DvA40, f. 106' ; DɪB4, f. 138.

citoyens actifs requirent le procureur de la commune de se transporter chez un ancien chantre de la Trinité, Péan, un des prêtres qui s'étaient présentés au bureau particulier le 23 février. Garnier Dufferay, accompagné des deux dénonciateurs et de deux autres témoins, arriva chez Péan à 6 heures du matin : il y trouva une nombreuse assistance venue pour entendre la messe [1]. « Procès-verbal fut dressé et, le 27 février, Péan, traduit devant le bureau de la municipalité jugeant en matière de police, fut condamné à 50 livres d'amende, en vertu de l'article 9 de la loi du 3 août 1791 qui défendait les attroupements séditieux. Péan appela de ce jugement[2]... » Il se fit beaucoup de bruit autour de cette affaire qui n'aboutit à aucun résultat : le tribunal de district rendit en effet un jugement ordonnant communication au commissaire du roi ; il n'y eut pas de jugement définitif, car d'autres préoccupations absorbèrent les esprits.

Le 23 mars 1792, parut un arrêté du directoire du département de la Mayenne « contenant des dispositions d'ordre public sur les ecclésiastiques insermentés ou non conformistes ». Cet arrêté ordonnait aux prêtres étrangers au département d'en sortir (art. 1), aux autres de se rendre à Laval dans la huitaine de sa publication (art. 2) et l'article 8 ajoutait : « Tous les ecclésiastiques non assermentés qui habitent actuellement ou qui viendront habiter cette ville seront tenus de se représenter chaque jour en personne, dans l'église des ci-devant Cordeliers à 10 heures du matin, où il en sera fait un appel nominal alternativement par l'un des membres du directoire du département, du district, de la municipalité qui sera commis à cet effet[3] ». Des prêtres insermentés

1. *Bibliothèque municipale. Fonds Couanier-Delaunay.* A. F. 611.

2. Boullier, *Mémoires ecclésiastiques sur la ville de Laval,* p. 91.

3. *Bibliothèque municipale. Fonds Maignan,* 406, f. 18.

arrivèrent à Laval, où ils furent soumis à l'appel, qui eut d'abord lieu aux Cordeliers, puis à Saint-Tugal[1]. Cette situation ne fut pas de longue durée. Le 20 juin 1792, le directoire du département ordonna à tous les ecclésiastiques non assermentés se trouvant à Laval de se rendre dès le jour même aux Capucins et aux Cordeliers, où ils furent emprisonnés. Le 20 juillet 1792, le directoire du département enjoignit à tous les prêtres restant encore dans les différents districts d'en sortir sous trois jours et de se rendre à Laval[2]. Quand les ecclésiastiques furent arrivés en cette ville, on constata qu'il serait possible de les loger tous dans l'ancienne communauté des Cordeliers, par suite la municipalité résolut de transférer dans ce local les prêtres incarcérés aux « ci-devant » Capucins. Cette opération eut lieu le 22 août 1792, sous la surveillance de deux magistrats municipaux[3].

Le 26 août 1792 parut une loi ordonnant que tous les ecclésiastiques astreints au serment comme fonctionnaires publics, qui ne l'avaient pas prêté ou qui l'avaient rétracté, sortissent sous huit jours de leur département et sous quinze du royaume. Les prêtres, non fonctionnaires publics, devaient subir le même sort, si leur déportation était demandée par six citoyens. Les sexagénaires et les infirmes devaient être renfermés dans une même maison au chef-lieu du département. « En exécution de l'article 8 de cette loi, le conseil général de la commune chargea Choquet, médecin à Laval, de délivrer les certificats d'infirmités. Le 7 septembre 1792, le même corps nomma des commissaires pour viser ces certificats. Le lendemain ces commissaires, après avoir examiné les papiers de sept prêtres, conclurent que les infirmités de ces ecclésiastiques n'étaient pas assez

---

1. Dom Piolin, *Église du Mans durant la Révolution*, t. I, p. 400.
2. *Bibliothèque municipale. Fonds Maignan*, 406, f. 18.
3. Arch. com., D1A2, f. 62.

« dangereuses pour les empêcher d'être exportés en pays étrangers ». Par contre ils admirent la demande du curé de Saint-Pierre-la-Cour qui, d'après eux, pouvait « encourir le danger de la mort dans l'exportation ». Le 11 septembre 1792, ils rejetèrent deux certificats et firent de même le lendemain [1].

Le 13 septembre 1792, le bureau particulier, voulant faire appliquer l'article 9 de la loi du 26 août décida que tous les ecclésiastiques fonctionnaires publics qui, à raison de leurs infirmités ou de leur âge prétendraient se soustraire à la déportation seraient renfermés à la maison des ci-devant Cordeliers. Le 1er octobre suivant, le conseil général de la commune chargea le maire et un de ses membres d'aller à cette maison de réclusion pour faire délivrer des chambres à feu aux prêtres les plus infirmes. Le 14 du même mois, l'ancienne abbaye de Patience reçut les ecclésiastiques non sujets à la déportation internés jusque-là aux Cordeliers [2].

Le lendemain, le conseil général de la commune, avant de charger des commissaires de se transporter à la Trinité et à Saint-Vénérand pour faire peser tout l'or et tout l'argent que contenaient ces églises, vota pour la maison de Patience un règlement ordonnant qu'il y aurait un officier municipal de surveillance, que des chirurgiens, des apothicaires, des perruquiers choisis par la municipalité seraient attachés à cette prison, et permettant aux ecclésiastiques d'avoir des domestiques, de recevoir des visites et des provisions. Le conseil général nomma ensuite un concierge et décida d'envoyer expédition de cette délibération au directoire du département [3]. Quatre jours plus tard, il choisit cinq domestiques qui devaient être sous les ordres du concierge et deux barbiers. Des protestations s'étant élevées à pro-

---

1. Arch. com., DıA2, f. 69, 70'.
2. *Idem*, DıB4, f. 151 ; DıA2, f. 85.
3. *Idem*, DıA2, f. 94.

pos de ces dernières nominations, le conseil général décida le 29 octobre 1792 de nommer tous les trois mois deux perruquiers pour le service des détenus à Patience, avec possibilité de réélire ceux déjà élus. Le 2 novembre 1792 et le 19 du même mois, le conseil général apporta quelques adoucissements aux règles édictées le 15 octobre, en facilitant les relations des ecclésiastiques prisonniers avec les étrangers [1].

Après avoir étudié les mesures prises contre le clergé séculier insermenté, envisageons maintenant l'application de la loi des 17-18 août 1792 qui ordonna l'évacuation de toutes les maisons occupées par des religieuses, en exceptant, toutefois, celles consacrées au service des hôpitaux. En exécution de cette loi, le conseil général, par sa délibération du 1er septembre 1792, chargea plusieurs de ses membres de prévenir les Bénédictines, les Ursulines et les religieuses de Patience qu'elles devraient quitter leurs maisons avant le 1er octobre, et en outre de prendre le nom des jeunes pensionnaires « afin d'en écrire sur le champ à leurs parents ». Le 17 septembre 1792 le conseil général de la commune nomma des commissaires pour faire le récolement de l'inventaire des communautés qui devaient partir. A propos de ces départs nous savons que les Ursulines déménagèrent le 28 septembre. Dès que le procureur de la commune fut averti de leur intention, accompagné d'un membre de la municipalité, il se transporta à leur couvent et les religieuses lui remirent les clefs de leur maison. Le lendemain « sur les sept heures du soir » les Bénédictines quittèrent leur communauté « en présence de Joseph Le Pescheux, maire, Antoine Piquois, officier municipal, et Urbain Hubert, procureur syndic du district [2]. » Vers la même époque les religieuses de Patience quittèrent leur

1. Arch. com., D₁A2, f. 102', 105, 115.
2. *Idem*, f. 67', 77, 85'.

demeure, mais nous n'avons trouvé aucun détail à ce sujet.

Durant l'année 1792 notre municipalité réduisit le nombre des cloches des églises lavalloises. La loi du 22 avril 1792 portant que les cloches pourraient être réduites comme nombre par arrêté du département sur la demande du conseil général, qui, en échange des cloches supprimées, recevrait des espèces monnayées, nos officiers municipaux, le 29 mai 1792, chargèrent des commissaires d'examiner comment ils pourraient appliquer cette loi.

Le mois suivant, un de ces commissaires rapporta au conseil général qu'à la Trinité il y avait cinq cloches, mais qu'on pourrait « se passer avec trois » ; qu'il en était de même pour Saint-Vénérand ; qu'enfin Saint-Tugal possédait six cloches, « dont on en pourrait supprimer cinq, en laissant seulement subsister celle vulgairement connue sous le nom de Luane, servant à annoncer au pays les cas imprévus et extraordinaires. » Le conseil général adopta ce rapport et chargea le bureau particulier de présenter une adresse en ce sens au directoire du département. Sur ces entrefaites, la municipalité envoya un commissaire conférer à ce propos avec l'évêque qui exprima le désir d'acquérir pour sa cathédrale la première et la seconde cloche de Saint-Tugal. Ayant eu connaissance de ces vœux, le directoire du département, par un arrêté du 30 juillet 1792, autorisa la commune de Laval à réduire « le nombre des cloches de la paroisse épiscopale et celle de Saint-Vénérand à trois par paroisse, sauf à se faire délivrer en échange des cloches pareille somme en poids d'espèces monnayées, » et à « échanger la seconde et la troisième cloche de la Trinité contre la première et la seconde de Saint-Tugal, en fournissant du métal poids pour poids [1]. »

1. Arch. com., DɪA1, fol. 190'; DɪA2, fol. 37'; DɪvA34.

Pour faire exécuter la descente et le transport des cloches, la municipalité décida de faire adjuger ce travail. Le 17 août 1792, le conseil général de la commune arrêta que cette adjudication « par bail au rabais » aurait lieu le jeudi 23 août. Personne ne s'étant présenté ce jour-là, « l'adjudication au rabais de la descente, monte et pose des cloches » fut remise au 1er septembre. Cette fois, après la lecture des conditions, trois candidats se présentèrent ; le maire, sur un avis favorable du conseil général de la commune, adjugea les travaux au citoyen Pincé père, charpentier, qui ne demandait en paiement que 2.200 livres, alors que ses concurrents réclamaient 2.250 livres et 2.225 livres [1].

*
* *

Le 4 janvier 1793, le conseil général de la commune autorisa à prendre la somme de 2.000 liv. dans la caisse de la fabrique de la Trinité pour l'entretien de quatre enfants de la Psalette, et accorda au sonneur de la Trinité 75 livres pour ses gages depuis le 1er août 1792 [2].

Le même jour, le district informa la municipalité que le « ci-devant curé de Rouessé, département de la Sarthe, résidait » à Laval, « faubourg Saint-Martin, chez le sieur Javron, cordonnier, près les ci-devant Cordeliers, section de l'Égalité, » et que six citoyens actifs demandaient la réclusion de cet ecclésiastique. Aussitôt, le procureur de la commune adressa au commandant de la garde nationale « un réquisitoire pour avoir main forte à l'effet de s'assurer du dit » prêtre « et de le traduire incontinent dans la maison de Patience. » Le lendemain, le procureur de la commune rendit compte à son collègue du district de l'arrestation de cet insermenté, et de celle de deux autres ecclésiastiques trouvés par les soldats [3].

<hr>

1. Arch. com., DᵢA2, fol. 60 et 61.
2. *Idem*, DᵢB4.
3. *Idem*, DᵢA2, f. 139.

Le 22 février 1793, la municipalité adopta un rapport sur l'administration des biens de la fabrique de la Trinité. De plus, elle chargea plusieurs de ses membres de faire un état des rentes et des revenus dont la fabrique de la Trinité avait droit de jouir et un état des rentes et des revenus dont elle était privée par la vente des biens nationaux ou le remboursement des rentes, afin d'exiger de qui il appartiendrait l'intérêt à quatre pour cent accordé par la loi en remplacement des ressources disparues [1].

En mars 1793, l'attention de la municipalité fut attirée par les prêtres enfermés à Patience. Le concierge de cette maison lui remit un livre qu'il avait saisi alors que l'ancien curé de Changé le donnait à un de ses visiteurs, ouvrage intitulé : *Les adieux d'un curé déplacé à ses paroissiens*. Aussitôt, le maire et un officier municipal allèrent interroger cet ecclésiastique qui reconnut avoir composé le livre, mais prétendit n'avoir eu aucune mauvaise intention. De retour à la Maison commune, le maire et l'officier municipal rendirent compte de cet interrogatoire au bureau particulier, qui, le 21 mars 1793, arrêta de remettre cette affaire à l'accusateur public « pour servir de dénonciation. » Quelques jours plus tard, le conseil général interdit aux prêtres détenus à Patience toute communication avec l'extérieur, au moins pendant la quinzaine de Pâques [2].

Au mois d'août 1793, la municipalité voulut arrêter les comptes des fabriques des paroisses. A cet effet, le conseil général, dans sa séance du 7 août, chargea le substitut du procureur de la commune de demander à Perrotin, notaire public et ex-receveur de la Trinité, le « compte de recette et dépense » depuis le 1er janvier 1793 jusqu'en août de la même année « pour connaître la situation de la caisse de la fabrique, afin de payer plu-

1. Arch. com., DvA40, f. 167.
2. *Idem,* DιA2, f. 162'.

sieurs créanciers. » Deux jours après, le substitut du procureur de la commune exécuta ces ordres. Il en fut de même pour Hayer, receveur de la fabrique de Saint-Vénérand, dont les comptes furent approuvés par le conseil général le 18 septembre 1793[1].

*
* *

Par des décrets de vendémiaire an II (octobre 1793) et de frimaire an II (décembre 1793), la Convention détruisit la Constitution civile du clergé. A Laval, le clergé « intrus » exerça publiquement ses fonctions jusqu'au milieu de décembre 1793. « Le 15 ou le 16 de ce mois, écrit dom Piolin[2], il fit un soir un enterrement et alla processionnellement au cimetière ; en rentrant à l'église de la Trinité, il la trouva occupée par des employés de la municipalité qui lui signifièrent l'ordre de cesser l'exercice du culte ; un officier municipal monta dans la chaire et déclara que cette église ne servirait plus désormais à propager la superstition. » Les jours suivants, cet édifice fut transformé en temple de la Raison, et il fut disposé pour les fêtes patriotiques. Guilbert, alors procureur de la commune, présida aux travaux nécessaires pour approprier l'église à sa nouvelle destination. L'on raconte que cet ancien vicaire épiscopal, le marteau à la main, donna l'exemple de la destruction, et que ce fut d'après ses ordres que les ouvriers démolirent le maître-autel, et brisèrent toutes les statues, les colonnes, ainsi que tous les ornements d'architecture[3].

En janvier 1794, on voulut faire prêter aux dames de l'hôpital Saint-Joseph le serment de liberté-égalité, ordonné par la loi du 15 août 1792 et ainsi conçu : « Je

<hr>

1. Arch. com., D1A2, f. 222 ; DvA40, f. 270.
2. Dom Piolin, *Histoire de l'Eglise du Mans pendant la Révolution*, t. II, p. 435.
3. *Recherches historiques sur la Trinité de Laval*, p. 313.

jure d'être fidèle à la nation et de maintenir de tout mon pouvoir la liberté et l'égalité ou de mourir à mon poste. » Ces religieuses, après de nombreuses hésitations, se présentèrent au conseil général de la commune le 25 nivôse an II, les 4 et 5 pluviôse an II (fin janvier 1794) « pour satisfaire à la loi relative au serment. » Comme certaines religieuses infirmes ne pouvaient se rendre à la Maison commune, des officiers municipaux allèrent à l'hôpital leur faire jurer « d'obéir à la nation, à la loi, et de maintenir de tout leur pouvoir la liberté, l'égalité, la République une et indivisible [1]. »

*
* *

Le 19 floréal an II (mai 1794), un administrateur du district ayant représenté « que tout ce qui avait porté l'empreinte de la superstition devait disparaître du sol de la République, » le directoire du district arrêta « que la démolition des clochers serait faite dans le plus bref délai possible et qu'en conséquence il serait écrit à la municipalité de Laval pour l'inviter à donner cette démolition par adjudication, » en exceptant le clocher « de Saint-Tugal, dans lequel était placée la cloche destinée à convoquer les assemblées de la commune, et celui situé sur le temple de la Raison, qui, étant presque de niveau avec le bâtiment, ne présentait pour ainsi dire aucune forme de clocher, entraînerait beaucoup de frais par sa démolition et servirait pour faire placer un drapeau tricolore...[2] » Cet arrêté fut communiqué le jour même au conseil général de la commune qui décida d'adjuger le plus tôt possible la démolition des clochers « dont la cime orgueilleuse rappelait encore le fanatisme et les préjugés, » cause « de tous les maux de la Répu-

1. Arch. com.. DıA3 ; Boullier, *Mémoires ecclésiastiques sur la ville de Laval.*
2. Arch. départ., L2, p. 297. — Arch. com., DıvA34.

blique. » Les jours suivants, un notable se chargea de cette démolition pour la somme de 599 livres [1].

*
* *

La municipalité, nommée par Boursault, fit appliquer la loi du 3 brumaire an III, dont l'article 10 prescrivait l'exécution immédiate des lois de 1792 et 1793 contre les prêtres sujets à la déportation ou à la réclusion. Cette loi, connue à Laval le 16 frimaire, fut publiée à travers la ville les 20 et 21 de ce mois (10 et 11 décembre 1794). A ce moment, les officiers municipaux décidèrent : « 1° que le citoyen Le Seyeux-Giraudière, officier municipal, se donnerait les soins de voir si à la maison des ci-devant Capucins, dont plusieurs citoyens occupaient une partie, il ne serait pas possible de trouver encore un local suffisant pour y reclure les ecclésiastiques du département sujets à la loi du 3 brumaire ; 2° qu'il serait fait incessamment toutes les recherches possibles pour s'assurer s'il existait dans la commune des prêtres insermentés et du lieu de leur retraite [2]. » Le 10 nivôse an III (30 décembre 1794), Le Seyeux-Giraudière ayant affirmé qu'à la maison des Capucins « il était possible d'établir en réclusion une quinzaine de prêtres, » le corps municipal décida de faire rechercher les ecclésiastiques cachés à Laval et de leur ordonner « de se rendre sur le champ dans l'ancien couvent des Capucins [3]. »

Conformément au décret du 3 ventôse an III (23 février 1795), accordant la liberté des cultes, la municipalité, par une ordonnance du 5 floréal an III (24 avril 1795), défendit « à tous citoyens d'apporter le moindre empêchement ou de troubler d'une manière quelconque l'exercice d'aucun culte en quelque lieu que ce fût, » et enjoi-

1. Arch. com.. D₁A3.
2. *Idem,* D₁C6, f. 259.
3. *Idem,* D₁C6, f. 261. — Arch. départ., L51.

gnit « à tous de ne jamais s'écarter du respect et de
l'obéissance dus aux décrets de la Convention nationale[1]. »

Bien que le décret du 3 ventôse an III n'accordât
aucun local pour la célébration des offices, certaines
églises furent rouvertes. En floréal, plusieurs Lavallois
ayant demandé l'église de Patience, les directoires du
district et du département la leur accordèrent par les
arrêtés des 5 et 9 de ce mois (24 et 28 avril 1795)[2]. Le
6 floréal (25 avril), le directoire du district permit à plusieurs citoyens patriotes de jouir provisoirement « d'une
partie de l'église la Trinité » pour l'exercice du culte
constitutionnel, et prescrivit aux officiers municipaux
« de mettre ce local à leur disposition »[3].

En prairial an III, le directoire du district, tenu, « conformément aux dispositions de la loi du 13 frimaire, de
rendre à la Trésorerie nationale le compte exact et
détaillé des divers métaux en or, argent, cuivre, plomb,
etc., qui existaient dans les différentes églises ou communautés lors de leur suppression », demanda à la municipalité « les états d'inventaires et procès-verbaux des
enlèvements de ces métaux qui avaient eu lieu dans les
églises ou communautés » de sa commune. Le 27 prairial (13 juin 1795), les officiers municipaux répondirent
n'avoir « aucune connaissance de la quantité, ni de la
qualité des effets métalliques enlevés des églises ou communautés » de Laval, ne trouver dans leurs registres
aucune mention de cet enlèvement, et ignorer « même la
cause de cette négligence »[4].

Le mois suivant, le directoire du district rendit complètement la Trinité au clergé constitutionnel. En effet,

1. Arch. com., DIIA13, f. 79.
2. Arch. départ., D4, f. 46' ; Boullier, *Mémoires ecclésiastiques
sur la ville de Laval*, p. 257 ; Dom Piolin, *Histoire de l'Eglise du
Mans durant la Révolution*.
3. Arch. com., DIB5 ; Boullier, *op. cit.*, p. 257.
4. Arch. départ., L 30, f. 19 et 19'.

par des arrêtés en date des 25 et 28 messidor an III
(13 et 16 juillet 1795), pris sur des demandes formées
par plusieurs Lavallois et appuyées par une délibération
du conseil général de la commune du 19 messidor an III
(7 juillet 1795), les administrateurs du district accordèrent
aux « intrus » la possession entière du local de la Trinité, la démolition des deux gradins, placés l'un devant
la porte principale de cet édifice, et l'autre devant le
chœur, ainsi que la destruction des cloisons séparant le
chœur du reste de l'église. Les membres du directoire
du district décidèrent en outre « que les gradins et cloisons seraient démolis sous l'inspection de deux commissaires » choisis par la municipalité, et « que les bois qui
en proviendraient seraient employés aux fortifications
de la ville ». En conséquence, le bureau particulier de la
municipalité chargea Collet-Trioulle et Cribier de surveiller les travaux prescrits par les arrêtés du district[1].

Pendant les derniers mois de l'an III, plusieurs ecclésiastiques, conformément à la loi du 11 prairial de la
même année, déclarèrent au bureau de la municipalité
« être dans l'intention d'exercer en qualité de ministres »
un culte connu sous la dénomination de « catholique,
apostolique et romain », et « se soumettre aux lois de la
République française une et indivisible »[2].

Les 24 et 28 vendémiaire an IV (octobre 1795), les prêtres
de Saint-Vénérand firent au bureau particulier les déclarations prescrites par l'article 17 de la section III de la
loi du 7 vendémiaire an IV, relative à la police exté-
rieure des cultes. Avant de cesser ses fonctions, notre
municipalité envoya copie de ces déclarations aux juges
de paix de la ville[3].

1. Arch. com., D1A3, D1B5.
2. *Idem*, D1B5.
3. Arch. com., D4vD39, f. 77.

CHAPITRE V

Instruction publique

La municipalité révolutionnaire exerça une certaine surveillance sur les différentes écoles de la ville, correspondant à ce que nous nommons aujourd'hui l'enseignement primaire et l'enseignement secondaire.

Le 3 mai 1790, après une requête présentée à la municipalité par le sieur Bourny, le bureau particulier décida que ce citoyen pourrait « enseigner à écrire et l'arithmétique, en se conformant aux règlements et usages de police, concernant les maîtres enseignant » [1].

Un arrêt du Parlement du 8 mars 1785, portant que les officiers municipaux devraient choisir deux d'entre eux pour être membres du bureau d'administration du collège, situé rue Renaise, le corps municipal, le 22 août 1790, remplaça les deux administrateurs du collège nommés par l'ancienne municipalité [2].

*
* *

La loi du 27 mars 1791 étendit à tous les religieux se livrant à l'éducation de la jeunesse l'obligation de prêter le serment ordonné par la Constitution civile du clergé pour tous les prêtres fonctionnaires publics. Le 12 juillet 1791, nos officiers municipaux dressèrent procès-verbal du refus des dames Ursulines « de prêter le serment

1. Arch. com., DıB4, f. 18.
2. *Idem,* DıC6, f. 58.

impérieusement prescrit par les décrets de l'Assemblée nationale » [1].

Le 7 août 1791, le conseil général de la commune, après avoir décidé la réunion de tous les biens de charité des paroisses de Laval, arrêta que les maîtres et maîtresses d'écoles de charité seraient dorénavant choisis par les procureurs et marguilliers des paroisses, en présence du maire et d'un officier municipal, qui devraient prendre part au vote. Conformément à cette délibération Cordier et Garot furent nommés directeurs d'écoles de charité. Le 6 septembre 1791, ils se présentèrent au conseil général de la commune qui leur fit prêter le serment civique [2].

Bien que les professeurs du collège de la rue Renaise n'eussent tenu aucun compte de la loi du 27 mars 1791, ils reprirent leurs fonctions après les vacances de 1791 ; mais le 6 novembre de la même année une assemblée de Lavallois demanda au conseil général d'ordonner la réunion de la commune pour délibérer sur les mesures à prendre vis-à-vis des professeurs du collège qui continuaient à enseigner, quoiqu'ils n'eussent pas prêté serment. Accédant à ce désir, la municipalité invita les citoyens à s'assembler le lendemain 8 novembre 1791, au réfectoire des Cordeliers. Cette réunion donna tort aux anciens professeurs du collège, qui furent obligés de partir [3].

Pour remplacer ces maîtres insermentés, notre municipalité se rendit au collège de la rue Renaise le 11 janvier 1792, et installa Rabard, Huchedé, Garot et Cordier, nommés professeurs par un arrêté du directoire du département du 28 décembre 1791 [4].

---

1. Queruau-Lamerie, *L'instruction publique à Laval avant le XIXe siècle.*
2. Queruau-Lamerie, *op. cit.* — Arch. com., D1A1.
3. Arch. com., D1A1, f. 165.
4. *Idem,* D1C6, f. 122, 127, D1A4, f. 130.

La municipalité dut aussi s'occuper des petites écoles et remplacer les instituteurs Cordier et Garot, devenus professeurs au collège. A cet effet un concours eut lieu le 9 janvier 1792. Deux jours plus tard, le comité d'éducation, de charité et de travail, le maire, un officier municipal, les marguilliers de la paroisse de la Trinité et de Saint-Vénérand choisirent Noyer et Patry, qui, après avoir reçu de Villar l'institution canonique, se présentèrent le 12 janvier devant le bureau particulier pour prêter serment d'être fidèles au roi, à la loi et à la nation [1].

Le 19 janvier 1792, la municipalité demanda au directoire du département si elle devait exiger le serment des maîtres et maîtresses d'école n'ayant aucun caractère public, ne recevant aucun salaire et n'étant nommés par aucun corps ; et de plus, si elle devait remplacer les sœurs de la Charité comme maîtresses d'écoles. Sur une réponse affirmative du directoire du département, la municipalité choisit des maîtresses pour remplacer les religieuses enseignant dans les écoles des paroisses. Le 17 mars 1792, le directoire du département confirma ces choix ; le 13 avril, les nouvelles institutrices, autorisées par Villar à enseigner, se présentèrent à la maison commune où Piquois et Paillard Houisière, officiers municipaux, reçurent leur serment [2].

Le 30 juin suivant, la municipalité fit publier de nouveau « la loi du 17 avril 1791, relative au serment à prêter par les personnes chargées d'une fonction publique dans le département de l'instruction ». En conséquence, le 2 juillet 1792 plusieurs « maîtres et maîtresses d'écoles » prêtèrent le serment civique devant le conseil général de la commune [3].

Le 10 septembre 1792, la municipalité avertit les ins-

1. Arch. com., DıB4, f. 131.
2. *Idem*, DvA40, f. 101, DıB4, f. 137 et 138', DıC6, 133.
3. *Idem*, DvA40, f. 126.

tituteurs et institutrices qu' « à défaut d'avoir satisfait à l'obligation du serment », ils devraient cesser de suite « toute espèce d'enseignement », sans quoi ils seraient l'objet de mesures rigoureuses. Trois jours plus tard, le substitut du procureur de la commune informa les parents des enfants pensionnaires dans les communautés, que dans le courant du mois toutes les religieuses devraient évacuer leurs maisons et par suite les pria de retirer leurs enfants [1].

En octobre, une assemblée de citoyens choisit la maison des Ursulines pour y placer « l'éducation nationale ». Le conseil général, par sa délibération du 8 de ce mois, décida d'envoyer des commissaires lever un plan de ces bâtiments et voir s'il serait possible d'en céder à des particuliers [2].

Pendant que l'on exécutait cette décision, il fallut faire face aux dépenses du collège. Aussi, le 19 octobre 1792, le conseil général demanda-t-il au directoire du département d'accorder provisoirement au bureau du collège une somme de 1.000 livres pour payer les dépenses de cette institution, jusqu'à ce que la Convention nationale eût attribué à cet établissement les revenus nécessaires à son entretien [3].

Sur ces entrefaites, le plan ordonné le 8 octobre 1792 ayant été dressé, la municipalité, le 26 octobre, demanda aux administrateurs du département l'autorisation de prendre à ferme la maison des Ursulines pour y établir différentes écoles. Par un arrêté du 17 novembre 1792 le directoire du département accorda cette autorisation, qui permit à la municipalité d'installer dans cet ancien couvent le collège de la rue Renaise, les écoles de la paroisse de la Trinité et le séminaire [4].

1. Arch. com., DvA40, f. 126, 138.
2. *Idem,* DɪA2.
3. *Idem,* DɪA2, f. 96'.
4. *Idem,* DɪA2, f. 100 ; DvA40, f. 147' ; DɪvA34.

* *
*

Après avoir chargé, en janvier 1793, plusieurs de ses membres de surveiller les écoles gratuites, le conseil général de la commune, quelques mois plus tard, s'occupa des traitements accordés tant aux professeurs du collège qu'aux instituteurs de la ville. Le 22 avril 1793, le conseil général, statuant sur les appointements des maîtres du collège, arrêta de donner « 1.200 livres au citoyen instituteur en chef, 1.100 livres au citoyen professeur de rhétorique, 1.000 livres aux citoyens professeurs », le tout à partir du 1er janvier précédent. A la séance suivante, il délibéra sur une pétition formulée par un instituteur, Noyer, qui demandait que ses appointements de 300 livres fussent portés à 1.000 conformément aux lois des 14 et 15 février et 8 mars 1793. Le conseil général, considérant que les lois ne faisaient aucune distinction entre les divers établissements d'instruction publique, que « dans un état libre » les enfants avaient « un droit égal à recevoir surtout l'éducation élémentaire », que cette éducation devait être à la charge de la nation, qu'elle exigeait de ceux s'y livrant l'emploi de la totalité de leur temps, arrêta, vu également les offres de cet instituteur qui proposait d'enseigner, en outre de ce qu'il apprenait déjà à ses élèves, l'écriture, l'arithmétique et l'arpentage, « que ce citoyen serait regardé comme instituteur public » et porta son traitement à 1.000 livres, minimum fixé par les lois sus citées. Le 2 mai 1793, le conseil général statua de la même façon sur des requêtes présentées par deux maîtres des petites écoles et ayant chacun de quatre-vingts à cent élèves[1].

Quelques jours plus tard, Rabard, « instituteur en chef du collége national, » et plusieurs professeurs de ce

1. Arch. com., D1A2, f. 147 à 198'.

collège donnèrent leur démission. Le 16 mai 1793, la municipalité, pour remplacer ces maîtres, présenta aux administrateurs du département des vicaires épiscopaux et d'autres citoyens, qui furent définitivement nommés professeurs du collège au début de juin 1793[1].

*
* *

Le 23 nivôse an II (11 janvier 1794), un membre du conseil général de la commune ayant représenté que le traitement des institutrices était peu élevé, la municipalité leur accorda une indemnité de 100 livres à chacune jusqu'à ce que la loi fixât leurs honoraires.

Aussitôt des instituteurs sollicitèrent une augmentation de traitement. Le 21 pluviôse an II (9 février 1794) deux maîtres, Patry et Georget, se présentèrent à la municipalité pour se procurer des certificats de civisme et pour demander que leurs appointements fussent portés à 1.000 livres. Le mois suivant, comme les instituteurs avaient renouvelé leur demande, la municipalité la renvoya au bureau de charité. Puis, sur le rapport de cette assemblée, le bureau particulier de la municipalité décida de donner 600 livres à ces fonctionnaires et de délivrer à chacun d'eux un mandat que devraient acquitter les plus forts contribuables de la commune. Le 28 ventôse, le bureau particulier accorda les mêmes appointements à deux institutrices des petites écoles, mais, pour elles, l'argent devait être pris sur les fonds de charité[2].

Quelque temps auparavant, était arrivée à Laval la loi du 29 frimaire an II (19 décembre 1793) qui, organisant l'instruction publique, fixait le traitement des instituteurs à 20 livres et celui des institutrices à 15 livres

1. Arch. com., DvA40, f. 243 et 260' ; DivA34 ; DiA2, f. 204'.
2. *Idem,* DiB4 ; Queruau-Lamerie, *L'instruction publique à Laval avant le XIXᵉ siècle.*

pour chacun de leurs élèves, auxquels ils devaient enseigner la lecture, l'écriture et l'arithmétique. De plus, cette loi ordonnait aux instituteurs de se présenter aux officiers municipaux pour se faire inscrire sur un registre, et aux parents, tuteurs et curateurs « d'envoyer leurs enfants ou pupilles âgés de six ans aux écoles et de venir déclarer à la municipalité, qui en tiendrait registre, le nom du maître ou de la maîtresse qu'ils auraient choisi, le tout sous peine d'être poursuivis judiciairement ». A Laval, cette loi ne fut pas exécutée avant germinal an II, la municipalité ne possédant pas alors les registres nécessaires pour inscrire les enfants. Avant d'être épuré par François-Primaudière, le conseil général de la commune reçut les déclarations de plusieurs instituteurs et institutrices se conformant à la loi du 29 frimaire an II [1].

* *

A leur réunion du 2 floréal an II (21 avril 1794), les officiers municipaux et les notables arrêtèrent un règlement pour les écoles publiques de la commune. Après avoir, dans un long préambule, célébré la République ainsi que l'avènement de la Raison et proclamé qu'il fallait « fouler aux pieds les sceptres de la tyrannie et les autels de la superstition », le conseil général de la commune ordonna que tous les enfants devraient s'instruire chez des maîtres qu'il choisirait et que surveilleraient les parents et des commissaires de la municipalité (art. 1 et 2 du règlement). Par respect pour la morale, il prescrivit que les instituteurs s'occuperaient des petits garçons, les institutrices des petites filles, et prohiba les écoles mixtes, « une République voulant des hommes vertueux et non des cœurs corrompus » (art. 3). Il réglementa les heures de classe, les jours de congé

1. Arch. com., D1A3 ; Queruau-Lamerie, *op. cit.*

(art. 4, 5, 11) et n'autorisa les leçons particulières que dans certains cas (art. 6, 7). Il permit aux instituteurs de n'enseigner « que la religion naturelle et la seule vraie, gravée dans le cœur de tous les hommes, et que quelques-uns avaient feint de méconnaître pour perdre la patrie ». Les maîtres devaient enseigner à leurs élèves à aimer le prochain, à « reconnaître un Être suprême réglant et conduisant les destinées » et dont l'idée consolait « l'homme malheureux » (article 8). Quand les enfants méritaient une punition, il ne fallait leur donner que des peines « que l'on pouvait infliger à des hommes libres : les reproches, les privations de quelques-uns de leurs plaisirs, la censure de leurs camarades ». Étaient interdits les mauvais traitements, notamment le fouet, « punition avilissante pour l'homme libre » (art. 10). Enfin tout instituteur mécontent d'un élève devait en prévenir les parents ; si ceux-ci refusaient de prendre des mesures pour encourager l'enfant à mieux faire, le maître devait avertir la municipalité (art. 10)[1].

Le 6 prairial an II (25 mai 1794), le conseil général de la commune invita les instituteurs de la ville à « ne pas entretenir leurs élèves dans les préjugés, en ne tenant pas de classe dans les jours des ci-devant dimanches »[2].

Le 6 messidor an II (juin 1794), les officiers municipaux et les notables décidèrent que les commissaires créés par le règlement du 2 floréal pour surveiller les instituteurs « feraient chaque mois un rapport » permettant à la municipalité d'exercer un contrôle effectif sur les maîtres d'école[3].

*
* *

Les magistrats municipaux nommés par Boursault s'occupèrent fort peu, nous semble-t-il, de l'instruction

1. Arch. com., DɪA3. — Rapporté par M. Queruau-Lamerie, *op. cit.*
2. *Idem*, DɪA3.
3. *Idem*.

publique. Nous n'avons trouvé que deux faits se rapportant à ce sujet. D'abord une délibération du 18 germinal an III (7 avril 1795) où le conseil général adopta une pétition, que Plaichard-Choltière fut chargé de présenter à la Convention nationale, et par laquelle il demanda la création à Laval d'une école centrale [1]. Puis un visa que les officiers municipaux mirent le 20 nivôse an IV (janvier 1796) au bas d'une pièce où un instituteur certifiait avoir eu quatre-vingt-dix-huit écoliers pendant les mois vendémiaire, brumaire et frimaire an IV, et par suite réclamait au directoire du district la somme de 490 livres [2].

1. Arch. com., D1A3.
2. *Bibliothèque municipale. Fonds Maignan*, 411, p. 63.

CHAPITRE VI

Assistance publique [1]

Section I. — **Ateliers de charité.**

Les bureaux de charité de Laval avaient l'habitude de
secourir les malheureux valides en leur procurant du travail. Notre municipalité voulut suivre cet exemple. Ayant
reçu, le 10 mars 1790, la somme de 1.300 livres pour des
travaux de charité, le corps municipal, le 6 mai 1790,
chargea le citoyen Sutil, ingénieur, d'établir des ateliers
de charité sur les chemins de Changé, de Grenoux, de
L'Huisserie, et le secrétaire-greffier, remplissant les
fonctions de trésorier, de payer les ouvriers [2]. Malgré
ces travaux, les indigents ne furent pas satisfaits. Le
18 juillet 1790, le maire annonça que des ouvriers étaient
allés lui demander du travail ; après un examen de ses
dépenses, le conseil général de la commune déclara qu'il
était impossible d'entreprendre des travaux, vu le manque de fonds [3].

Cependant, la misère devenant de plus en plus grande,
le bureau de la municipalité écrivit, le 19 octobre 1790,
au district qu'à son avis, il fallait créer des ateliers dans
tous les genres d'industrie, afin de « mettre tous les

---

1. Dans ce chapitre, nous ne parlerons pas des secours qui furent
accordés aux volontaires ou à leurs parents. Pour ces secours nous
renvoyons au chapitre I de la Troisième partie.
2. Arch. com., D₁C6, f. 34.
3. *Idem,* D₁A1.

talents en œuvre, de tirer parti de tous, même des plus bornés, d'ôter toute excuse à la fainéantise. » Il proposa d'occuper les femmes, les enfants et les faibles aux manufactures ; et les valides, en état de manœuvrer le pic et la pioche, aux « chemins d'embranchement et de communication [1]. » Mais ces projets ne semblent pas avoir abouti.

*
* *

La municipalité, espérant recevoir du directoire du département la somme de 2.213 l. 12 s. 6 d., destinée à des ateliers de charité, décida, le 13 janvier 1791, de l'employer à aplanir un chemin allant de « la maison du nommé Moullière à la Croix du Tarif » et à remblayer le chemin de Sainte-Catherine à la même Croix du Tarif, et, le même jour, elle chargea plusieurs de ses membres de surveiller les travaux [2].

La somme promise ne fut envoyée qu'au début de mars 1791 ; si bien que le 19 de ce mois, voyant que l'année était assez avancée et que « les travaux du dehors » commençaient « à s'émouvoir, » on résolut de réserver ces 2.213 l. 12 s. 6 d. pour les employer en travaux de charité l'hiver suivant [3].

Quelques mois plus tard, cette somme permit à notre commune d'aider la municipalité d'Avénières à « parachever le chemin du bourg d'Avénières au pont de Pisse-Anesse [4]. »

*
* *

En 1793, la municipalité s'occupa activement des ateliers de charité, travaillant surtout à la réparation des chemins. Le 30 janvier, les officiers municipaux et les

1. Arch. com., DvA40, f. 43.
2. *Idem*, D₁A1, f. 110.
3. *Idem*, f. 119.
4. *Idem*, f. 147' et 156'.

notables demandèrent au directoire du département un secours de 2.000 livres et l'autorisation nécessaire pour emprunter 1.000 livres sur le produit des cloches, ces sommes devant être employées à faire réparer le chemin de Sainte-Catherine à la Croix du Tarif. Le département accéda à ces désirs, et, dès le 1er février, les magistrats municipaux décidèrent que, pour la réparation de ce chemin, la pierre nécessaire à l'encaissement serait prise chez Mme Montecler, à Haute-Folie, et que, moyennant une rétribution de 40 sols par jour, le maître maçon Courtois serait chargé de diriger l'atelier de charité [1].

Quand ce travail toucha à sa fin, le conseil général décida d'occuper les pauvres à détourner les eaux de l'étang Sainte-Catherine qui menaçaient « d'une dégradation totale » le pavé de la rue Saint-Jean et à réparer le chemin de L'Huisserie. Une fois ces travaux terminés, on chercha à améliorer le chemin de Changé, mais en septembre l'argent manqua [2].

*
* *

Après le passage de François-Primaudière, la municipalité songea à réorganiser des ateliers de charité pour secourir les individus valides qui n'étaient pas aux frontières. Comme il n'y avait pas de travaux urgents, elle pensa à certaines améliorations ; pour les faire exécuter, le conseil général de la commune, le 9 prairial an II (28 mai 1794), décida de choisir des architectes qui présenteraient un plan d'embellissement de la ville. Il arrêta en outre que les fonds nécessaires au paiement de ces dépenses « seraient pris sur les 5.000 livres promises par le Comité de Salut Public à la commune de Laval en dédommagement des pertes qu'elle avait essuyées lors

---

1. Arch. com., D1A2, f. 154.
2. *Idem*, D1A2, f. 206' et 235 ; DvA40, f. 257'.

du passage des brigands [1]. » Mais il semble que la municipalité se borna à ces projets.

*
* *

Les lois du 12 juillet 1792 et du 6 avril 1793 avaient accordé comme secours au département de la Mayenne la somme de 17.391 livres qui devait être employée en travaux de charité. Le district de Laval, pour sa part, en eut la moitié. Cette somme fut répartie entre les communes du district en raison de leur population, si bien que la ville de Laval, comptant 14.822 habitants, eut 2.086 l. 10 s. Ces secours, qui furent adressés le 18 thermidor an III (5 août 1795) au citoyen Picquois, maire, furent employés « à payer les journées passées à curer le ruisseau du Rateau [2]. »

Section II. — Hôpitaux.

A la fin de 1790 et en 1791, notre municipalité choisit des administrateurs pour les différents hôpitaux de la ville. Le 13 novembre 1790, sur la demande du bureau particulier, le conseil général de la commune nomma deux administrateurs de l'hôtel-Dieu Saint-Julien [3]. Le 22 décembre 1790, conformément aux lettres-patentes de l'érection de l'hôpital Saint-Louis, la municipalité se rendit à cet établissement pour, « avec les administrateurs du dit hôpital, procéder à la nomination de deux administrateurs [4]. » Ayant appris que le prêtre économe de Saint-Louis et les dames co-économes avaient résolu de cesser leurs fonctions, la municipalité décida, le 16 juin 1791, que les membres du bureau particulier, d'accord avec les administrateurs de Saint-Louis, remplaceraient le mieux possible ces démissionnaires [5].

1. Arch. com., DiA3.
2. Arch. départ., L30, f. 129 ; B4, f. 109.
3. Arch. com., DiB4, f. 73 ; DiA1, f. 89.
4. *Idem*, DiB4, f. 77 ; DiC6, f. 74', 75',
5. *Idem*, DiA1, f. 149.

Le 12 août 1792, parut une loi accordant des secours provisoires aux hôpitaux. Le 28 du même mois, la municipalité résolut de profiter de ces secours et, à cet effet, elle fit faire un mémoire détaillé des revenus des hôpitaux de Laval en 1789, de leurs besoins actuels et des pertes qu'ils avaient subies par suite de la suppression de différents droits dont ils jouissaient sous l'Ancien Régime[1].

A la fin de 1792, la garde ayant présenté, une nuit, à un des hospices de la ville, un enfant naturel nouveau-né, que l'économe ne voulut pas recevoir, notre municipalité se préoccupa du règlement des hôpitaux. Le 31 décembre 1792, elle arrêta que tous les hospices de Laval seraient tenus d'ouvrir leurs portes à toute heure de la nuit, à tous les malheureux ayant besoin de secours, à la charge par ceux-ci de se faire accompagner par la garde. Le 12 janvier 1793, le procureur de la commune envoya cet arrêté aux administrateurs de l'hôpital général Saint-Louis, ainsi qu'à ceux de l'hôpital Saint-Julien[2].

Le mois suivant, les officiers municipaux s'occupèrent des comptes des hôpitaux. Le receveur de l'hôpital Saint-Louis annonça que ses comptes étaient dressés et demanda que la municipalité les arrêtât. Celle-ci, par sa délibération du 11 février 1793, choisit deux commissaires pour examiner ces comptes et faire rapport. Il en fut de même le 17 mars pour le receveur de l'hôtel-Dieu Saint-Julien[3].

Sur ces entrefaites, la municipalité appuya auprès des

1. Arch. com., D₁A2, f. 64'.
2. *Idem,* f. 136' ; DvA40, f. 172'
3. *Idem,* D₁C6, f. 167' et 173.

administrations supérieures une demande de secours formée par l'hôpital Saint-Julien. Comme le décret du 3 février 1793 avait « laissé à la disposition du ministre de l'intérieur quatre millions » et plusieurs autres sommes, pour être employés à secourir les hôpitaux dont les revenus n'étaient plus proportionnés aux besoins, et comme du 1er novembre 1791 au 1er novembre 1792 l'hôtel-Dieu Saint-Julien avait éprouvé un déficit de 16.807 l. 17 s. 8 d., provenant « des suppressions des dîmes et de plusieurs autres droits, du grand nombre des militaires…, de l'augmentation du prix du pain et de tous les objets de consommation, » les administrateurs de cet hôpital demandèrent une somme de 8.403 l. 13 s. 3 d. pour subvenir à l'entretien de l'établissement pendant les six premiers mois de 1793 et une autre somme de 4.000 livres pour acheter des toiles. Cette requête fut présentée à la municipalité, qui, le 28 mars 1793, l'adressa au directoire du département et à celui du district[1].

* *

Après l'épuration accomplie par François-Primaudière, la municipalité continua à surveiller les hôpitaux de Laval. De plus, elle réglementa les sorties accordées aux vieillards et autres pensionnaires de Saint-Louis ; elle décida qu'ils devraient se munir d'une permission, sauf les jours de décade, où tous pourraient s'absenter sans autorisation[2] (9 messidor an II).

* *

Le 3 frimaire an III (27 novembre 1794), le district requit la municipalité de Laval de fournir à l'hospice de la Fraternité de l'huile à brûler, du charbon et du cidre[3].

1. Arch. com., DvA40, f. 227.
2. *Idem*, DiA2.
3. Arch. départ., Lxi, f. 47.

Bien que cet hospice fût situé dans la commune de Grenoux, les magistrats municipaux de Laval furent bientôt chargés de le surveiller. Le 16 thermidor an III (3 août 1795), notre municipalité avertit les administrateurs du district que la municipalité de Grenoux n'exerçait aucun contrôle sur cet hospice. Les jours suivants, nos officiers municipaux furent autorisés à remplacer pour ces fonctions la municipalité voisine, et le 20 thermidor an III, ils notifièrent au citoyen Gambier, directeur de l'hôpital de la Fraternité, l'arrêté du district leur donnant ce droit de surveillance [1].

Pendant l'an III, l'Hôtel-Dieu Saint-Julien ou Saint-Joseph fut transformé. Le 23 frimaire an III (13 décembre 1794), le conseil général de la commune, considérant que si cet établissement devenait militaire, il se procurerait plus facilement des denrées, ayant alors la faculté de traiter de gré à gré, décida de donner « tous ses soins pour obtenir que le grand hospice dit Joseph fût provisoirement et pendant que la guerre durerait déclaré militaire ». Il arrêta aussi de demander que les Lavallois, faisant « un service aussi actif que la troupe, y fussent admis comme les volontaires ». Ces décisions furent soumises au directoire du district qui les approuva le 4 nivôse an III, et les appuya auprès des administrations supérieures, estimant qu'elles satisferaient « en même temps et aux besoins des défenseurs de la Patrie, malades et à ceux des citoyens de Laval auxquels des facultés peu aisées ne permettraient pas de se faire traiter chez eux ». Bientôt la transformation de l'Hôtel-Dieu Saint-Joseph en hôpital militaire fut définitivement décidée : un directeur et des agents subalternes furent nommés. Le 11 ventôse an III (1er mars 1795), ces nouveaux fonctionnaires se présentèrent à la municipalité qui enregistra leurs certificats et leurs commissions [2].

1. Arch. com., DivD39, f. 32 et 32'.
2. Arch. départ., Biii, f. 146. — Arch. com., DiA3.

Peu après, le conseil général de la commune, se repentant d'avoir abandonné aux troupes l'Hôtel-Dieu Saint-Joseph, chercha à le reprendre. Le 19 brumaire an IV (9 novembre 1795), il chargea le bureau particulier « de présenter au citoyen Tripier, commissaire ordonnateur à Laval, un mémoire tendant à lui indiquer que le local des ci-devant Cordeliers serait très propre par son étendue, la commodité des eaux et la salubrité de l'air à recevoir tous les militaires malades » et de prier cet administrateur de le faire « rentrer dans la jouissance de l'hospice Joseph »[1].

Entre temps, la municipalité s'occupa de l'hôpital Saint-Louis, qui recevait les « enfants de la Patrie », et les mettait en nourrice. Sur l'observation des administrateurs de cet hôpital que la somme de 25 livres payée chaque mois aux femmes s'occupant de ces abandonnés était un peu faible, les officiers municipaux avisèrent le district que, « vu la cherté des denrées », il serait convenable de donner 40 livres par mois, somme qui fut adoptée par l'arrêté du directoire du district du 24 germinal an III, et qui, dans la suite, fut portée à 90 livres[2]. Le 30 vendémiaire an IV (octobre 1795), le bureau particulier de la municipalité et les administrateurs de l'hôpital Saint-Louis demandèrent au district l'autorisation de payer pour pension de chaque enfant 180 livres au lieu de 90. Comme la caisse de cet hospice n'aurait pu subvenir à ces dépenses qui devaient s'élever à plus de 150.000 livres par mois y compris les layettes, les pétitionnaires prièrent l'administration du district d'indiquer au receveur de l'hôpital où prendre les fonds nécessaires au paiement des mois de nourrice et des layettes[3]. Mais à ce moment le district disparut ; et peu après notre municipalité subit le même sort.

1. Arch. com., DᵢA3.
2. Arch. départ., Bɪv, f. 32.
3. Arch. com., DᵢB5.

Section III. — **Bureau de charité, Providences**

En 1790, il y avait à Laval deux bureaux de charité, l'un attaché à la Trinité, l'autre à la paroisse de Saint-Vénérand, administrés par le curé et divers paroissiens, mais surveillés un peu par la municipalité.

L'année 1791 vit la réunion de ces deux bureaux de charité. A la fin de juin, le corps municipal, auquel se réunirent Villar et les procureurs marguilliers de Saint-Vénérand et de la Trinité, plus des commissaires nommés par les habitants des paroisses, adopta un projet de réunion de ces établissements charitables [1].

Le 10 juillet 1791, les Lavallois, réunis extraordinairement, approuvèrent le principe de la réunion des bureaux de charité et chargèrent des commissaires de procéder à cette fusion. Ces délégués se réunirent le 21 juillet chez l'évêque et rédigèrent un projet de règlement, aux termes duquel le maire était membre né du bureau général de charité, dont faisait également partie un officier municipal délégué par ses collègues. Le 7 août 1791, ce plan de réunion des bureaux de charité fut homologué par le conseil général de la commune qui arrêta en outre que le bureau général de charité, après son organisation définitive, devrait déposer au secrétariat de la municipalité une copie du règlement, afin que le corps municipal pût y recourir en cas de besoin. Le même jour, les magistrats municipaux chargèrent le maire et un officier municipal de les représenter aux assemblées du bureau de charité [2].

✳
✳ ✳

En novembre 1791, les membres du bureau de charité firent leur quête annuelle, mais, à leur grande stupéfac-

---

1. Arch. com., D₁C6, f. 103.
2. *Idem,* D₁A1.

tion, ils ne reçurent que 10.000 livres au lieu de 40.000 comme les années précédentes. Comme le bureau de charité ne pouvait subvenir aux besoins des 4.000 indigents que contenait la ville, à moins d'une somme de 50 à 60.000 livres, ses membres demandèrent à la municipalité l'autorisation d'emprunter 40.000 livres. Le 23 décembre 1791, le conseil général de la commune ordonna au bureau de la municipalité d'appuyer cette demande auprès du directoire du département, en spécifiant que l'emprunt dont il s'agissait serait remboursé avec les « premiers secours de mendicité » qu'accorderait l'Assemblée nationale. La requête du bureau de charité à l'Administration départementale fut adressée par celle-ci à l'Assemblée nationale, qui la rejeta en disant que cette requête devait lui être renvoyée par le conseil général de la commune. Celui-ci, le 25 janvier 1792, se conforma à la volonté du corps législatif [1].

La loi du 19 août 1792 mit sous l'administration de la municipalité la régie des fabriques. bureaux de charité, confréries et autres établissements de secours. En exécution de cette loi, le procureur de la commune écrivit le 9 octobre 1792 à tous les administrateurs des bureaux de charité et autres institutions d'assistance, pour les inviter à aider les membres du conseil général dans les travaux concernant leurs administrations respectives. Les jours suivants, la municipalité fit apporter à la maison commune des toiles blanches, appartenant au bureau de charité, que des commissaires délégués par elle vendirent à l'encan le mardi 16 octobre à deux heures [2].

Quelques jours plus tard, les officiers municipaux reçurent une pétition demandant le remplacement des sœurs des providences de la Trinité et de Saint-Vénérand. Sur un rapport fait par quelques uns de ses membres le conseil général, le 2 novembre 1792, décida la laïci-

1. Arch. com., D1A1, f. 172 et 179'.
2. *Idem*, D1A2, f. 91' ; DvA40, f. 143'.

sation de ces établissements. Deux jours plus tard, le procureur de la commune notifia aux religieuses ainsi expulsées qu'elles seraient remplacées le 12 novembre et que d'ici là elles devraient préparer et présenter leurs comptes à la municipalité. Il écrivit également aux citoyennes choisies par le conseil général pour leur ordonner d'entrer en fonctions ce même jour 12 novembre. Avant cette date, les officiers municipaux et les notables décidèrent de vendre toutes les drogues de la pharmacie du bureau de charité aux apothicaires de la ville qui seraient priés de fournir aux pauvres tous les médicaments nécessaires. Pour éviter toute fraude et toute plainte des pharmaciens, il fut arrêté que les drogues ne devraient être accordées aux indigents qu'après présentation d'un mandat délivré par les commissaires du bureau de charité. Cet arrangement n'ayant pas été accepté par les apothicaires, le conseil général décida, le 4 décembre 1792 que les pharmacies des providences seraient continuées et que les femmes qu'ils avaient mis à la tête de ces institutions pourraient donner des remèdes aux malades pauvres [1].

Le même jour, le conseil général décida que les malheureux recevraient pour ce mois un secours de 28 livres de pain, soit 3 l. 12 s. 4 d., et que la farine pour la bouillie des enfants pauvres serait dorénavant distribuée au poids et non à la mesure [2].

*
* *

Le 11 janvier 1793, la municipalité, après avoir approuvé l'achat de cent quinze bandages pour les pauvres et nommé des commissaires pour surveiller les administrations des providences, décida que la liste des pauvres serait imprimée et publiée. De plus elle fixa le secours

1. Arch. com., DiA2, f. 103', 110 ; DvA40, f. 148.
2. *Idem*, DiA2, f. 126.

de ce mois [1] à 24 livres de pain au lieu de 28 livres comme le mois précédent, la différence constituant un fonds pour les secours extraordinaires ; et elle arrêta que les indigents devraient toujours s'adresser aux commissaires de leur quartier pour obtenir les secours dont ils auraient besoin [2].

Le 18 janvier, le conseil général de la commune autorisa le bureau particulier à traiter avec deux chirurgiens, Bouttevilain et Tellot, qui avaient proposé d'aller habiter les maisons de secours de Saint-Vénérand et de la Trinité et de soigner les pauvres. Aussitôt le bureau particulier rédigea un traité d'après lequel les deux médecins devaient prodiguer leurs soins aux malades indigents, entretenir l'apothicairerie, cueillir les simples, les racines, fabriquer les onguents, les tisanes, acheter la viande, distribuer le bouillon et la viande, répartir le lait et la farine entre les nouveau-nés, entretenir et réparer la lingerie, accorder des draps, des chemises, ne pas s'absenter à moins de se faire remplacer, avoir un domestique ou un élève, habiter la maison de secours, moyennant quoi la municipalité se chargeait du logement qu'ils avaient alors, s'engageait à leur verser à chacun un traitement annuel de 1200 livres et à leur rembourser les remèdes, la viande, le lait, la farine, la lingerie.

Ces conditions furent acceptées par les deux médecins qui, de concert avec le bureau de la municipalité, décidèrent le 22 janvier 1793 que Tellot gérerait la maison de secours de la Trinité, et Bouttevilain celle de Saint-Vénérand. Ce contrat souleva une discussion à la séance du conseil général du 25 janvier : la somme de 1.200 livres représentait le traitement du chirurgien, plus divers déboursés. Un membre de la municipalité demanda

1. Chaque mois, la municipalité fixait les secours qu'elle accordait à chaque pauvre. Désormais, nous nous dispenserons d'en donner le tarif.
2. Arch. com., D1A2, f. 141'.

que l'on déterminât la portion de cette somme que l'on
entendait comprendre pour le traitement proprement dit
afin de savoir combien les médecins devaient consacrer
aux achats de bois, d'herbes, et à l'entretien de l'élève.
Après une délibération assez animée, le conseil général
fixa à 600 livres la portion représentative du traitement [1].

Le 22 février 1793, s'occupant encore des providences, le conseil général de la commune accorda aux femmes, qui avaient remplacé les religieuses et précédé les
médecins, les indemnités qu'elles réclamaient pour avoir
occupé les maisons de secours, déduction faite, néanmoins, des sommes qu'elles avaient touchées [2].

Vers cette époque, survint une grande disette. Voulant défendre les indigents contre la famine, le conseil
général décida le 9 avril que le froment envoyé par le
ministre de l'intérieur pour la subsistance de Laval
serait mélangé par moitié avec du seigle, acheté dans
les marchés abondants, pour être vendu exclusivement
aux indigents. Afin d'éviter toute fraude le conseil général décida que ce méteil ne serait distribué que sur la
présentation de cartes délivrées par les capitaines de la
Garde nationale aux habitants peu aisés de leur arrondissement et que l'on inscrirait sur un registre le nom
des acheteurs et la quantité de grains livrée [3].

*
* *

Après le passage des Vendéens, la municipalité songea de nouveau à secourir les indigents. Le 17 nivôse
an II (6 janvier 1794) elle arrêta que la somme de 3.139
livres 10 sols serait distribuée aux pauvres pendant le
mois de nivôse [4].

1. Arch. com., D1A2, f. 149, 150'.
2. *Idem,* f. 163.
3. *Idem,* f. 188.
4. *Idem,* D1A3.

Le mois suivant, comme les commissaires du pouvoir
exécutif se plaignaient de ne trouver aucun employé
pour leur aider à répartir les indemnités dues aux victimes des « rebelles », le conseil général, sur les conclusions de l'agent national, invita plusieurs Lavallois « à
aller travailler chez les dits commis, sans pouvoir apporter aucun prétexte »[1].

En messidor an II, la municipalité organisa des agen-
ces de secours dont les membres, hommes et femmes,
furent nommés par le conseil général de la commune
le 1er de ce mois (juin 1794)[2].

Pour permettre aux malheureux d'être assistés, les
officiers municipaux, par une ordonnance du 22 messidor an II (10 juillet 1794), indiquèrent les différentes
pièces que les nécessiteux devraient se procurer pour
avoir droit aux secours. Au nombre de ces pièces étaient
des certificats d'indigence ; les mois suivants, le conseil
général dut en accorder un bon nombre ; mais, craignant d'en délivrer à tort, il décida le 9 fructidor an II
(26 août 1794) « que les citoyennes veuves » de défenseurs de la Patrie, « qui réclameraient des secours
seraient affichées pendant quatre jours à la principale
porte de la maison commune ». De plus il chargea deux
commissaires de prendre sur le compte de ces femmes
« tous les renseignements possibles » et de les lui présenter ensuite[3].

Sur ces entrefaites, le bureau de charité avertit la
municipalité qu'il ne pouvait plus secourir les pauvres
faute de ressources, la loi du 23 messidor an II (11 juillet 1794) ayant déclaré bien national le patrimoine des
établissement publics et notamment celui des bureaux

1. Arch. com., DɪA3.
2. *Idem.*
3. *Idem*, DɪɪA13, f. 57 ; DɪA3.

de charité. Usant de l'article 4 de cette loi, notre municipalité sollicita de la commission des secours publics la somme de 40.000 livres pour subvenir aux dépenses du bureau de charité. Le 26 fructidor an II (12 septembre 1794) le directoire du district, auquel la demande de la municipalité avait été transmise, émit un avis favorable et adressa le tout à la commission des secours publics [1].

Après avoir établi en vendémiaire an III le rôle des indigents, la municipalité dut, en brumaire an III, distribuer des secours aux victimes des Chouans. Elle prévint ses concitoyens que, le 16 brumaire, elle mettrait « la dernière main aux rôles des indemnités à accorder à ceux pillés lors du passage des brigands ». Ce jour-là, le conseil général de la commune examina les réclamations faites les jours précédents, et, ayant constaté que, sauf une, les indemnités sollicitées n'étaient pas exagérées, il les adopta [2].

*
* *

En pluviôse an III, l'attention des officiers municipaux fut attirée par les providences. Ces établissements, conformément à la loi du 21 messidor an II, avaient été dépouillés de leur patrimoine devenu bien national ; mais leurs dépenses n'avaient fait que s'accroître. Sur sa demande, la municipalité fut autorisée, par un arrêté du directoire du district du 12 pluviôse an III (1er février 1795), à emprunter les fonds nécessaires pour permettre à ces maisons de secours de continuer à délivrer aux indigents malades du bouillon, des remèdes, etc... [3]

Peu après on s'aperçut que la municipalité précédente n'avait pas indemnisé toutes les victimes des « pillages exercés par les brigands de la Vendée ». En exécution d'un arrêté pris par le directoire du district sur une pétition de nombreux citoyens de Laval, les officiers muni-

1. Arch. com., D₁B5 ; Arch. départ., B3, f. 18.
2. *Idem*, D₁₁A13, f. 67' ; D₁A3.
3. Arch. départ., B3, f. 186. — Arch. com., D₁A3.

cipaux firent publier le 28 germinal an III (17 avril 1795)
l'ordonnance suivante :

« La municipalité avertit tous les citoyens de la commune de Laval qui ont souffert des pertes à l'occasion
du passage des insurgés de la Vendée, au mois d'octobre et de novembre 1793 (vieux style) et qui n'ont pu
donner le mémoire de leurs pertes dans le temps prescrit, soit qu'ils fussent enfermés ou cachés, de venir
dans tout le mois de floréal faire leur déclaration et
mémoire à la municipalité pour parvenir à être compris
avec les autres par un rôle supplétif dans les indemnités
que la Convention nationale a accordées aux habitants
de ce district ».

Le 7 floréal an III (26 avril 1795), le corps municipal,
ayant reçu du directoire du district un mandat de la
somme de 184.202 livres qui devait être distribuée aux
victimes des rebelles, choisit trois commissaires pour
répartir ces secours. Le même jour, conformément à
l'arrêté du directoire du district du 2 floréal an III
(21 avril 1795) et à la circulaire du 6 floréal, envoyée par
cette administration aux municipalités de son arrondissement, nos officiers municipaux déclarèrent que les
réclamants ne recevraient d'indemnités que lorsqu'ils
justifieraient « de l'acquit total de leurs contributions ». En
prairial an III les magistrats municipaux dressèrent les
états des indemnités demandées par les victimes des
insurgés et les envoya le 11 messidor an III (29 juin
1795) au directoire du district. Celui-ci, trouvant ces
états incomplets, les renvoya à la municipalité « avec
invitation de rassembler les mémoires de ceux en fuite
ou incarcérés lors de la rédaction des rôles » Le conseil
général ne tint compte de cet ordre que le deuxième
jour complémentaire de l'an III (septembre 1795), où il
nomma deux commissaires pour compléter les états renvoyés par le directoire du district[1].

1. Arch. départ., B4, f. 26', 38', 42', 49' ; L. — Arch. com.,
DₙA13, f. 79 ; DₗC6, f. 216' ; DₗA3.

Avant d'accomplir ce travail, la municipalité délivra des certificats d'indigence. Le 19 messidor an III (7 juillet 1795) le conseil général choisit parmi ses membres quatre commissaires chargés d'examiner les facultés des citoyens et de faire un rapport, d'après lequel il accorderait ou refuserait les certificats réclamés. Le 22 messidor an III le conseil général délivra plusieurs certificats d'indigence, et il débouta de leur demande dix-neuf individus, reconnus aisés par les commissaires ; mais, un mois plus tard, ce corps rapporta son arrêté du 22 messidor en faveur de plusieurs citoyennes auxquelles il accorda des certificats d'indigence [1].

De ventôse an III jusqu'à la cessation de ses fonctions, notre municipalité s'occupa encore de l'entretien des maisons de secours. A la fin de germinal et au début de floréal an III, elle fit une quête pour les pauvres, et le 12 floréal (1er mai 1795) le conseil général de la commune décida que le tiers de cette collecte serait donné aux maisons de secours. La somme ainsi délivrée aux providences fut vite dépensée. La municipalité, se fatiguant de subvenir à l'entretien des providences, réclama plusieurs fois à la commission des secours les subsides qui lui avaient été promis. Cette administration ne répondit pas aux demandes des officiers municipaux, qui, le 27 thermidor an III (14 août 1795), prévinrent le directoire du district qu'ils se « croyaient obligés d'abandonner les deux maisons de secours faute de fonds ». Soit effet de cette lettre du 27 thermidor, soit résultat des démarches antérieures, les officiers municipaux de Laval reçurent en vendémiaire an IV une somme de 30.000 livres que le comité des Secours publics accorda « pour subvenir aux besoins des deux maisons de secours ou de charité [2] ». Peu après, notre municipalité disparut.

1. Arch. com., DivD39, f. 7' et 14 ; DiA3.
2. *Idem*, DiA3 ; DiA5. — Bibliothèque municipale. Fonds Maignan, 404-691.

CHAPITRE VII

Subsistances

A propos des subsistances, notre municipalité s'occupa de la vente des grains et de l'approvisionnement de la ville ; elle eut, de ce côté, beaucoup de difficultés à surmonter.

Pour éviter que les acheteurs ou les vendeurs ne fussent trompés, elle mit à leur disposition, outre un local convenable, des radeurs et des mesureurs de grains, qu'elle choisit dès le premier mois de son entrée en fonctions [1].

Les officiers municipaux furent obligés de surveiller et de seconder les membres du comité des subsistances, créé quelques années avant la Révolution pour empêcher la famine. Le 9 mars 1790, les membres du comité des subsistances, après avoir rendu compte au conseil général de ce qui s'était passé au magasin de la ville, furent invités par les magistrats municipaux à continuer leurs travaux. Deux mois plus tard, ils furent autorisés par le corps municipal à acheter des grains dans les environs de la ville afin de « ramener l'abondance. » Pour donner plus d'autorité aux membres du comité de subsistances, le bureau particulier de la municipalité et le conseil général de la commune leur adjoignirent trois officiers municipaux [2].

Outre les grains, la municipalité s'occupa de la vente

---

1. Arch. com., DɪC6, f. 12 et 33' ; DɪA1 ; DɪB4, f. 29' ; DvA40, f. 55.

2. *Idem*, DɪA2 ; DɪC6, f. 37 ; DɪB4, f. 25.

de la viande. Là, les fonctions des magistrats municipaux consistèrent surtout à fixer les prix du bœuf, de la vache, du veau et du mouton. Comme ces prix variaient souvent, la municipalité rendit à ce sujet de très nombreuses ordonnances [1].

* * *

En 1791, après avoir choisi un magasin pour ramasser les blés apportés au marché et non vendus, et, après avoir nommé des radeurs [2], nos officiers municipaux s'occupèrent des comptes de la caisse des subsistances de 1789. Le corps municipal, le 28 juin 1791, sur la demande de Leclerc Duflécheray, trésorier de la caisse des subsistances en 1789, nomma des commissaires pour vérifier et arrêter les opérations de ce comptable. En juillet suivant, ces commissaires ayant examiné les comptes et les ayant trouvés exacts, le conseil général les arrêta, en donna décharge à Leclerc-Duflécheray, puis décida de ne pas poursuivre certains débiteurs de cette caisse et pria l'ancien trésorier de convertir en numéraire les assignats qu'il avait reçus [3].

Peu après, la municipalité dut s'occuper du prix du pain. Les boulangers de la ville ayant exposé qu'ils payaient en numéraire les grains qu'ils achetaient, qu'au contraire de nombreux clients prenaient à la coche ou ne payaient qu'en assignats, dont l'échange leur causait un préjudice sérieux, demandèrent à la municipalité d'autoriser une augmentation de deux deniers par livre de pain fournie aux personnes prenant à la coche ou payant en papier-monnaie et prétendirent que, sans l'augmentation qu'ils sollicitaient, ils seraient en perte et ne pourraient pas, dans ces conditions, continuer leur travail. Le 8 août 1791, le corps municipal refusa de

1. Arch. com., D_IA1, D_IA2, D_IA3, D_IC6 ; D_{II}A13.
2. *Idem*, D_IA1, f. 112 à 134'.
3. *Idem*, D_IC6, f. 104, 104' ; D_IA1, f. 155'.

délibérer sur cette réclamation et rappela aux boulangers que l'impôt du tarif avait été supprimé pour le bois servant à chauffer leurs fours, qu'ils pouvaient acheter les grains avec des assignats, et qu'au terme des lois et décrets, il ne devait y avoir aucune différence de valeur entre le papier-monnaie et le numéraire [1].

*
* *

En 1792, l'approvisionnement de Laval dut être assez facile, car, cette année-là, les membres de la municipalité s'occupèrent peu des subsistances. Nous n'avons trouvé qu'une ordonnance du 25 juin obligeant les vendeurs et marchands de grains à faire étalonner, tous les ans, leurs boisseaux et une délibération du conseil général taxant le pain [2].

*
* *

La disette fut très grande pendant l'année 1793. Aussi notre municipalité prit-elle de nombreuses mesures pour éviter que ses concitoyens ne souffrissent de la famine. En janvier, elle chargea le citoyen Roche d'aller à Nantes et à Angers acheter des grains et de les faire envoyer à Laval. Roche, ayant fort bien réussi dans ces achats, fut prié, en mai suivant, de continuer à acheter des grains nécessaires à la consommation des habitants de la ville [3].

Le 11 mai, fut publiée, à Laval, la loi du maximum qui fit espérer à la municipalité que les greniers fermés « par cupidité » se rouvriraient et qu'il y aurait de nouveau abondance de grains. Quelques jours plus tard, le conseil général examina les recensements de grains faits dans la commune et arrêta le registre des déclarations

1. Arch. com., D₁C6, f. 108.
2. *Idem*, D₁₁A13, f. 43 ; D₁A2, f. 130'.
3. *Idem*, D₁A2, f. 153, 184' 201.

de grains ouvert conformément au décret de la Convention du 4 mai, qui ordonnait « aux propriétaires de grains de les déclarer immédiatement [1]. »

Pour le mois de mai, le maximum du prix des grains avait été fixé par un arrêté du département ; il n'en fut pas de même pour juin 1793. Le 31 mai, le bureau particulier ayant pris connaissance de l'arrêté du département qui déterminait les prix pour le mois de mai et de l'article 26 de la loi du 4 mai portant que le maximum fixé pour mai décroîtrait d'un dixième au 1er juin, fixa le maximum du prix du boisseau, le fit publier et défendit de vendre ou d'acheter au-dessus du taux établi sous peine de poursuites [2].

Le 5 juin 1793, les officiers municipaux voulurent s'assurer de la quantité des grains existant dans les greniers de la ville. Ils décidèrent de faire une visite générale chez tous les particuliers et propriétaires de grains pour vérifier leurs déclarations. Ce travail fut fait dans la journée et le lendemain le conseil général constata que la commune possédait 18.564 boisseaux de grains de toutes espèces. Comme cette quantité était insuffisante pour la subsistance de la ville jusqu'à la récolte suivante, la municipalité chargea plusieurs de ses membres de se concerter avec les corps administratifs pour rétablir l'abondance sur les marchés de Laval. Le jour même, ces commissaires rendirent compte de leur mission et annoncèrent au conseil général que « des réquisitoires avaient déjà été envoyés dans le district pour le transport de 1.200 boisseaux » pour le marché suivant [3].

A la fin de juin, la municipalité ordonna aux boulangers d'apposer sur leurs pains une empreinte distinctive dont ils devraient déposer un double au greffe de la municipalité et leur enjoignit de ne vendre le pain fait

1. Arch. com., DɪA2, f. 205.
2. *Idem*, DɪB4, f. E.
3. *Idem*, DɪA2, f. 214, 214'.

avec un mélange de seigle et de froment tamisé que dans trois endroits qu'elle désigna, « savoir pour les citoyens des paroisses de la Trinité et de Grenoux, la providence du faubourg Saint - Martin ; pour les citoyens des paroisses Saint - Vénérand et Avénières, la providence Saint-Vénérand ; et pour les citoyens des autres communes du district, le Minage [1]. »

Les mois suivants, bien que l'on arrivât au moment de la récolte, les marchés de Laval s'approvisionnèrent si difficilement que la municipalité dut requérir les cultivateurs et les propriétaires de grains, habitant la commune, d'apporter des blés aux deux marchés hedomadaires de la ville, pendant que, de son côté, le directoire du district ordonnait aux communes de son arrondissement de fournir des grains à Laval [2].

En septembre 1793, le comité des subsistances fut réorganisé. Sur l'invitation de la municipalité, les Lavallois se réunirent le dimanche 8 septembre, à dix heures du matin, et élirent les membres de ce comité. Ceux-ci, peu après leur nomination, reçurent de la municipalité l'ordre « de remplir l'état tant du nombre des individus pauvres et riches, ainsi que celui des grains et farines que chacun d'eux possédait [3]. »

Le 17 septembre, le directoire du département envoya à toutes les municipalités de la Mayenne une circulaire pour leur rappeler que la Convention nationale avait, par son décret du 17 août 1793, ordonné un recensement général des grains. L'état, dressé par les officiers municipaux, devait contenir le chiffre de la population et la quantité de grains de toutes espèces existant dans la commune. Notre municipalité chargea les membres du comité des subsistances de dresser le tableau demandé

---

1. Arch. com., DuA13, f. 53. Le « Minage, » avant la Révolution, servait de grenier à sel.

2. Arch. départ., L2. — Arch. com., D1B4.

3. Arch. com,, DvA40, f. A'.

par le directoire du département, et, pour arriver plus sûrement à la confection de cet état, elle décida, le 18 septembre 1793, que les membres du comité des subsistances seraient dorénavant nommés pour deux mois [1].

Le 19 septembre, le directoire du département, celui du district et le conseil général de la commune s'assemblèrent pour chercher les moyens de fournir du blé à la ville de Laval. Finalement, ils arrêtèrent le projet suivant :

« ARTICLE I. — Pour procurer à la commune de Laval la quantité de grains nécessaire à sa consommation il sera formé pour les achats un fond ou capital jusqu'à concurrence de la somme de 200.000 livres au moins. Tous les habitants de cette commune sont invités d'y concourir et d'y verser toutes les sommes dont il leur sera possible de disposer.

« ARTICLE II. — Il sera à cet effet ouvert une souscription que des commissaires nommés par le conseil général de la commune seront chargés de présenter à leurs concitoyens, en tête de laquelle seront exprimées les conditions de cette association patriotique.

« ARTICLE III. — Le capital formé pour les achats sera divisé en parts ou actions en raison de la somme recouvrée et du nombre des souscripteurs ; les actions ne pourront excéder 500 livres chacune.

« ARTICLE IV. — Les souscripteurs désigneront au-dessous de leur signature la somme qu'ils seront dans l'intention de verser à la caisse et le nombre d'actions dont ils entendront se charger.

« ARTICLE V. — L'intérêt effectif de chaque associé sera déterminé par le nombre d'actions qu'il aura prises et non par la somme qu'il aura versée. Celle-ci pourra être plus forte que le montant de ses actions sans néanmoins qu'elle puisse excéder le double du montant.

1. Bibliothèque municipale, fonds Couanier de Launay, 12, 122. — Arch. départ., L60. — Arch. com., D₁A2, f. 231.

« Article VI. — Ceux des souscripteurs qui verseront à la caisse commune des sommes plus fortes que leur contingent déterminé par le nombre des actions qu'ils auront prises, en recevront l'intérêt à 2 1/2 0/0 par an lors du compte général, et réciproquement ceux qui n'auront pas fourni leur contingent, ainsi qu'il leur sera permis de le faire, en paieront l'intérêt à 4 0/0 de trois mois en trois mois ; ils s'obligeront en outre d'y verser dans le mois de la réquisition qui leur en sera faite, le montant effectif de leurs actions.

« Article VII. — Deux ou plusieurs personnes pourront se réunir pour fournir une action qu'elles diviseront entre elles comme bon leur semblera.

« Article VIII. — Les derniers achats seront combinés avec l'état de la caisse de telle manière qu'en aucun cas la perte de chaque souscripteur ne puisse excéder le montant de l'action, ou des actions qu'il se sera obligé de fournir.

« Article IX. — Dès que la souscription sera formée, une assemblée des actionnaires sera convoquée pour nommer un receveur et d'autres agents, organiser l'administration et déterminer la quantité des achats, des lieux et des conditions auxquelles ils seront faits.

« Article X. — A la dissolution de l'association, il sera fait un compte général et détaillé de toutes ses opérations, par recette et dépense, et il sera rendu public par la voie de l'impression.

« Article XI. — Lors de ce compte final, les sommes versées dans la caisse à titre de prêt par les actionnaires eux-mêmes ou par les étrangers seront payées les premières ; on remplira ensuite les actionnaires, et la perte s'il s'en trouve sera répartie entre eux, en raison du nombre des actions dont ils auront déclaré se charger par la souscription » [1].

1. Bibliothèque municipale. Fonds Couanier de Launay, 12.122, n° 92.

Le dimanche 22 septembre 1793 les sections de la ville adoptèrent ce projet. Les 27 et 30 septembre 1793 le conseil général de la commune, voulant appliquer de suite ce règlement, nomma deux commissaires par section pour recevoir l'emprunt volontaire destiné à acheter les grains nécessaires à l'approvisionnement de la ville [1].

*\
* *

Le 8 octobre 1793, conformément à l'article 13 de la section III de la loi du 11 septembre 1793 portant : « Les municipalités du lieu où il existe des marchés publics pour les grains ou farines seront tenues, sous la surveillance des districts, de faire dresser, d'après la taxe du maximum de la dite loi, un tableau comparatif du prix de chaque espèce de grains ou de farine avec les mesures d'usage dans l'étendue de leur arrondissement ». Le conseil général de la commune dressa le tableau en question et enjoignit « à tous marchands ou propriétaires de grains » de s'y conformer « sous peine d'être punis conformément aux lois » [2].

Le lendemain, le conseil général décida que tous les citoyens, sauf les marchands et les ouvriers, ayant du tabac, du savon, de l'huile à brûler, du beurre, de l'huile douce, du poisson salé, du charbon, pour plus d'un mois, devraient en faire la déclaration dans les vingt-quatre heures sous peine d'être réputés accapareurs [3].

Un peu plus tard, la municipalité prit d'autres mesures pour assurer l'approvisionnement de Laval. Elle autorisa un de ses membres à prendre tous les renseignements nécessaires pour acheter des grains aux marchés de Fougères et de Vitré et pria le district d'envoyer

1. Arch. com., D1A2, f. 234, 236'.
2. *Idem*, f. 240.
3. Arch. com., D1A3.

la force armée dans une commune voisine pour enlever des grains qu'elle y avait acquis[1].

Le 4 pluviôse an II (janvier 1794), le conseil général de la commune apprit que le comité des subsistances à la Convention avait accordé au département de la Mayenne 12.000 quintaux de grains à prendre dans le Loir-et-Cher ; aussitôt il envoya des commissaires dans ce département veiller à l'envoi de ces grains. Sur ces entrefaites, la municipalité fut avertie par Veillard et Gontier qu'elle avait envoyés à Alençon chercher 1.000 quintaux de blés accordés à la commune de Laval par le représentant du peuple, Garnier de Saintes, en mission dans l'Orne, qu'il existait dans ce département une certaine quantité de grains : elle chargea alors le citoyen Le Breton de se rendre à Bernay à la place de Veillard, et l'informa qu'une somme de 35.000 livres lui serait fournie par un des caissiers de la souscription volontaire pour l'achat des grains[2]. Le 20 pluviôse, le conseil général, voyant que Le Breton n'envoyait rien, décida vu les besoins de plus en plus pressants, que Charrault, membre du comité des subsistances, « se transporterait à Bernay à l'effet de coopérer aux travaux des dits citoyens Gontier et Le Breton[3] ».

A la fin de pluviôse, le conseil général de la commune fit publier « une proclamation pour enjoindre aux marchands de légumes et à tous marchands en général de vendre et de se procurer des marchandises comme par le passé sous peine d'être traités comme assassins de la liberté[4] ».

Quelques jours plus tard, le conseil général, « après avoir discuté sur les moyens de faire renaître l'abondance et d'anéantir les spéculations perfides des enne-

1. Arch. com., D1A3.
2. *Idem.*
3. *Idem.*
4. *Idem.*

mis de la chose publique, arrêta qu'il serait fait secrète-
ment une visite générale chez tous les particuliers pour
vérifier la quantité des denrées qu'ils pouvaient avoir,
que cette visite commencerait à sept heures précises du
5 ventôse et qu'il y aurait par chaque quartier un officier
municipal ou un notable ou un membre du comité révolutionnaire avec un officier de la garde nationale ».
Dans la même séance, le conseil général de la commune
choisit les commissaires de chaque quartier [1].

Sur ces entrefaites, la municipalité prit connaissance
d'un arrêté de la commission des subsistances et approvisionnements de la République « qui faisait passer au
district de Laval une réquisition de 20.000 quintaux de
différentes espèces de grains à prendre sur le district de
Château-Gontier ». Voulant que la ville profitât sans
retard des secours ainsi accordés, le conseil général de
la commune invita le comité des subsistances de Laval
à faire venir ces grains dans le plus bref délai [2].

*
* *

La municipalité, épurée par François-Primaudière,
après avoir refusé d'augmenter le prix de la viande
(24 germinal an II-13 avril 1794), dut venir en aide aux
commissaires distributeurs de grains, qui ne pouvaient
faire amener chez eux le blé qu'ils devaient délivrer aux
Lavallois, les Vendéens à leur passage ayant pris ou
démoli inutilement les véhicules de la commune. Le
28 floréal an II (18 mai 1794) fut publiée une ordonnance
obligeant les meuniers « de porter avec leur mulet les
grains du magasin public chez les commissaires des
subsistances, moyennant une indemnité de 6 deniers par
chaque boisseau pour le transport [3] ».

1. Arch. com., D1A3.
2. *Idem.*
3. *Idem* ; D11A13, f. 56.

Le 11 messidor an II (4 juillet 1794), le conseil général de la commune, qui, précédemment, avait arrêté, vu la pénurie de beurre, que chaque quartier recevrait cette denrée à tour de rôle, décida que cette marchandise devrait être « apportée et vendue au marché public comme par le passé. » Dans ce but, il invita le district « à requérir les campagnes d'apporter plus de beurre et d'approvisionner de lait comme par le passé [1]. »

Après avoir engagé ses concitoyens à acheter du riz, « nourriture aussi saine qu'agréable [2], » la municipalité, sur la prière du « garde-magasin à l'armée, » prit possession d'environ trois cent cinquante rations de pain, qui, étant donné leur mauvais état, ne pouvaient plus être distribuées aux volontaires et les fit transporter à la Maison commune, où elle les vendit 5 sols le pain de trois livres, ce qui donna une recette de 42 l. 5 s., dont le montant fut remis à l'autorité militaire [3].

Le 6 thermidor an II (24 juillet 1794), sur la demande du comité des subsistances de Laval qui désirait que les prisonniers participassent aux souffrances occasionnées par la disette, le bureau particulier de la municipalité décida que les prisonniers de toutes les maisons de détention « seraient réduits à la quantité d'une livre de pain par jour pour chacun d'eux et qu'il leur serait suppléé à la ration de pain qui leur était précédemment accordée par une quantité de riz équivalente » que le comité des subsistances déterminerait [4].

Le 17 fructidor an II (3 septembre 1794), notre municipalité, considérant le prix des farines inscrit sur un tableau du maximum que le directoire du district venait de rédiger, fixa à quatre sols la livre le pain de méteil que la veuve Collibet fournissait aux maisons de déten-

1. Arch. com., DɪA3.
2. *Idem*, DɪɪA13, f. 58.
3. *Idem*, DɪB4, f. W.
4. *Idem*, DɪB4.

tion et aux étrangers. Comme ces derniers devenaient
de plus en plus nombreux, vu l'approche de la foire de
l'Angevine, et comme il fallait pourvoir à leur nourriture, le bureau particulier décida, le 20 fructidor (6 septembre), que le comité des subsistances délivrerait au
citoyen Loyand, boulanger, quarante boisseaux de grains
pour en fabriquer du pain qui ne devrait être vendu
qu'au prix fixé par la municipalité et seulement sur des
bons délivrés par les officiers municipaux [1].

Deux jours plus tard, un membre du conseil général
ayant fait observer que les pouvoirs des commissaires
distributeurs de grains étaient sur le point d'expirer et
qu'il convenait d'en élire pour le premier trimestre de
l'an III, on renomma ceux qui remplissaient alors ces
fonctions. Puis, pour faciliter leur tâche, le bureau particulier de la municipalité enjoignit de nouveau aux meuniers de se trouver les jours de distribution au magasin
public, à six heures du matin jusqu'au 1er brumaire, à
sept heures du 1er brumaire au 1er floréal, et de voiturer
les grains chez les commissaires distributeurs [2].

Pour faire exécuter la loi du 8 messidor an II, obligeant
(art. 4) tout citoyen à « faire à la municipalité de sa commune une déclaration détaillée du produit de ses différentes récoltes, aux époques des 20 thermidor et vendémiaire », et chaque municipalité à tenir « un registre
destiné à recevoir les déclarations des différentes espèces
de grains et de fourrages » récoltés par les habitants,
les officiers municipaux rappelèrent cette loi à leurs concitoyens par une ordonnance du 21 vendémiaire, et les
informèrent que « le terme fatal expirant au 1er brumaire,
la municipalité se verrait contrainte de prendre des
mesures contre ceux » qui ne feraient pas les déclarations prescrites [3].

1. Arch. com., DıB5.
2. *Idem*, DıA3 ; DıB5.
3. *Idem*, DııA13, f. 66.

Sur ces entrefaites, le bureau particulier, considérant la difficulté que les citoyens éprouvaient à se procurer des suifs, requit tous les bouchers « d'apporter sur le champ à la Maison commune tous les suifs qu'ils avaient chez eux, et par la suite ceux qu'ils pourraient avoir pour l'approvisionnement de l'armée et des habitants, sous peine d'être déclarés accapareurs et poursuivis comme tels. » Ce même bureau, le 25 vendémiaire an III, pria le directoire du district d'ordonner aux autres communes de fournir des suifs à l'armée, ce qui allégerait un peu la charge de Laval. Puis, le 12 brumaire an III, une ordonnance de la municipalité enjoignit aux commissaires de police de se rendre dans toutes les boucheries de la commune pour saisir les suifs et les faire transporter chez le fournisseur de l'armée[1].

*
* *

La municipalité, une fois renouvelée par Boursault, reçut la mission de surveiller la comptabilité des gardes-magasins des subsistances militaires. D'après une lettre du comité du commerce et des approvisionnements de la République, cette occupation revenait au directoire du district, mais celui-ci, « surchargé d'une infinité d'affaires dont l'exécution était pressante, » la confia aux officiers municipaux (3 frimaire an III-23 novembre 1794)[2].

Au début de nivôse, la municipalité constata qu'elle n'avait de subsistances que pour une dizaine de jours. Aussitôt, elle fit part de ses inquiétudes au directoire du district, qui, le 4 nivôse an III (24 décembre 1794), requit plusieurs communes d'apporter des grains à la ville de Laval[3].

Ayant eu connaissance de l'abrogation de la loi du

<hr>

1. Arch. com., DᴜA13, f. 66' et 67 ; DᵢB5.
2. *Idem,* FᵤC4.
3. Arch. départ., B3, f. 145'.

maximum, le conseil général de la commune, le 14 nivôse an III (3 janvier 1795), autorisa les officiers municipaux et les membres du comité des subsistances à acheter des grains « partout où ils en trouveraient et à tels prix que leur prudence leur suggérerait. » Profitant de suite de cette permission, le corps municipal décida, le 17 nivôse an III (6 janvier 1795), l'acquisition d'environ 20.000 quintaux de blés ; il chargea les citoyens Lelièvre et Morin Blottais de les acheter de gré à gré, et, pour payer ces acquisitions, il leur permit de tirer des traites sur un banquier de Paris. Les deux commissaires de la municipalité allèrent à Chartres où ils firent quelques achats : de là, ils se rendirent à Argentan, mais ne trouvant rien ni dans cette commune ni dans les environs, ils allèrent à Bernay et dans la Beauce[1].

Sur ces entrefaites, eut lieu une suspension d'armes avec les Chouans. Aussitôt, les officiers municipaux rétablirent les marchés de grains qui recommencèrent sur la place de la Révolution. Quelques jours plus tard, ils chargèrent plusieurs Lavallois d'acheter des blés dans les districts voisins où la tranquillité renaissait[2].

En pluviôse an III, Morin Blottais et Lelièvre, plus heureux que les commissaires envoyés dans le district de Château-Gontier, adressèrent d'Évreux 60 à 80 quintaux de froment qu'ils « arrachèrent après cinq jours de course et au prix excessif de 30 livres le quintal, » car les cultivateurs ne voulaient pas battre leur récolte de peur d'être dépouillés de leurs richesses. De nouveau à Chartres, ces commissaires ne purent faire, cette fois, aucuns achats, ayant à lutter contre la mauvaise volonté des fermiers ainsi que contre « l'activité des agents de Paris puissamment secondés par leur droit de préemption » sur les communes de la République[3].

1. Arch. com., DₗA3 ; DₗC6, f. 191 ; FₗₗC4.
2. *Idem*, DₗₗA13, f. 72 ; DₗC6, f. 193.
3. *Idem*, FₗₗC4.

Le 26 pluviôse an III (14 février 1795), après avoir autorisé le corps municipal à fixer de concert avec le comité des subsistances le prix auquel chaque boisseau de grain serait vendu aux Lavallois et nommé un nouveau receveur de la caisse des subsistances, le conseil général de la commune décida que les citoyens du district réfugiés à Laval payeraient le blé au même tarif que les habitants de la ville [1].

Au commencement de ventôse an III, les officiers municipaux chargèrent deux citoyens d'aller dans le département de l'Ain acheter des blés de gré à gré, et prièrent le « lieutenant du dépôt du premier bataillon de la Mayenne de se transporter à la tête d'une force armée dans les communes de Parné, Maisoncelles, Le Bignon et Bazougers, pour y acheter chez les différents fermiers et laboureurs les grains excédant leurs provisions, » ce qu'il accepta [2].

Le 12 ventôse an III (2 mars 1795), Plaichard-Choltière, député de la Mayenne à la Convention, prévint les officiers municipaux qu'il y avait des magasins de grains ouverts au Havre et que là ils pourraient s'approvisionner. Aussitôt, le corps municipal chargea Guittet et Carré-Durocher de se rendre le plus tôt possible au Havre, d'y acheter pour la commune 12.000 quintaux de blés et de combiner les livraisons et les paiements « de façon que les premiers grains vendus » à Laval serviraient « à payer la seconde livraison et ainsi de suite. » Ces deux commissaires, à leur arrivée au Havre, firent ce qui était en leur pouvoir pour obtenir des subsistances, mais réussirent peu dans leurs démarches [3].

Pendant ventôse et les mois suivants, la municipalité fut si absorbée par les achats de grains et l'envoi de commissaires, soit dans les localités voisines, soit dans

1. Arch. com., D₁A3.
2. *Idem*, D₁C6, f. 202, 203.
3. *Idem*, F₁₁C4 ; D₁C6, f. 205.

des départements éloignés, qu'elle négligea d'adresser régulièrement au directoire du district les mercuriales qu'elle devait établir chaque décade, et l'administration supérieure lui réclama très souvent l'envoi de ces tableaux [1].

En germinal, les subsistances furent si rares qu'on ne délivra qu'un quart de boisseau par personne tous les dix jours et qu'il fut question de supprimer complètement une distribution. Le 5 de ce mois, le corps municipal, pour remédier à la disette, chargea différents commissaires de se mettre à la tête « de la force armée » et d'aller les uns à Vaiges, les autres à Evron, acquérir des grains pour Laval [2].

Le 1er floréal, le corps municipal, sur la proposition de Beaudran, représentant du peuple, décida que la municipalité devrait « s'approvisionner en commun avec le militaire », car pour se procurer des subsistances et particulièrement des grains il fallait recourir à la force armée, qui d'ailleurs se conduisait fort mal. Aussi pour faire cesser l'indiscipline des troupes, les officiers municipaux décidèrent-ils de communiquer à Beaudran et au général une lettre de la municipalité de Bazougers se plaignant « des horreurs, des cruautés et des viols commis sur les habitants [3] ».

A ce moment, sur la demande de Guittet, qui était alors à la veille d'être remplacé au Havre par le citoyen Le Gentil, le conseil général de la commune, par sa délibération du 12 floréal an III (1er mai 1795), autorisa la municipalité à envoyer au Havre « des marchandises, comme toiles et autres, en échange de riz, aux coûts, périls et risques de toute la commune », car pour acquérir des subsistances il fallait céder soit des objets, soit

1. Arch. départ., Lv, f. 32' à 58.
2. Arch. com., DıC6, f. 208' à 213.
3. *Idem*, DıC6, f. 216.

du numéraire, les assignats n'étant pas acceptés en paiement [1].

Le 26 floréal (15 mai 1795), les officiers municipaux, à bout d'expédients pour obtenir des subsistances firent publier l'ordonnance suivante :

« La municipalité invite ses concitoyens d'aller dans les campagnes pour se procurer et à leurs voisins la mesure de consommation nécessaire pour chaque individu.

· « Les grains que chaque citoyen ou citoyenne fera conduire en ville seront sous la sauvegarde de la loi et il sera payé à vue par chaque boisseau la somme de 10 livres d'indemnité en récompense au-dessus du prix qu'il aura coûté.

« Et ceux qui pourront se procurer plus que leur consommation recevront pareillement une récompense de 10 livres par chaque boisseau qu'ils verseront au magasin public ».

La prime ainsi promise ne donnant pas les résultats que l'on en attendait, et la disette devenant de plus en plus grande, on rédigea une nouvelle ordonnance ainsi conçue :

« Le maire et les officiers municipaux de Laval enjoignent à tous les particuliers quelconques, propriétaires ou non propriétaires de cette commune, qui possèdent des grains ou des farines de toute espèce en quelque qualité que ce soit de venir sous deux fois vingt-quatre heures à la municipalité en faire la déclaration, sous peine de non déclaration ou fausse déclaration de perdre la totalité [2] ».

Peu après, le corps municipal, voyant que la question des subsistances exigeait beaucoup de travail et lui faisait perdre un temps précieux, chargea le comité des subsistances « de toutes les opérations relatives aux

1. Arch. com., f. 219 ; F₁₁C4 ; D₁A3.
2. *Idem*, D₁₁A13, f. 80 et 80'.

grains » et, pour aider ce comité, il lui adjoignit un officier municipal[1]. Malgré ces décisions, notre municipalité s'occupa toujours de l'approvisionnement.

Pendant ce temps, Le Gentil, toujours au Havre, n'obtint ni grains ni riz, faute de moyens d'échange et faute d'ordres du Comité de Salut Public. Comme ce commissaire constatait que son voyage était « infructueux » et qu'il revenait à fort cher à ses concitoyens, il demanda plusieurs fois à revenir à Laval ; mais la municipalité refusa et lui conseilla de rester au Havre à attendre un arrêté du Comité de Salut Public et l'arrivée en ce port d'un représentant du peuple, qui lui permettraient d'acquérir des subsistances[2].

Les 24 et 27 prairial an III (13 et 15 juin 1795), le général Gency organisa des sorties pour se procurer des grains. La municipalité désirant partager le butin chargea plusieurs Lavallois d'accompagner la force armée et leur délivra quelques sommes pour les paiements. Elle agit de même pendant le mois suivant, durant lequel elle reçut de nombreuses plaintes des communes voisines qui protestaient contre la conduite des volontaires chargés de rechercher les grains. Malgré les ordres des supérieurs et les observations que les officiers municipaux avaient faites précédemment, ces troupes mettaient tout à sac, et s'emparaient de tout ce qui leur convenait: chemises, draps, rideaux de lit, vêtements de femme[3], etc.

Sur ces entrefaites, Plaichard-Choltière annonça qu'un arrêté du Comité de Salut Public avait accordé à la commune de Laval 800 quintaux de grains et 300 de riz, à prendre dans les magasins du Havre. Le 6 messidor an III (24 juin), cette nouvelle fut transmise au citoyen Le Gentil. Peu après, une partie de ces denrées arriva à

1. Arch. com., D₁C6, f. 222.
2. *Idem*, F₁₁C4.
3. *Idem*, D₁C6, f. 223' et 224' ; F₁₁C4 ; F₁₁C4.

Laval, la municipalite résolut de la faire distribuer le plus tôt possible ; et, « pour éviter, soit l'enlèvement, soit l'accaparement de ces subsistances, » elle pria les commissaires distributeurs de tenir un état exact des personnes auxquelles ils délivreraient des grains et du riz [1] ».

Ces denrées étant toujours revendues à perte, la caisse des subsistances présenta bientôt un grand déficit : pour empêcher que ce déficit ne s'accrût, le corps municipal décida le 22 messidor an III (15 juillet 1795) de faire vendre le boisseau de seigle 60 livres, celui de méteil 66 livres, celui de froment 72 livres ; puis il diminua ces prix pour les prisonniers et pour les malades des hospices [2].

Vu ses nombreuses occupations, le conseil général de la commune arrêta le 4 fructidor an III (21 août 1795) que désormais « deux notables seraient adjoints pendant une décade, chacun à leur tour, suivant l'ordre du tableau, au comité des subsistances qui demeurerait chargé de les avertir à la fin de chaque décade et les inviter de se rendre auprès du dit comité pour l'aider dans ses opérations et prendre ensemble tous les moyens que leur prudence leur suggérerait pour procurer des subsistances à la ville ». De plus, il informa les membres du comité des subsistances qu'ils « pourraient lors de l'arrivage des grains dans cette commune appeler à leur secours deux citoyens de cette ville [3] ».

Les jours suivants, la municipalité dut répondre à une lettre du directoire du district lui rappelant que la loi du 2 thermidor exigeait le paiement en nature de la moitié de la contribution foncière ainsi que du fermage des biens nationaux, et prescrivait l'établissement de magasins destinés à recevoir les grains livrés par les

1. Arch. com., FⅡC4.
2. *Idem*, DₗC6, f. 231.
3. *Idem*, DₗᵥD39, f. 38 ; DₗA3.

contribuables et les fermiers. Le 11 fructidor an III (28 août 1795), les officiers municipaux indiquèrent aux administrateurs du district, comme pouvant servir de greniers, les maisons de Patience, de Saint-Louis, de Saint-Julien, des Ursulines et de plusieurs habitations particulières [1].

Peu après, une petite émeute éclata à Laval. Le 27 fructidor au matin (7 septembre 1795), de nombreuses femmes pénétrèrent dans la cour de la Maison commune et réclamèrent du grain au prix de 10 à 20 livres le boisseau pesant 33 livres. Quelqu'un leur ayant fait observer que leur pétition, pour être prise en considération, devait être écrite, et la force armée étant arrivée pour maintenir l'ordre, ces femmes se dispersèrent. Le soir, elles présentèrent aux officiers municipaux une adresse tendant à ce que le prix du blé fût baissé ; puis elles se livrèrent à de nouvelles manifestations contre la cherté des denrées ; et se permirent d'insulter gravement les officiers municipaux. Le maire et un militaire se jetèrent, alors, dans cette foule turbulente, arrêtèrent une femme qui criait plus fort que les autres et ne la relâchèrent que lorsque cette émeute eut pris fin. Pour éviter le renouvellement de pareilles scènes, la municipalité, dans sa séance du 22 fructidor an III (8 septembre 1795), pria le commandement des troupes stationnées à Laval de faire faire des patrouilles le lendemain, jour de la foire de l'Angevine, et de faire doubler les différents postes de la ville [2].

Pendant les jours complémentaires de l'an III (septembre 1795), la municipalité, sur le désir exprimé par les Lavallois, changea plusieurs commissaires distributeurs des grains. De plus, un membre du conseil général ayant exposé qu'en fructidor an III, le Comité de Salut Public avait accordé à Laval une somme de trois millions pour

1. Arch. com., FᵤC4. — Arch. départ., L.
2. *Idem*, DₗC6, f. 245 ; FᵤC4.

acheter des grains, mais que si l'on continuait les distributions dont chacune faisait perdre à la commune de 70 à 80.000 livres, l'allocation du Comité de Salut Public couvrirait à peine le déficit de la caisse des subsistances et ne permettrait pas l'achat de grains, les officiers municipaux et les notables arrêtèrent sur les conclusions du vice-procureur de la commune :

« 1° Qu'il serait fait deux classes ;

« 2° Que les citoyens qui seraient reconnus aisés soit par leur commerce, soit par leur industrie, etc., seraient compris dans la première classe et paieraient le grain au prix qu'il reviendrait ;

« 3° Que les indigents, vieillards, infirmes, veuves, orphelins seraient dans la seconde classe et paieraient le grain à un prix inférieur ;

« 4° Qu'il serait formé un comité central composé des citoyens Rochette, Beaudouin et Collet-Trioufle, notables, et deux officiers municipaux alternativement, qui appellerait auprès de lui les commissaires distributeurs des subsistances et deux citoyens par section toutes fois et quantes il le jugerait nécessaire pour éclairer sa religion sur les moyens des citoyens de cette ville, afin de pouvoir les classer suivant leurs facultés » [1].

Le mois suivant, le conseil général de la commune créa un comité d'approvisionnements composé de divers citoyens pris tant parmi les Lavallois que parmi les réfugiés du district qui pouvaient indiquer les endroits où il existait des grains. Ce comité fut chargé d'acheter des blés partout où il pourrait, ainsi que de requérir la force armée quand besoin serait ; et le 14 vendémiaire an IV (octobre 1795), le conseil général approuva d'avance « tous les marchés en grains » que ce comité passerait pour le compte de la commune [2].

Ce nouveau comité ne déchargea pas complètement la

1. Arch. com., FₙC4, f. 28, 30 ; DₗA3.
2. *Idem*, DₗA3.

municipalité du soin des subsistances. Celle-ci, jusqu'à la fin de ses pouvoirs, pria souvent des citoyens d'accompagner les troupes que « le général commandant la place » envoyait chercher des vivres dans les communes avoisinantes [1].

Le 23 vendémiaire an IV, en exécution des arrêtés du Comité de Salut Public des 1er et 7 fructidor, la municipalité chargea un grand nombre de Lavallois de lui fournir « sous vingt-quatre heures » les uns vingt boisseaux de grain, d'autres trente, d'autres quarante. Mais cette réquisition ne donna pas les résultats que l'on en attendait car certains habitants ne purent rien donner, ayant donné à des voisins le peu de grains qu'ils avaient, ou ayant eu leurs récoltes dévastées par les Chouans [2].

Au moment où notre municipalité allait cesser ses fonctions, elle s'aperçut que, lors des distributions de subsistances, certains individus, déjouant la vigilance des commissaires, trouvaient moyen d'acheter plus que ce qui leur était nécessaire pour leur consommation personnelle et revendaient leur superflu avec un gros bénéfice. Le conseil général, pour empêcher ces spéculations sur la misère publique, ordonna au comité des subsistances de ne délivrer du riz « qu'aux pauvres, et seulement la quantité tout au plus d'un quartron par jour par individu » [3].

1. Arch. com., FııC4, f. 32; FııC4.
2. *Idem*, FııC4, f. 33; FııC4.
3. *Idem*, DıA3; FııC4, f. 34'.

CHAPITRE VIII

Police

Section I. — **Commissaires de police.**

Notre municipalité s'aperçut de bonne heure qu'il était
nécessaire d'avoir à Laval des magistrats chargés de
veiller à l'exécution de ses ordonnances et à la police de
la ville. Aussi, sur le rapport d'Enjubault de la Roche,
le conseil général de la commune pria-t-il, le 9 mars 1792,
le directoire du département de « solliciter auprès de
l'Assemblée nationale un décret portant établissement
de deux commissaires de police » qui, nommés par la
municipalité, ne resteraient en fonctions que pendant
deux années, sauf réélection, et dont les appointements
ne pourraient excéder 300 livres pour chacun d'eux [1].

Bientôt parut une loi qui satisfit en partie notre conseil général. La loi des 1er-8 juin 1792 autorisa en effet
l'élection des commissaires de police, dans les lieux où
ces magistrats seraient jugés nécessaires ; mais leur
nomination fut attribuée aux citoyens actifs qui devaient
les élire de la même manière que les officiers municipaux.

Les 9 et 10 septembre 1792, les sections de la ville se
réunirent et élirent Levazeux et Loiseau commissaires
de police. Le 17 septembre, ces deux nouveaux fonctionnaires se présentèrent devant le conseil général de la

1. Arch. com., D1A1, f. 185'.

commune, pour prêter serment « d'êtres fidèles à la nation et à la loi et de maintenir de tout leur pouvoir la liberté et l'égalité ou de mourir en les défendant ». La municipalité décida ensuite que la ville serait divisée en deux circonscriptions, séparées par la rivière et les ponts, que les commissaires de police changeraient de circonscription de six mois en six mois, que, néanmoins, chacun de ces magistrats pourrait verbaliser sur le territoire de l'autre lorsque le cas y échérait, enfin qu'ils auraient tous deux conjointement la police des marchés publics. Puis on tira au sort pour savoir de quel quartier chaque commissaire de police serait chargé et le hasard attribua le côté de Saint-Vénérand à Levazeux, et celui de la Trinité à Loiseau [1].

*
* *

Le 8 février 1793, le conseil général de la commune fixa le traitement des commissaires de police ; et arrêta qu'on devrait payer suffisamment ces fonctionnaires pour leur permettre de n'avoir que cette seule occupation [2].

La municipalité s'occupa ensuite de rédiger pour les commissaires de police un règlement qu'elle arrêta définitivement le 4 mars 1793, et que nous reproduisons en appendice [3].

Le 14 mars 1793, le procureur de la commune adressa à son collègue du district les instructions données aux commissaires de police par le conseil général, afin qu'il les soumît aux corps administratifs qui devaient les autoriser avant leur mise en application. Ces instructions ne revinrent avec l'homologation des administrations supérieures que quelques mois plus tard et ne

1. Arch. com., D₁A2, f. 60', 70, 76 ; DvA40, f. 133, et 135' ; D₁C6, f. 152, 154'.
2. *Idem*, D₁A2, f. 158.
3. *Idem*, f. 168' et suiv.

furent adressées aux commissaires de police que le
1er août 1793[1].

* * *

Au début d'octobre 1793, un arrêté des représentants
du peuple remplaça les deux commissaires de police. La
municipalité ne prit aucune part à ces destitutions et à
ces nominations, sauf le procureur de la commune qui
fut chargé par Esnue Lavallée d'avertir les uns de la
cessation de leur fonctions, et les autres de la distinction
dont ils étaient l'objet. Mais l'un de ces derniers ne resta
pas longtemps en charge, car il fut tué par les Vendéens,
lors de leur première entrée à Laval[2].

Pour remplacer ce magistrat, le conseil général de la
commune, essayant de conserver ses droits dans le choix
de ces fonctionnaires, décida, le 10 nivôse an II (30 décembre 1793), de proposer un candidat au représentant du
peuple, et son choix s'arrêta sur un tanneur[3].

* * *

Après plusieurs mois passés sans s'occuper des commissaires de police, le conseil général de la commune
décida, le 7 germinal an III (27 mars 1795), d'élever les
appointements des commissaires de police.

Le même jour, il statua sur une pétition envoyée au
représentant du peuple Beaudran par Loiseau, ancien
commissaire de police destitué par Esnue-Lavallée. Conformément à la loi du 8 ventôse an II, il arrêta que ce
révoqué serait réintégré dans ses anciennes fonctions.
Comme la ville n'était pas assez importante pour avoir
trois commissaires de police, un de ceux alors en fonctions fut renvoyé ; la voie du scrutin décida quel serait

1. Arch. com., DıA2, f. 158; DvA40, f. 217' et 267.
2. *Idem*, DvA40, f. K.
3. *Idem*, DıA3.

celui qui conserverait son poste et quel serait celui qui serait remercié [1].

Les nouveaux magistrats, trouvant leur traitement insuffisant, demandèrent une augmentation au conseil général, qui ne voulut pas décider seul et résolut, le 26 thermidor an III (13 août 1795), d'écrire au district pour l'inviter à élever les appointements des deux commissaires de police et à les porter de 1.500 livres à 2.000 livres [2].

Section II. — **Police des fêtes.**

En 1790, notre municipalité réglementa la procession de la Fête-Dieu, qui eut lieu le premier jeudi de juin. Le 12 mai, elle décida d'assister à cette solennité, d'y tenir le même rang que d'habitude, et d'y inviter les différents corps de magistrature, les communautés d'arts et métiers, les avocats, les notaires, procureurs. Le bureau particulier, à sa réunion du 31 mai, ordonna au procureur de la commune de réquisitionner la garde nationale, la maréchaussée et le détachement de Royal-Roussillon pour accompagner la procession ou pour se trouver aux Cordeliers et aux Jacobins. De plus, il chargea un officier municipal de se placer au bas des marches de la Trinité pour faire l'appel des corps de métier et les placer dans le cortège. Enfin, il décida de faire porter, comme d'ordinaire, une barrière destinée à contenir la foule suivant la procession et de payer aux porteurs le salaire habituel [3].

La même année, on célébra la fête du 14 juillet ou fête de la confédération nationale ; aussi, notre municipalité s'y consacra-t-elle tout entière pour lui donner à Laval tout l'éclat désirable. Le 14 juillet, le conseil général de

1. Arch. com., DıA3.
2. *Idem.*
3. *Idem*, DıB4, f. 27', 36'; DııA13, f. 15 ; DıC6, f. 40.

la commune, escorté de l'armée, se rendit place du Palais et s'installa sur une des estrades qui entouraient l'autel de la patrie, pendant que deux gardes d'honneur allaient chercher les membres du district et ceux du département. Le maire fit un discours où, après avoir vanté les qualités du roi, il prononça la formule du serment[1] que tous devaient prêter. Au coup de midi, des salves d'artillerie furent tirées, les cloches de toutes les églises sonnèrent à toute volée; tous les assistants levèrent la main et crièrent : « Je le jure, » puis l'assemblée se dispersa. Le soir, à huit heures, la ville s'illumina, et, à neuf heures, un grand feu d'artifice fut tiré place du Gast[2].

*
* *

En 1791, lors de l'arrivée officielle de l'évêque constitutionnel, la ville de Laval organisa de grandes fêtes, qui furent annoncées aux habitants par plusieurs ordonnances dont, entre autres, une du 30 mai 1791 enjoignit à tous les particuliers d'illuminer leurs fenêtres le jour de l'installation de Villar[3].

Le 23 juin 1791, eut lieu la procession de la Fête-Dieu, qui se termina par un tumulte effroyable quand on connut la nouvelle de la fuite du roi. Cependant, la municipalité avait réglé avec soin le détail de cette fête, et prié ses concitoyens de suivre la procession « avec les sentiments de religion et de décence qu'exige une si auguste céré-

1. Voici cette formule : « Nous jurons de rester à jamais fidèles à la nation, à la loi et au roi, de maintenir de tout notre pouvoir la constitution décrétée par l'Assemblée nationale et acceptée par le roi, de protéger, conformément aux lois, la sûreté des personnes et des propriétés, la circulation des grains et des subsistances dans l'intérieur du royaume, la perception des contributions publiques sous quelque forme qu'elles existent, de demeurer unis à tous les Français par les liens indissolubles de la fraternité. »

2. Arch. com., D1A1 : D11A13, f. 22.

3. *Idem*, D11A13, f. 32. Pour le détail de ces fêtes, voir Troisième partie, chapitre IV.

monie et de tenir les rues propres et parées comme les années précédentes. » Les officiers municipaux et les notables assistèrent, comme d'habitude, en corps à cette solennité.

Quelques semaines plus tard, la municipalité fit célébrer, avec une certaine pompe, la fête de la Fédération, à laquelle assistèrent des « Frères » des districts voisins.

*
* *

En 1792, certains révolutionnaires voulurent faire supprimer la procession de la Fête-Dieu, qui fut défendue devant la municipalité par Rabard, vicaire épiscopal et membre du conseil général, qui le fit en ne citant d'autre autorité que celle de Jean-Jacques Rousseau et des auteurs du xviiie siècle, et dont tous les arguments revenaient à dire qu'il fallait laisser au peuple des fêtes religieuses, parce que ces amusements lui plaisaient. La procession une fois admise en principe, il fallut en organiser les détails. Quelques citoyens demandèrent que des commissaires fussent chargés d'inspecter les rues avant le passage du cortège. Le conseil général repoussa cette innovatiou et s'en rapporta « au patriotisme et au zèle des habitants. » De plus, cette assemblée, le 29 mai 1792, fixa un nouvel itinéraire, sauf l'approbation de l'évêque ; et arrêta qu'au lieu de passer par la rue Renaise et la rue des Béliers, la procession irait, puisque Saint-Tugal était fermé, par la place de la Chiffolière et l'hôpital Saint-Louis [1].

Un mois plus tard, eut lieu la fête du 14 juillet. Ce jour-là, un cortège composé des autorités civiles et militaires, accompagnées de groupes d'enfants, au milieu desquels « flottaient les trois pavillons français, anglais, américains, » représentant les « nations que la confor-

---

1. Arch. com., D1A1, f. 190.

mité de leurs principes et de leur révolution » avait réunies, se rendit sur une des places de la ville où était préparé un autel à la Patrie. Après plusieurs discours, et au milieu des salves d'artillerie la garde nationale, les corps administratifs et tous les citoyens présents prêtèrent serment. Le cortège revint ensuite à la place de la Liberté[1], où il planta un chêne surmonté du bonnet de la Liberté et décoré « de flammes sans nombre aux trois couleurs[2]. »

* *

Le 27 mai 1793, le conseil général de la commune régla l'organisation de la procession de la Fête-Dieu de 1793. Il décida de ne pas assister en corps à cette solennité, de faire décorer aux frais de la commune la place de la Liberté, et de faire enlever les fleurs de lys décorant les ornements de la procession. Il arrêta en outre de faire prendre les armes à un détachement de la garde nationale pour escorter le Saint-Sacrement le jour de la Fête-Dieu et de supprimer le déjeuner offert aux ecclésiastiques « à Saint-Melaine, le dimanche dans l'octave de la procession, » sauf à payer aux prêtres qui l'exigeraient la rétribution que ce repas avait l'habitude de remplacer[3].

* *

Après avoir célébré une fête pour l'anniversaire de la mort du roi, la municipalité en organisa une autre le 20 pluviôse an II (8 février 1794) « en l'honneur des martyrs de la Liberté. » Cette fête eut lieu dans le temple de la Raison, dont on fit, ce jour-là, l'inauguration, et sur lequel furent inscrits ces mots : « Ici est le temple de la

---

1. Ancienne place de la Chiffolière, place de la Mairie aujourd'hui.
2. Arch. com., D1A2. — Arch. départ., B, p. 452.
3. Arch. com., D1A2, f. 208'.

Raison. » Suivant les prescriptions du conseil général, des places furent réservées aux « mères fécondes, aux femmes enceintes, aux vieillards » et aux députations que les différentes communes du district envoyèrent « avec chacune un drapeau tricolore[1]. »

*
* *

Le décadi 20 prairial an II (8 juin 1794), eut lieu une fête en l'honneur de l'Être suprême. Les officiers municipaux de Laval veillèrent à ce que la plus grande pompe possible entourât cette solennité dont ils arrêtèrent le programme que voici :

Honneur	VIVRE LIBRE	Horreur
et protection	ou	et proscription
à la vertu	MOURIR	de l'athéisme

PLAN DE LA FÊTE DE L'ÊTRE SUPRÊME
qui sera célébrée à Laval, le décadi 20 prairial[2].

« I. — Dès l'aurore une décharge de deux coups de canon annoncera au peuple ce grand jour de fête à jamais mémorable, qui doit confondre l'athéisme et anéantir l'immoralité, assurer le triomphe de la vertu et de la raison.

« II. — Ce jour consacré à la Divinité ne doit plus l'être à la débauche, les cœurs que nous offrirons à l'Eternel doivent être purs comme le sujet qui nous anime.

« Les magistrats du peuple chargés spécialement de veiller sur les mœurs, ne se contenteront pas de dire que la vertu est à l'ordre du jour, ils la feront pratiquer, ils ranimeront son beau règne. Ils défendent donc expres-

1. Arch. com., DıA3.
2. *Idem.* Rapporté par Boullier dans ses *Mémoires ecclésiastiques,* p. 192.

sément à tous aubergistes et cabaretiers de donner à boire pendant la cérémonie, excepté aux voyageurs étrangers sous peine d'être regardés comme des êtres immoraux et insultant à la divinité et d'être punis comme tels.

« III. — Le point de ralliement sera sur la place de la Liberté ; la générale battra à neuf heures, pour avertir tous les citoyens armés de s'y rendre en ordre à onze heures précises.

« IV. — Les Représentants du peuple qui se trouveront dans nos murs seront invités à cette fête ; leur présence en fera le principal ornement. Toutes les autorités constituées et les généraux seront également invités d'y assister ; cette réunion se fera à la Maison commune à onzeh eures.

« V. — Un escadron de cavalerie et de gendarmerie ouvrira la marche, il sera suivi de la moitié des citoyens armés. Le son bruyant des tambours annoncera au loin cette auguste cérémonie.

« VI. — Après eux viendront ces jeunes républicains, trop faibles encore pour aller terrasser les esclaves et la corruption ; leur cœur sortant des mains de la nature se nourrit et s'enflamme de l'esprit de la liberté et de la vertu en s'exerçant à devenir un jour utiles à leur patrie en se consacrant à sa défense.

« VII. — Un groupe de citoyennes, d'épouses vertueuses et fécondes, de mères tendres qui s'applaudiront d'avoir donné le jour à plusieurs défenseurs de la patrie, d'avoir inspiré le courage et le dévouement, vertus qui caractérisent le vrai républicain, suivra immédiatement après. Ces mères et leurs filles que la bienséance ne permet pas de quitter seront parées des dons que la nature bienfaisante offre à tous ses enfants, des fleurs de toutes espèces remplaceront les vains ornements de l'orgueil.

« VIII. — Viendra ensuite la masse des citoyens portant un bouquet de fleurs dans les mains. Cet objet leur représentera dans sa simplicité même, la grandeur et la puissance de la divinité que l'univers entier adore. L'un des plus âgés portera un étendard où on lira ces mots : « *Le peuple Français ne méconnut jamais l'Être suprême, il croit à l'immortalité de l'âme et non à la superstition* ».

« IX. — Les Représentants du peuple, généreux fondateurs de la liberté, régénérateurs des mœurs, soutiens éternels des vertus, seront témoins de la joie que leur présence répandra dans les âmes ; ils se plairont au milieu du peuple et des autorités constituées ; une musique guerrière précédera leur marche.

« X. — Le cortège sera terminé par l'autre moitié des citoyens armés et un escadron de cavalerie et de gendarmerie, et dans cet ordre on se rendra sur la place de la Réunion, par les rues ci-devant : Val-de-Mayenne, Grand'rue, des Orfèvres, des Serruriers, place Hardy et rue Marmoreau.

« XI. — Sur la place de la Réunion (du Gast), sera dressé un autel à la Patrie sur lequel s'élèvera une montagne qui rappellera les crimes et les conspirations des scélérats qui l'ont assiégée, le courage et l'énergie de ceux qui l'ont constamment défendue. Sur la cime seront placés les Représentants, les différents orateurs qui rassureront le peuple alarmé par l'idée d'un néant affreux que l'athée a voulu propager ; qui lui prêcheront l'existence d'un Dieu en lui offrant des hommages purs, sincères et dignes de lui.

« XII. — Après les discours prononcés et les grâces rendues à l'auteur de la nature, à cette Divinité qui veille sur l'univers, le cortège se rendra dans le même ordre au temple de la Raison, par les rues du Cimetière, Carrefour-aux-Toiles et rue Renaise. Des discours et des hymnes intéressantes termineront la fête [1] ».

---

1. Rapporté par Boullier, *Mémoires ecclésiastiques sur la ville de Laval,* p. 192 et s.

La municipalité acquitta les frais de cette fête ; comme d'ailleurs elle le fit pour les fêtes célébrées chaque décade. Parmi ces dépenses figurèrent les sommes dues aux musiciens ayant joué « au bal de la peaume », ainsi que les décors et les bougies nécessaires pour parer et éclairer la salle de spectacle [1].

En exécution du décret de la Convention nationale du 19 fructidor an II (5 septembre 1794), la municipalité organisa pour le quatrième jour des sans-culottides de l'an II, une fête qui, moins solennelle que celle du 20 prairial, ne commença que l'après-midi à trois heures [2].

*
* *

Par une ordonnance du 1er pluviôse an III (20 janvier 1795), la municipalité invita les Lavallois à célébrer le lendemain une fête en l'honneur de l'anniversaire de la mort du dernier « tyran ». Le 2 de ce mois, les autorités constituées se réunirent à deux heures et demie, et, accompagnées par des gardes nationaux, se rendirent au temple de la Raison. Là après la lecture de la loi du 21 nivôse prescrivant cette fête, des discours furent prononcés, des hymnes à la liberté chantés ; puis le cortège alla en procession au pied de l'arbre de la Liberté. Le soir eut lieu un bal « à la salle du spectacle, où chacun pût aller librement prolonger la joie publique et se livrer au plaisir de la danse [3] ».

En exécution d'un décret de la Convention du 2 pluviôse an III, une autre fête fut célébrée le 9 thermidor an III (27 juillet 1795). Ce jour-là, les corps administratifs, judiciaires et militaires se réunirent à trois heures à la Maison commune ; ils se rendirent ensuite au temple de la Raison, où plusieurs orateurs évoquèrent le souve-

1. Bibliothèque municipale. Fonds Maignan.
2. Arch. com., DᵤA13.
3. *Idem*, f. 72' ; DᵢA3.

nir des injustices « commises sous le règne affreux du tyran Robespierre ; et entre autres le citoyen Segrétain rappela les cruautés commises à Laval par le représentant du peuple Esnue Lavallée ». A ces discours, tout le peuple répondit « par des applaudissements et les cris prolongés de Vive la Convention nationale et Vive la République ». Après un hymne à la liberté, l'Assemblée vota une adresse à la Convention où elle disait « avec quels transports d'allégresse, les citoyens avaient célébré la fête de l'anniversaire de la chute du tyran Robespierre ». Ensuite les autorités se promenèrent processionnellement à travers quelques rues et revinrent à la Maison commune où elles se séparèrent[1].

Le 23 thermidor an III, fut célébré solennellement l'anniversaire du 10 août. Cette fête, qui, comme les précédentes, consista surtout en des discours prononcés au temple de la Raison et en une procession, fut, nous semble-t-il, la dernière organisée par notre municipalité[2].

Section III. — **Rues, Places, Endroits publics.**

En avril 1790, la municipalité, pour assurer le bon ordre et la sécurité dans les rues, défendit d'y courir ou d'y galoper à cheval, d'y conduire des chevaux et des mulets non chargés sans les tenir par une bride ou par une longe. Elle défendit de laisser en liberté dans les rues les chiens, les porcs, les oies, les poules et autres volailles[3].

Le 2 août 1790, elle fit « défense à toutes personnes de jeter par leurs fenêtres dans les rues, places et carrefours de cette ville aucuns immondices ni même de

1. Arch. com., DıA3.
2. *Idem.*
3. *Idem*, DıA1, f. 30' ; DıC6, f. 20 ; DııA13, f. 4', 18'

l'eau, comme aussi d'y jeter dans les rues, places et carrefours des eaux, lavures, par leurs portes et boutiques [1] ».

Plusieurs ordonnances défendirent aux rouliers de laisser des voitures vides devant les maisons, à peine de 10 livres d'amende contre chacun des contrevenants, et, sous la même peine, elles leur prescrivirent « de placer dès que la nuit serait venue un fanal à côté des voitures ou charrettes ainsi que des matériaux de décombres [2] ».

Réglementant les jeux des enfants, la municipalité défendit de jouer à la balle dans les lieux publics, car souvent, au lieu de balle, les enfants jetaient des pierres ; et de « battre la caisse sur les places, dans les rues et carrefours de cette ville [3] ».

Soucieux de la salubrité publique, nos officiers municipaux, qui venaient de faire nettoyer aux frais de la commune le ruisseau du Rateau, ordonnèrent aux riverains d'enlever dans les vingt-quatre heures les grilles placées dans ce ruisseau, ainsi que « tous les empêchements qu'on avait pu mettre au libre cours de l'eau et des vases qu'elle entraînait [4].

* *
*

En 1791, plusieurs ordonnances renouvelèrent des prohibitions déjà faites l'année précédente. Une ordonnance du 21 février interdit aux Lavallois d'arracher les affiches sous peine d'une amende de 10 livres, et une du 19 mai défendit aux enfants de lancer des volants armés de pointes aigües [5].

---

1. Arch. com., DⁱⁱA13, f. 23.
2. *Idem*, f. 18' 23, 27.
3. *Idem*, f. 27 et 27'.
4. *Idem*, f. 19 ; DⁱB4, f. 40.
5. *Idem*, DⁱⁱA13, f. 29 et 31'.

*
* *

En décembre 1791, les officiers municipaux s'occupèrent de la police des églises. Ayant constaté qu'il y avait
beaucoup de bruit pendant les offices et que les prêtres
pouvaient « à peine s'y faire entendre pour y répandre
les maximes de l'évangile, » ils rendirent une ordonnance
défendant « à tout particulier de jouer, courir, sauter
dans les églises » et même d'y faire du bruit, sous peine
de 10 livres d'amende dont un quart serait attribué au
dénonciateur [1].

La municipalité voulut faire cesser un usage consistant à exposer les cadavres dans les rues et aux portes
des églises « afin de les faire enterrer sans bourse
délier ». Le 9 février 1792, elle défendit « à toutes personnes d'exposer aucun cadavre aux portes des églises
de cette ville sans en avoir préalablement prévenu le
curé de la paroisse ou un officier public », et enjoignit à
ceux qui feraient ces déclarations de certifier le genre et
l'heure de la mort ; et tout cela sous peine d'une amende
arbitraire [2].

Le 18 juillet suivant, le conseil général autorisa le
bureau de la municipalité à faire raser les gouttières
avec tuyaux saillants et permit aux propriétaires « d'y
substituer des tuyaux descendants pour y conduire les
eaux ras le pavé des rues [3] ».

Vers cette époque régnaient de grandes chaleurs occa-
sionnant la maladie de la rage. La municipalité, ayant
appris que l'on avait aperçu un chien « furieux et soup-
çonné de rage ». interdit aux particuliers de laisser
vaguer les chiens dans les rues, sous peine d'une
amende arbitraire, « indépendamment des réparations

1. Arch. com., DııA13, f. 35'.
2. *Idem,* f. 36'.
3. *Idem,* DıA2, f. 48.

ou indemnités envers les parties lésées en conformité de
l'article 15 de la loi du 22 juillet 1791 [1] ».

*
* *

Le 14 février 1793, la municipalité changea les noms
des rues et des places de la ville : de plus elle ordonna
l'impression de la nouvelle nomenclature des rues ainsi
que celle des anciennes dénominations des mêmes rues
et places [2].

Le même jour, elle défendit aux habitants d'enlever les
boues, et elle leur ordonna de balayer les rues avec plus
de soin, attendu qu'à l'avenir la réfection et l'entretien
du pavé ne seraient plus à leur charge, mais à celle de
la commune [3].

La municipalité s'occupa d'un projet auquel elle avait
déjà songé l'année précédente, concernant l'éclairage
de la ville. Le conseil général de la commune, sur sa
demande, fut autorisé par le directoire du département
à établir des réverbères à Laval. Le 18 janvier 1793,
il chargea le citoyen Choblet de conclure marché avec
des entrepreneurs s'engageant « à fournir des lanternes
à un, deux, trois et quatre becs de lumière, de forme
hexagone, la cage en fer brazé... » Comme les réverbères n'arrivaient pas, le conseil général de la commune, le 24 juillet, envoya des commissaires à Paris
presser l'envoi des réverbères et traiter pour leur entretien. Bientôt on présenta à la municipalité un contrat
passé avec « Pescheux et Cie. négociants à Paris,
entrepreneurs d'illumination ». Ceux-ci, par ce traité,
s'engageaient à éclairer la ville pendant six mois par
an « de la chute du jour à une heure du matin » et
ce à partir du 15 octobre 1793 jusqu'au 15 avril 1805 ;

1. Arch. com., DıA13, f. 47'.
2. *Idem*, DıA2, f. 160'.
3. *Idem*, f. 159'.

moyennant quoi la commune avait pour principale obligation de payer 24 livres par an et par bec. Ce marché, qui stipulait en outre que Pescheux et Cie éclaireraient gratuitement pendant toute la nuit les dimanche, lundi et mardi gras ainsi que la veille de Noël, quand il n'y aurait pas de lune, fut approuvé par le conseil général le 10 août 1793 [1].

*
* *

Vers l'époque où François-Primaudière modifia la municipalité, les enfants des faubourgs, divisés en petites troupes représentant les unes les républicains, les autres les Chouans, livrèrent de petites batailles à travers les rues de la ville. Pour réprimer ces amusements dangereux, le conseil général par sa délibération du 17 germinal an II (6 avril 1794) décida de défendre « à tous les enfants de se rassembler sous d'autres drapeaux que celui tricolore, emblème de la Liberté, et de jeter des pierres, à peine de 20 livres d'amende et de la détention municipale ». De plus il déclara les parents responsables des délits commis par leurs enfants. En conséquence, parut le surlendemain une ordonnance où la municipalité exposa les prohibitions du conseil général relativement aux attroupements d'enfants et interdit aux Lavallois « de décharger des armes à feu dans l'enceinte et les environs de cette ville, sous peine d'être punis comme rebelles aux ordonnances de police et poursuivis comme perturbateurs du repos public [2] ».

Quelques semaines plus tard, en exécution d'un arrêté des représentants du peuple Laignelot et François-Primaudière, délégués par la Convention dans le département de la Mayenne, une ordonnance de la muni-

1. Arch. com., DiA2, f. 148', 218', 223' ; DivA34.
2. *Idem*, DiA3 ; DiiA13, f. 55.

cipalité enjoignit aux propriétaires d'abattre les haies et
de couper les ajoncs se trouvant sur le bord des routes
et permettant aux Chouans de continuer leur guerre
d'embuscades [1].

*
* *

La municipalité, nommée le 27 brumaire an III s'occupa de suite de la propreté des rues. A cet effet, le
conseil général de la commune, par sa délibération du
7 frimaire an II (27 novembre 1794), décida « que les
boues des rues seraient affermées suivant un formulaire rédigé par le bureau de la municipalité, sous la
condition expresse qu'aucun citoyen ne pourrait les enlever ». L'adjudication des boues fut fixée au 8 nivôse,
puis renvoyée au 15 du même mois. Ce dernier jour,
après lecture du « formulaire » ou cahier des charges,
le bureau particulier adjugea les boues des différents
quartiers de la ville pour des sommes variant de
20 livres à 130 livres. Le 18 nivôse an III (7 janvier
1795), la municipalité défendit aux Lavallois d'enlever
les boues ainsi que les immondices, puis leur prescrivit
de balayer devant chez eux les primidi et quintidi de
chaque décade, et d'amonceler les boues, sous peine
d'une amende de 50 livres. Cette ordonnance fut sans
doute peu observée, car elle fut renouvelée le 24 nivôse
an III (12 février 1795) et 7 pluviôse an III (26 janvier
1795) [2].

Entre temps, la municipalité s'intéressa à la toilette
des habitants. Le 25 frimaire an III (15 décembre 1794),
elle invita ses concitoyens à se conformer à un décret de
la Convention ordonnant aux hommes et aux femmes de
porter la cocarde tricolore. Le 16 pluviôse an III
(4 février 1795), elle réitéra cette ordonnance en préve-

1. Arch. com., DₙA13, f. 62'.
2. *Idem*, DₗA3 ; DₗB5 ; DₙA13, f. 68, 71, 72.

naut que ceux qui ne se conformeraient pas à la loi
seraient punis très sévèrement[1].

Pour assainir le quartier du faubourg, la municipalité
décida, en ventôse an III, de faire curer le ruisseau du
Rateau. Le 26 de ce mois, elle pria le citoyen Drouard
de se charger de la direction des travaux et les autres
citoyens de le seconder de leur mieux[2].

Les officiers municipaux firent rouvrir les cimetières
de la Trinité et de Saint-Vénérand, abandonnés depuis
1793, et réglementèrent les sépultures. En exécution
de la délibération du conseil général du 12 floréal
(1er mai 1795), le bureau particulier de la municipalité
nomma quatre fossoyeurs, deux pour le Pont-de-
Mayenne, deux pour la ville, qu'il chargea d'aller
chercher les morts, de les conduire à l'église quand
les parents des défunts le requiéreraient, puis au cimetière, où des fosses d'au moins quatre pieds de profondeur devraient être préalablement préparées[3].

Par une ordonnance du 8 messidor an III (26 juin
1795), la municipalité édicta « que tout habitant qui vou-
drait édifier ou réparer des maisons situées sur la rue
serait tenu de faire en sorte que les matériaux et décombres de ces constructions ne nuisissent pas au passage
des particuliers ni des voitures et qu'ils fussent enlevés
le plus tôt possible après la confection de l'ouvrage, sous
peine de 50 livres d'amende et de répondre de tous les
torts qui pourraient s'en suivre, envers tous et chacun
des lésés[4]. »

Avant d'être remplacés, nos officiers municipaux
réglementèrent la circulation pendant la nuit ; par une
ordonnance du 7 vendémiaire (29 septembre 1795), ils
défendirent d'aller en barque le soir, « après la retraite

1. Arch. com., DııA13, f. 69 et 73'.
2. *Idem*, f. 77.
3. *Idem*, DıA3 ; DıB5 ; L.
4. *Idem*, DııA13 f. 83.

battue ». Le 20 vendémiaire (12 octobre 1795), ils enjoignirent aux particuliers habitant aux extrémités de
la ville de rentrer chez eux avant la nuit, et leur prescrivirent de se munir de lumières, quand des affaires
urgentes les forceraient à sortir pendant la nuit[1].

Section IV. — Réglementation du commerce et des marchés.

Le 8 mars 1790, le conseil général de la commune
convint que la municipalité s'occuperait de la police des
marchés, les officiers de police n'en étant plus chargés,
d'après les décrets de l'Assemblée nationale[2].

Le 30 avril 1790, une ordonnance de la municipalité
déclara que le « marché de la volaille » se tiendrait
« dans le carrefour de Saint-Tugal, le long de l'église et
des maisons, » situées au-delà du ruisseau qui traversait le dit carrefour. En mai et en juin, la municipalité,
par plusieurs ordonnances, interdit aux regrattiers
d'acheter sur les routes amenant à la ville pour revendre
au marché, et régla l'heure à laquelle commenceraient
les marchés, ainsi que celle à laquelle les « hôtes, aubergistes, traiteurs, cabaretiers et autres, qui vendent au
regrat, » pourraient s'approvisionner[3].

*
* *

En décembre suivant, le conseil général eut à statuer
sur la question de la rivalité entre les marchands de la
ville et les forains, venant les jours de marché vendre au
déballage. Plusieurs commerçants lavallois voulaient
présenter à l'Assemblée nationale une adresse tendant à
ce que la faculté de vendre dans les foires des marchan-

1. Arch. com., DııA13, f. 86' 88.
2. *Idem.*, DıB4, f. 3.
3. *Idem*, DııA13, f. 6', 14, 17 ; DıA1.

dises, et notamment des étoffes, fût enlevée aux étrangers. La municipalité, tenant compte de l'intérêt des consommateurs et voulant maintenir l'importance des foires et marchés de la ville, refusa d'adhérer à cette adresse [1].

*
* *

En 1792, la municipalité republia certaines ordonnances de police, concernant, soit la police des rues soit celle des marchés. De plus, les officiers municipaux surveillèrent les poids et mesures afin que les consommateurs ne fussent pas trompés par les négociants. Ainsi, le 29 octobre 1792, le conseil général de la commune décida que deux citoyens seraient chargés d'étalonner les poids et les mesures ; et, le mois suivant, le bureau particulier choisit ces deux commissaires [2].

*
* *

Ayant appris qu'il se produisait des abus dans la manière d'auner les toiles vendues au marché de Laval, le conseil général de la commune, le 14 février 1793, autorisa les commerçants à s'assembler pour aviser aux moyens de réprimer les abus, afin que, sur leur rapport, il prit telle détermination définitive qu'il conviendrait ; et il chargea provisoirement un commissaire de police de veiller le samedi suivant à ce que les toiles fussent « fidèlement aulnées [3]. »

Le 4 mars 1793, la municipalité arrêta : « 1° que le marché au fil ne pourrait être ouvert qu'à sept heures du matin en été, et huit heures en hiver, que celui aux toiles ne serait également ouvert qu'à neuf heures du matin en été et dix en hiver, à peine de 10 livres d'amende et de

1. Arch. com., D1A1, f. 101.
2. *Idem*, D1A2, f. 102' ; D1B4.
3. *Idem*, D1A2, f. 160.

20 livres en cas de récidive, laquelle serait encourue, tant par le vendeur que par l'acheteur ; 2° qu'avant de statuer sur la demande que faisaient les citoyens commerçants de deux jurés aulneurs pour surveiller la fidélité des aulneurs, ils seraient invités à présenter le mode et les moyens de les salarier ; 3° que le salaire des aulneurs ordinaires serait fixé à 4 sols par pièce de toile à peine de 3 livres d'amende pour la première fois, et 5 livres en cas de récidive, tant contre l'aulneur qui aurait perçu un salaire plus fort que contre celui qui l'aurait séduit par une offre plus considérable ; 4° que pour faciliter l'exécution de cette mesure de police, les commissaires de police et les jurés aulneurs feraient distribuer le plus également possible les pièces de toile entre tous les aulneurs [1]. »

Le 13 mai 1793, le conseil général chargea deux citoyens de marquer les poids d'une estampille dont ils devraient remettre le modèle à la municipalité. Dans la même séance, il décida de défendre « de vendre à autres mesures que celles géométriquement décroissantes comme il suit : le pot, la pinte, la chopine, le septier, le demi-septier ou seizième et le trente-deuxième, à peine de 10 livres d'amende contre chacun des particuliers qui vendraient à une autre mesure que celle sus-énoncée et de confiscation [2]. »

*
* *

La municipalité renouvelée par Esnue-Lavallée vit appliquer la loi du maximum. « Le bureau municipal, voulant prévenir les abus qui pourraient résulter de l'empressement des citoyens à se procurer des marchandises au-delà de leurs besoins reconnus, lorsque le tableau de leur fixation serait publié et affiché conformément au décret de la Convention nationale du 27 septembre, fit défenses : 1° à tous marchands de draps et étoffes quel-

1. Arch. com., D₁A2, f. 168.
2. *Idem*, f. 197', 202 ; D₁₁A13, f. 51', 52.

conques d'en vendre en pièce et autrement que par coupes nécessaires pour les différentes espèces d'habillements auxquels l'acheteur déclarerait les destiner ; 2° aux marchands de chandelle d'en vendre par semaine plus d'une livre de celle de suif et plus de deux livres de celle de résine par chaque famille ; 3° aux marchands de sucre et de cassonnade d'en vendre plus d'une livre de l'un et de l'autre par quinze jours. » Pour assurer l'exécution de toutes ces défenses, le conseil général prescrivit à tous les marchands « des objets ci-dessus désignés » d'inscrire sur un registre spécial le nom de l'acheteur, les quantité, qualité et prix des marchandises livrées, ainsi que le jour de la vente, et décida que ces volumes devraient être apportés « le lundi de chaque semaine à la municipalité pour y être visés, arrêtés et confrontés les uns avec les autres, à l'effet de s'assurer des contraventions [1]. »

*
 * *

Sur la demande de la Société populaire, désirant effa-« cer jusqu'aux traces qui pouvaient rappeler le souvenir des jours consacrés à la superstition », le conseil général de la commune, le 9 fructidor an II (26 août 1794), résolut « d'établir quatre marchés dans la décade : savoir le primidi, le tridi, le sextidi et le nonidi ». Il arrêta en outre « qu'il n'y aurait qu'un marché de toile le nonidi et que le district serait aussi invité d'établir un marché de bétail tous les nonidis ». Pour le jour de la vente des grains, il ne voulut rien décider avant que le comité des subsistances n'eût examiné la question et fait rapport [2].

*
 * *

Par sa délibération du 4 nivôse an III (décembre 1794), le bureau particulier de la municipalité interdit « à tous

1. Arch. com., D₁B4.
2. Arch. départ., L, f. 82; D₁A3.

marchands de denrées comme fruits, légumes, beurre, lait, œufs, volailles. gibiers et autres de les vendre le long des rues ou dans les maisons particulières ». Il arrêta que les marchandises « seraient exposées en vente dans les marchés publics et accoutumés, tels que la place de la volaillerie, la place de la Révolution, les halles, devant les ci-devant Cordeliers, et devant l'église ci-devant Saint-Vénérand ». En outre, il ordonna « à tous les débitants, tant sur la place de la Révolution, la halle, qu'à la place de la volaillerie, de se placer de telle manière que ni eux, ni les objets de vente ne nuisissent à la libre circulation des acheteurs et n'obstruassent jamais les passages publics [1] ».

Enfin, un peu avant de cesser ses fonctions, la municipalité défendit « d'exposer en vente au marché public aucune pelotte de beurre qui ne péserait pas une livre, sous-peine de confiscation pour la première fois et de plus grande peine en cas de récidive [2].

Section V. — **Réglementation et surveillance des hôtels, auberges, etc.**

Chargée de faire jouir les habitants des avantages d'une bonne police, notre municipalité défendit le 8 avril 1790 « à tous cafetiers, cabaretiers, aubergistes et autres de vendre ou donner à boire chez eux, sous quelque prétexte que ce fût, à toutes personnes de la ville passé dix heures du soir ». Outre cette interdiction, qui fut souvent renouvelée dans la suite, la municipalité, par la même ordonnance, prohiba les ventes de boissons pendant le service divin, et chargea la garde nationale de veiller à l'exécution de ces décisions [3].

Le 12 mai 1790, elle enjoignit aux aubergistes et hôte-

1. Arch. com., D₁B5 ; D₁₁A13, f. 70'.
2. *Idem*, D₁₁A13, D₁₁A18, f. 88.
3. *Idem*, D₁₁A13, f. 3'.

liers « d'avoir un registre sur lequel ils inscriraient les noms et demeures des voyageurs qui logeraient chez eux et auxquels ils feraient signer le dit registre, lorsqu'ils le sauraient faire [1] ».

Le 11 juin 1790, un peu avant la réunion de l'assemblée électorale qui devait élire les administrateurs du département, la municipalité rendit une ordonnance pour procurer facilement un logement à ces électeurs, ordonnance suivie d'une autre datée du 26 juin, qui cassait tous les marchés que les étrangers avaient passés et par lesquels ils avaient été volés de la plus belle façon [2].

* * *

L'année suivante, lors de la fuite du roi, la municipalité enjoignit aux aubergistes et aux hôteliers de lui déclarer les étrangers qu'ils recevraient chez eux « à l'instant de leur arrivée [3] ».

A la fin d'août 1791, il devait y avoir une réunion d'électeurs à Laval. Instruits par l'expérience de l'année précédente, et voulant procurer aux étrangers des logements convenables, les officiers municipaux firent publier le 17 août 1791, l'ordonnance suivante :

« Le bureau de la municipalité enjoint à tous particuliers, hôtes, traiteurs, aubergistes ou cabaretiers, qui pendant l'assemblée des électeurs se proposent de louer des appartements ou de donner à manger, de venir, avant le 23 du présent (août), faire à l'hôtel commun leur déclaration du nombre de chambres et de lits qu'ils ont à leur disposition... [4] ».

* * *

Le 20 juin 1792, renouvelant une ordonnance de mai 1790, la municipalité astreignit tous les aubergistes,

1. Arch. com., f. 13'; DíC6, f. 38'.
2. *Idem*, DııA13, f 15' et 20.
3. *Idem*, DıA1, f. 152.
4. *Idem*, DııA13, f. 33'.

maîtres d'hôtels garnis et logeurs d'avoir un registre en
papier timbré, coté et paraphé par le maire ou un officier
municipal, sur lequel ils devaient inscrire tous les étrangers logeant chez eux et à en déposer un double à l'hôtel
commun « de quinzaine en quinzaine ». Cette ordonnance
était plus rigoureuse que celle de 1790, qui ne prescrivait point de dépôt à l'hôtel commun et qui n'exigeait
que du papier libre au lieu de papier timbré [1].

*
* *

En 1793, la municipalité prit « différentes précautions
de sûreté » à l'égard des étrangers. Par une ordonnance
du 6 avril 1793, elle chargea « ses commissaires de police
de se transporter chez tous les aubergistes et logeurs de
cette ville, pour s'informer de ceux qu'ils recevaient et
connaître les motifs de leur séjour [2] ».

En exécution d'un décret du 21 mars 1793, la municipalité voulut former un comité chargé de recevoir les
déclarations des étrangers. Le 1er juin, elle fit publier
un avis invitant les citoyens à se réunir, le 9 de ce mois,
dans leurs sections respectives pour nommer les douze
membres de ce comité. Ceux-ci furent élus, les 9 et
10 juin, mais ne furent installés dans leurs fonctions
qu'après le 19 juin, car la municipalité n'avait pu le faire
avant cette date, un passage extraordinaire de troupes
ayant occupé tous ses bureaux [3].

Le nombre des étrangers devenant de plus en plus
grand, la municipalité, le 20 septembre 1793, invita les
commissaires du comité de surveillance à représenter
leurs registres au conseil général « pour y reconnaître
les enregistrements qui y étaient mentionnés », et les
engagea « au nom du Salut public » à redoubler de sur-

1. Arch. com., DиA13, f. 42.
2. *Idem*, DvA40, f. 233.
3. *Idem*, DıC6, f. 175'; DıB4, f. E'; DvA40, f. 263.

veillance. Elle requit les commissaires de police de vérifier avec la plus grande exactitude les livres des aubergistes et des autres logeurs en garni [1].

*
* *

Le mois suivant, le conseil général de la commune
prescrivit aux hôteliers recevant des étrangers, même
pour une nuit, de conduire ces voyageurs au comité de
surveillance de leur section, où des commissaires choisis
par la municipalité examineraient leur passeport et y
mettraient leur visa, ce qui leur constituerait une carte
de sûreté [2].

Puis, le 14 nivôse an II (3 janvier 1794), il fut décidé
que les membres de la municipalité, de concert avec les
membres du comité révolutionnaire, visiteraient les auberges pour vérifier les passeports des étrangers [3].

*
* *

Par une ordonnance du 29 frimaire an III (19 décembre 1794), les officiers municipaux nommés par Boursault interdirent aux hôteliers et débitants de boissons
de recevoir des consommateurs après neuf heures du
soir ; puis le 7 nivôse (27 décembre 1794), ils firent
défense « à tous particuliers quelconques de fréquenter
les maisons des aubergistes, cafetiers et cabaretiers
après neuf heures du soir, pour y boire ou jouer », sous
peine d'une amende de cinquante livres tant pour les
consommateurs que pour les vendeurs [4].

Le 18 prairial an III, les mêmes magistrats prescrivirent aux étrangers d'aller se faire inscrire au secrétariat de la municipalité et aux aubergistes de dresser une

1. Arch. com., DₗA2, f. 232'.
2. *Idem,* f. 239.
3. *Idem.* DₗA3.
4. *Idem,* DₗₗA13, f. 69 et 70.

liste de leurs clients, sous peine pour les premiers d'être
« saisis et conduits en la maison d'arrêt » et pour les
seconds d'être condamnés à une amende [1].

En l'an IV, la municipalité se montra plus exigeante.
Par les ordonnances des 20 et 25 vendémiaire an IV
(12 et 17 octobre 1795), elle enjoignit aux logeurs d'aller
tous les soirs chez le commandant de la place porter un
état des étrangers en pension chez eux [2].

Section VI. — **Mesures contre les émigrés et les suspects.**

Le 23 août 1792, le conseil général du département
de la Mayenne prit un arrêté aux termes duquel la
municipalité devait avertir les pères, mères, femmes et
enfants des émigrés qu'ils étaient obligés de se présenter tous les jours à la Maison commune pour répondre à
un appel. Le bureau particulier se conforma à ces
ordres et, le 3 septembre, plusieurs particuliers se présentèrent devant lui, en vertu d'un avertissement qu'ils
avaient reçu la veille. Les officiers municipaux leur
lurent la loi du 12 août 1792 et l'arrêté du département
du 23 du même mois, puis les avertirent que le rôle de
la municipalité se bornerait seulement à constater leur
résidence, conformément à la loi, et leur comparution,
comme le prescrivait l'arrêté de l'administration départementale. Ils leur ordonnèrent ensuite de se présenter
tous les jours à la Maison commune entre huit heures du
matin et midi ou entre deux heures et six heures, au
moment qu'ils jugeraient convenable [3].

Le 13 novembre suivant, le procureur de la commune,
agissant en vertu de l'article 3 de la loi du 12 septembre
1792, envoya au directoire du district le tableau des
pères et mères n'ayant pas « justifié dans le délai de

1. Arch. com., D_{II}A13, f. 81'.
2. *Idem*, D_{IV}D39, f. 75.
3. *Idem*, D_{IV}A34 ; D_IB4, f. 148'.

trois semaines à cette municipalité de l'existence en France de leurs fils disparus, ou de leur mort, ou de . leur emploi en pays étranger pour le service de la nation [1] ».

Ces mêmes officiers municipaux qui procédèrent à l'appel des parents des émigrés, désarmèrent aussi les suspects.

Sur l'invitation que le département fit à la municipalité de retirer à ces citoyens leurs fusils et leurs munitions, le conseil général de la commnne décida le 28 août 1792 que les gardes nationaux accompagneraient les magistrats municipaux dans les perquisitions ayant pour but de désarmer les pères, mères, femmes et enfants des émigrés ainsi que ceux ayant signé la pétition relative aux affaires du 20 juin, sauf ceux réadmis dans les compagnies de la garde nationale et les blanchisseurs qui seraient autorisés à conserver autant de fusils que d'hommes employés à garder leurs manufactures. Sur le point de commencer le désarmement, la municipalité écrivit au chef de la garde nationale la lettre suivante, qui nous montre qu'elle redoutait que cette mesure n'entraînât quelque résistance :

« Nous, maire et officiers municipaux, en vertu de la loi, requiérons Monsieur le commandant général de la garde nationale de prier les capitaines de chacune des compagnies du centre de se rendre à une heure précise à la Maison commune avec un détachement de quatre ou huit hommes à son choix, en armes, pour accompagner un commissaire des membres des corps administratifs, dans la perquisition et enlèvement des armes qui vont être faits chez les citoyens suspects dans l'arrondissement des seize compagnies... » [2].

Une fois le désarmement effectué, le conseil général chargea trois de ses membres de comparer les procès-

1. Arch. com., DvA40, f. 151.
2. *Idem*, DivA34 ; DiA2, f. 63' ; DvA40, f. 136.

verbaux des perquisitions opérées chez les habitants de la commune avec les déclarations précédemment faites à cette municipalité par les possesseurs d'armes. Ces commissaires ayant constaté que beaucoup d'armes n'avaient pas été déclarées comme l'exigeaient les lois, le conseil général de la commune décida, le 12 septembre 1792, que ces armes non déclarées seraient confisquées [1].

A la même séance, le conseil général résolut de désarmer complètement plusieurs particuliers qui avaient encore chez eux quelques fusils, de rendre à d'autres des armes qui leur avaient été enlevées indûment, et d'exiger que ceux qui avaient enlevé les batteries de leurs fusils et de leurs pistolets les rendissent sans délai [2].

Les jours suivants, furent adressées à la municipalite de nombreuses requêtes pour redemander les armes enlevées. Le conseil général les rejeta toutes, à l'exception de celle formée par un garde de forêt, « la nécessité d'armer un garde de forêt ayant été unanimement reconnue » et à charge par lui « de prêter le serment d'être fidèle à la nation et à la loi et de maintenir la liberté et l'égalité ou de mourir en les défendant [3] ».

⁂

Après avoir en décembre 1792 accordé plusieurs certificats de civisme, la municipalité établit la liste des émigrés de la commune, qu'elle adressa le 28 janvier 1793 au procureur syndic du district de Laval, lui faisant remarquer que cette liste était incomplète soit par l'ignorance, soit plutôt par « l'humeur de mauvaise volonté des parents se présentant à l'appel » fait chaque jour à la Maison commune [4].

---

1. Arch. com., D₁A2, f. 67, 74.
2. *Idem*, f. 74.
3. *Idem*, f. 77.
4. *Idem*, f. 135 ; DvA40, f. 183.

Le mois suivant, plusieurs citoyens ayant sollicité des certificats de civisme, le conseil général de la commune décida, le 25 février 1793, qu'il serait dressé une liste de tous ceux demandant de tels certificats, que cette liste serait affichée au secrétariat de la commune où tous les membres du conseil général pourraient en prendre communication, et que le vendredi suivant, ces demandes de certificats seraient examinées [1].

Le 10 mars 1793, le corps municipal décida « que tous les pères, mères, femmes et enfants des émigrés seraient tenus de se présenter tous les jours à la Maison commune à onze heures précises du matin pour être de chacun d'eux fait l'appel nominal par un officier municipal, qui constaterait les absences et en ferait son rapport à la municipalité qui statuerait ce que de droit, qu'aucun des dits parents ne pourrait se dispenser de se rendre à l'appel que pour des motifs légitimes et d'après la permission des officiers municipaux [2] ».

Les jours suivants, des visites domiciliaires eurent lieu ; d'abord rares, elles devinrent nombreuses et presque générales après le 22 mars 1793, jour où une réunion des trois corps administratifs de Laval, au nombre desquels la municipalité, décida de procéder à de nouvelles visites domiciliaires ainsi qu'à l'enlèvement des armes et nomma des commissaires qui devraient se rendre dans les différents quartiers de la ville [3]. A la suite de ces opérations, de nombreux Lavallois furent arrêtés comme suspects les 25 et 26 mars et incarcérés dans l'ancien couvent des Bénédictines. Dans sa séance du 26 mars, le conseil général chargea plusieurs de ses membres d'aller dans cette ancienne communauté régler la distribution des appartements entre les détenus, puis il adopta le règlement suivant :

1. Arch. com., D₁A2, f. 164'.
2. *Idem*, D₁C6, f. 171.
3. *Idem*, f. 173.

RÈGLEMENT DE POLICE

*à observer dans la maison de détention
des citoyens suspects (26 mars 1793)* [1].

« ARTICLE I. — Les personnes et les propriétés des reclus et recluses seront mises sous la sauvegarde de la loi.

« ARTICLE II. — Toute communication, soit verbale, soit par écrit leur est interdite, ainsi qu'à ceux ou celles qu'ils prendront à leur service, avec les personnes du dehors sous tel prétexte que ce soit.

« ARTICLE III. — Les vivres, vêtements qui leur seront apportés seront remis directement à un des gardiens de la maison de réclusion, qui sera tenu d'en faire la visite avant de les rendre à leur destination et, dans le cas où ils découvriraient quelques papiers ou imprimés, il les fera parvenir par voie sûre à la Maison commune pour être remis à l'officier municipal de service, qui en fera son rapport sous le plus bref délai au conseil général.

« ARTICLE IV. — En cas de maladie, les détenus ne pourront appeler que les citoyens Choquet, médecin, et Hubert, chirurgien ; les citoyens Landelle et Lecourbe jeune, perruquiers, pourront seuls être introduits dans la Maison commune en cette qualité.

« ARTICLE V. — Défendu aux détenus d'avoir du feu et de la lumière après neuf heures du soir.

« ARTICLE VI. — Le conseil général se réserve de statuer sur les exceptions qui pourront être faites aux précédents arrêtés d'après les requêtes ou mémoires des détenus.

« ARTICLE VII. — Le présent règlement sera affiché dans la maison de réclusion et au corps de garde provisoire et il est enjoint à Ollivier, sergent dans la garde

1. Arch. com., D₁A2, f. 182.

nationale, compagnie Bichard, et..... nommés gardiens de cette maison, de tenir la main à ce qu'il soit ponctuelle-ment exécuté.

« Fait et arrêté le 26 mars 1793. »

Le 3 avril 1793, la municipalité reçut du directoire du département l'ordre d'appeler deux fois par jour les citoyens inscrits sur une liste qui lui était adressée. Le même jour, sur la proposition de plusieurs magistrats municipaux, le conseil général de la commune arrêta une liste additionnelle de citoyens sujets à l'appel, et il se réserva la faculté d'accorder aux personnes devant répon-dre à l'appel la permission de s'y soustraire, faculté dont il usa plusieurs fois dans la suite, notamment le 10 avril 1793, pour un chirurgien, « la profession de ce particulier pouvant requérir impérieusement sa présence aux heures des appels », et le 24 avril 1793, pour Mata-grin Chanteloup, qui fut autorisé à « aller le lundi à Mayenne pour faire ses marchés, à la charge par lui de se munir d'un passeport qui serait visé à Mayenne, et qu'il représenterait visé le mardi matin à l'heure de l'appel [1] ».

Le 10 mai 1793, la municipalité arrêta que les septua-génaires, vu leurs infirmités les rendant peu dangereux et incapables de se déplacer, seraient dispensés d'un appel par jour, à la charge par eux de justifier de leur âge [2].

Les officiers municipaux voulurent faire respecter un décret de la Convention nationale du 29 mars 1793, enjoignant de faire afficher à l'extérieur des maisons les noms, prénoms, surnoms, âges et professions des individus qui y résidaient. Comme des « malveillants » lacéraient les placards apposés conformément à ce décret, une ordonnance fit « défense d'arracher ou maculer de quelque façon que ce fût les affiches mises à l'extérieur

1. Arch. com., DıA2, f. 185'; DvA40, f. 237'.
2. *Idem*, DıA2, f. 201.

des maisons à peine de dix livres d'amende pour la première fois, et de trente livres en cas de récidive [1] ».

Le 3 juin, la municipalité, conformément à la loi du
9 mai précédent, chargea plusieurs citoyens d'aller au
bureau de poste saisir les lettres « chargées et non chargées » destinées à des émigrés. Aussitôt un de ces commissaires saisit à la poste un paquet adressé à un émi-
gré. Il l'apporta au conseil général de la commune, qui le
fit ouvrir le 5 juin et le remit au contrôleur de la poste,
après avoir constaté que cet envoi ne contenait « qu'une
feuille du Mans [2] ».

En juillet 1793, la municipalité délivra plusieurs certificats de civisme. Quant aux passeports, elle refusa le
24 juillet d'en accorder, disant que, ce jour-là, le conseil général était trop peu nombreux pour délibérer sur
une affaire aussi grave [3]. Le mois suivant, en exécution
de la loi du 15 août 1793, elle arrêta qu' « il ne serait
délivré de passeports aux pères, mères et enfants d'émigrés que pour quinze jours, et ce sous la signature de
deux officiers municipaux, que les dits père, mère,
enfants d'émigrés seraient tenus en arrivant dans les
communes où ils iraient de faire constater leur arrivée
et d'en envoyer le certificat dans deux jours au plus
tard [5] ».

*
* *

Le conseil général de la commune, renouvelé par Esnue
Lavallée, s'occupa aussi des suspects et arrêta un règlement édictant qu'un tableau de ces individus serait publié
et affiché (art. 1er) ; que la garde de la maison de détention serait confiée à quinze pères de famille, qu'un officier
municipal visiterait tous les jours la maison et assiste-

1. Arch. com., D₁₁A13, f. 51.
2. *Idem*, D₁A2, f. 212', 214.
3. *Idem*, f. 218', 220.
4. *Idem*, D₁B4, f. C.

rait à l'appel ayant lieu au moins une fois par semaine
(art. 3); que la municipalité nommerait deux médecins,
deux chirurgiens, deux apothicaires, deux perruquiers
pour les détenus dont elle choisirait les domestiques
(art. 4, 5, 6); que tout ce qui serait apporté du dehors,
tel que nourriture, écrits, paquets, serait examiné avant
d'être remis au destinataire (art. 8, 9, 10); que les officiers
municipaux et les notables surveilleraient à tour de rôle
la maison de détention (art. 11). En exécution de ce règlement, le conseil général de la commune procéda le 14 octobre 1793 au choix des pères de famille chargés de la
garde de la maison de détention des suspects, ainsi qu'à
la nomination des perruquiers, médecins, chirurgiens,
apothicaires qui eurent mission de soigner ces prisonniers [1].

Après le passage des Vendéens, le nombre des détenus augmenta. Comme beaucoup d'entre eux estimaient
avoir été arrêtés à tort, ils adressèrent à la municipalité
des pétitions pour obtenir leur élargissement. Prudem-
ment le conseil général décida, le 12 nivôse an II (1er janvier 1794), d'envoyer ces demandes à Esnue Lavallée.
Quatre jours plus tard, le conseil général arrêta que les
suspects seraient dorénavant gardés par vingt-cinq pères
de famille indigents ayant des enfants aux frontières, que
cette troupe serait renouvelée tous les cinq jours et que
chacun de ses membres serait payé trois livres par jour.
Le lendemain, les magistrats municipaux décidèrent que
« les détenus se cotiseraient pour faire une somme de
trente ou quarante mille livres pour payer la garde, et
que cette somme serait versée entre les mains d'un
individu nommé par la municipalité qui en rendrait
compte [2] ».

Vers cette époque, la municipalité, recevant de nombreuses demandes de certificats de civisme, réglementa

1. Arch. com., D₁A3.
2. *Idem.*

plusieurs fois la délivrance de ces certificats. Après avoir décidé le 20 nivôse an II (9 janvier 1794) que de tels certificats ne seraient accordés qu'aux citoyens se présentant à la Maison commune, le conseil général arrêta le 16 pluviôse an II (4 février 1794), que « lorsqu'un inconnu se présenterait pour obtenir un certificat de civisme, il serait passé à l'ordre du jour, jusqu'à ce que la Société populaire eût donné son avis sur son patriotisme ». Le 26 pluviôse (14 février 1794) le conseil général nomma une commission chargée d'examiner la conduite des individus désirant des certificats de civisme. Le mois suivant, les officiers municipaux décidèrent que dorénavant de tels certificats ne seraient accordés « qu'à ceux qui en auraient absolument besoin, comme fonctionnaires publics, et ceux qui auraient quelque traitement à recevoir [1].

*

Après les passages des Vendéens par Laval, de nombreux enfants de ces « rebelles » ou d'émigrés furent incarcérés dans les prisons de cette ville ; beaucoup furent réclamés par des habitants de Laval ou des environs. De prairial an II (juin 1794) à vendémiaire an III (octobre 1794), le bureau particulier de la municipalité remit certains de ces enfants à des individus, vrais patriotes, s'obligeant à rendre compte tous les quinze jours de l'existence de leurs jeunes pensionnaires, s'engageant aussi à les remettre « entre les mains de quiconque duement autorisé et à les faire instruire dans les principes républicains [2]. »

La municipalité allongea la liste des émigrés. Le 6 messidor an II, le conseil général de la commune ayant constaté que les scellés n'avaient pas été apposés dans

1. Arch. com., D₁A3.
2. *Idem*, D₁B4, f. R, Z ; D₁B5.

les maisons de tous les émigrés, « faute de les connaître, » invita tous les citoyens à dénoncer à la municipalité « tous les parents des individus émigrés, » et
promit de choisir le dénonciateur pour « garder les
scellés [1]. »

Pendant les derniers mois de l'an II, la municipalité
accorda de nombreux certificats de civisme et dut aussi
en réglementer la délivrance. Elle décida que ceux qui
voudraient en obtenir « seraient tenus de se faire afficher
à la porte de la Maison commune pendant trois jours. »
Après avoir, en prairial an II, refusé des certificats de
civisme aux ouvriers employés aux vivres, vu « qu'il n'y
avait pas de loi obligeant des individus » à s'en munir
« pour des ouvrages de bras, » la municipalité décida,
le 14 fructidor an II (31 août 1794), que les individus qui
se présenteraient pour avoir de tels certificats « seraient
inscrits sur un registre et affichés, et que la liste en
serait lue par les officiers municipaux en conseil général,
qui, en même temps, feraient part des faits à charge et
à décharge contre les citoyens qui se seraient présentés. »
Une quinzaine de jours plus tard, le conseil général
décida à l'unanimité que « les femmes qui n'auraient pas
prêté le serment civique comme les hommes devraient
le prêter avant d'obtenir un certificat de civisme » et
qu'il n'en serait plus accordé aux femmes « que, préalablement, elles n'eussent prêté le serment civique ordonné
par la loi » et justifié le besoin qu'elles en avaient [2].

*
* *

La municipalité, épurée par Boursault, donna de nombreuses attestations de résidence ou de non-émigration
et plusieurs certificats de civisme. Pour éviter toute
erreur dans la délivrance de ceux-ci, le conseil général

1. Arch. com., D₁A3.
2. *Idem.*

de la commune, le 1ᵉʳ nivôse an III, arrêta que les particuliers désireux d'en obtenir devraient « se présenter en personne » à la Maison commune[1].

Quelque temps après, des corps de troupe furent placés aux extrémités de la ville avec consigne de ne laisser entrer ou sortir aucune personne non munie d'un passeport ou d'une carte de sortie. Bientôt, la municipalité reçut de nombreuses demandes de ces papiers. Aussi, le corps municipal, par sa délibération du 16 thermidor an III, décida-t-il que les gens riches ou les étrangers ayant besoin de cartes de sortie paieraient 5 sols et que les citoyens « peu aisés » en auraient gratis.

Le même jour, quelqu'un ayant fait observer que le comité de Sûreté générale, par sa circulaire du 20 messidor précédent, recommandait la plus grande circonspection dans la délivrance des certificats de résidence et des passeports, les officiers municipaux décidèrent de n'en délivrer à l'avenir « aucun s'il n'avait été vu et signé en bureau composé au moins de trois membres, et qu'autant que faire se pourrait, » ces pièces « seraient expédiées aux heures indiquées pour le bureau municipal. »

Enfin, fut décidé l'achat de deux registres, l'un pour inscrire les visas des passeports présentés aux magistrats municipaux, l'autre pour mentionner les passeports délivrés par la municipalité de Laval. Mais celle-ci usa peu de ces volumes, car ses fonctions cessèrent bientôt[2].

1. Arch. com., DıA3.
2. *Idem*, DıC6, f. 238 et suiv.

CHAPITRE IX

Actes de l'état civil

Sous l'Ancien Régime et même au début de la Révolution, il n'y avait point de registres de l'état civil à proprement parler. Les registres des actes de baptême, mariage et décès, sur lesquels les ecclésiastiques mentionnaient les cérémonies religieuses, en tenaient lieu.

La municipalité de Laval, renouvelée en 1791, s'inquiéta de la constatation de l'état des enfants non portés à l'église, et écrivit au département ainsi qu'au ministre de la justice pour savoir si elle devait s'en occuper. Duranthon, ministre de la justice, lui répondit qu'il ne pouvait rien autoriser à cet égard et que le corps législatif statuerait bientôt sur la manière de constater l'état civil des citoyens [1].

Peu après, parut la loi des 20-25 septembre 1792, qui, rendant « aux magistrats du peuple ce que les prêtres avaient usurpé [2], » confia la rédaction des actes de l'état civil aux assemblées municipales. Conformément à cette loi, le conseil général de la commune, le 29 octobre 1792, partagea la ville en deux sections séparées par les ponts, et nomma deux officiers publics, un pour chacune de ces sections. Le lendemain, par des « avis au public, » la municipalité annonça à tous les habitants les nominations de ces officiers publics chargés de recevoir « les

1. Arch. com., DvA40, f. 119'.
2. Extrait d'une lettre de Rabard, vicaire épiscopal, au clergé constitutionnel, qui lui avait demandé des renseignements à propos de l'application de cette loi.

actes des naissances, décès et mariages de la ville [1]. »

Le 5 novembre 1792, le procureur de la commune prévint les prêtres de la Trinité et de Saint-Vénérand que le conseil général de la commune, « toujours occupé de maintenir l'ordre public, » invitait les ministres du culte à ne célébrer de mariage ou à ne faire d'inhumation que lorsqu'ils auraient été prévenus par l'officier public que l'acte de l'état civil était dressé. Ainsi, nos officiers municipaux édictèrent des mesures, qui, dans la suite, furent prescrites par notre Code [2].

En exécution de l'article premier du titre VI de la loi des 20-25 septembre, le maire et le greffier de la municipalité se rendirent, le 27 octobre 1792, à l'église de la Trinité où ils furent reçus par Laban, vicaire épiscopal, qui leur montra les registres doubles des actes de baptême, mariage et sépulture. Ils arrêtèrent ceux de l'année qu'ils firent transporter à la Maison commune. Trois jours plus tard, le maire fit l'inventaire général des registres de la Trinité et un officier municipal alla à Saint-Vénérand arrêter les registres de l'année qu'il fit envoyer à la Maison commune. Le 10 novembre 1792, un autre officier municipal fit l'inventaire des registres de l'hôtel-Dieu Saint-Julien, où il fut reçu par un vicaire épiscopal, remplissant les fonctions de desservant de l'hôtel-Dieu. Les registres de Saint-Tugal n'étant pas encore arrivés à la Maison commune le 23 novembre 1792, la municipalité pria le marguillier de cette église de les envoyer le plus tôt possible [3].

*
* *

Quand les Vendéens passèrent par Laval, ils brûlèrent de nombreux papiers de la Maison commune, et

<hr>

1. Arch. com., DᵢA3, f. 102 ; DvA40, f. 145'.
2. *Idem*, DvA40, f. 148'.
3. *Idem*, DvA40, f. 155' ; DᵢB4, f. 160, 164'.

entre autres les registres de naissance, mariage et décès. Voulant réparer cette perte, le conseil général de la commune, par sa délibération du 16 pluviôse an II (4 février 1794), décida que « les officiers publics seraient aussi chargés de recevoir la déclaration qu'on leur ferait des décès, naissances, mariages depuis 1792, » et que « ces déclarations se feraient section par section. » Puis « pour obvier à l'embarras où se trouvait la commune relativement aux registres des naissances, mariages et décès brûlés par les brigands, » la municipalité nomma un nouvel officier public qu'elle admit « à la prestation du serment civique [1]. »

Vers cette époque, le conseil général de la commune permit à de nombreux Lavallois de changer de prénom et même de nom. Ainsi, le 3 pluviôse, trois citoyens obtinrent de nouveaux prénoms ; parmi eux, le citoyen L..., que « dans le temps du fanatisme » ses parents avaient appelé Jean, prit le nom d'Aristide. Le lendemain, la municipalité donna à différents particuliers les prénoms de Franklin, de Scipion l'Africain, de Mucius Scevola, de Démocrite, de Fabricius, de Marcellus, d'Atilius Regulus, d'Epaminondas. Le 5 pluviôse an II, un citoyen obtint le prénom de Caton, un autre, celui de Paul-Émile [2]. Le 6 du même mois, deux Lavallois, vou-

---

1. Arch. com., D₁A3.

2. Il semble que les citoyens se présentaient en personne à la municipalité pour demander à changer de prénom ; mais celui-ci fit exception et écrivit la lettre suivante :

> « Du temps des rois et des miracles,
> On me donna le nom d'un saint.
> On ne croit plus dans les oracles
> Que pouvait faire un capucin.
> Sur les débris de l'Évangile,
> La raison a pris l'essort,
> Pour la conduire dans le port.
> Je prends le nom de Paul-Emile.
>
> » *Signé :* PAUL-ÉMILE H... »

Arch. com., D₁A3.

lant faire mieux que les précédents, changèrent de nom :
l'un demanda à s'appeler Le Pelletier, l'autre Marat, ce
que la municipalité leur accorda [1].

*
* *

Le 23 messidor an II (11 juillet 1794), fut publiée l'ordonnance suivante, qui réglementa à nouveau le travail
des officiers publics :

« Les officiers municipaux préviennent que tous les
citoyens qui auront besoin de faire dresser des actes de
naissance, mariage et décès, se présenteront chez [2] les
citoyens La Porte Méral et Levêque Guittonière, depuis
huit heures du matin jusqu'à midi et depuis deux heures
après-midi jusqu'à cinq heures du soir.

« On les prévient pareillement que le citoyen Levesque commencera à dresser les actes dont est question
le 1er thermidor jusqu'à la fin du dit mois et le citoyen
Laporte commencera à les rédiger le 1er fructidor jusqu'à la fin de ce mois, et changeront ainsi de suite alternativement [3] ».

Peu après, le bureau particulier de la municipalité dut
par un décerné acte suppléer aux registres de l'état
civil. Le 26 thermidor an II, Marie B., du district de
Bressuire, qui voulait se marier mais ne pouvait pas
prouver qu'elle n'était point déjà mariée, se présenta au
bureau de la municipalité devant lequel elle fit venir
plusieurs témoins qui certifièrent qu'elle n'avait con-
tracté aucun mariage. Les officiers municipaux lui décer-
nèrent acte de ces déclarations, ce qui lui permit d'épou-
ser un tambour-major [4].

1. Arch. com., D1A3.
2. A remarquer qu'alors, les actes de l'état civil n'étaient pas
dressés à la Maison commune, mais chez les officiers publics.
3. Arch. com., D11A13, f. 58.
4. *Idem*, D1B5.

*
* *

La municipalité, renouvelée par Boursault, délivra plusieurs certificats constatant la séparation de fait existant entre des époux et permettant à ces conjoints d'obtenir le divorce. Ainsi, le 7 frimaire an III (27 novembre 1794), le conseil général de la commune donna à une Lavalloise un certificat déclarant que son mari l'avait quittée depuis plus de trois ans. Quelques mois plus tard, il décerna acte à une autre femme « de ce que son mari l'avait abandonnée depuis environ treize ans et qu'à ce moyen s'était séparé d'elle de fait [1] ».

Les officiers municipaux firent aussi quelques actes de procédure de divorce. Le 23 messidor an III, un membre du bureau particulier de la municipalité dressa le procès-verbal suivant :

« Devant nous, Charles-François Douard, officier municipal, est comparue la citoyenne Jeanne-Rose Beaudoin, âgée de cinquante et un ans, épouse du citoyen Pierre Boizard, assistée des citoyens... composant l'assemblée des parents et amis de la requérante demanderesse.

« Contre :

« Le citoyen Pierre Boizard, son époux, marchand tanneur, âgé de quarante-quatre ans, défendeur, comparant sans avoir invité aucuns parents et amis de son côté ; tous les dits citoyens et citoyennes demeurant dans cette commune de Laval et présents.

« La dite citoyenne femme Boizard nous a exposé qu'en vertu de l'ordonnance du citoyen Simon Dutertre, officier municipal, en date du 22 prairial dernier au bas de la requête qu'elle lui a présentée, elle a fait assigner le susdit Pierre Boizard, son mari, à comparaître devant la municipalité ce jourd'hui 23 messidor par exploit du citoyen Hureau, huissier public ; la requête répondue et

___

1. Arch. com., D1A3.

signifiée et enregistrée le 22 prairial, signé Lair, en demande de divorce et avec le dit citoyen Boizard, son mari, pour cause d'incompatibilité d'humeur et de caractère, à quoi :

« Le dit citoyen Boizard a répondu qu'il n'y consentait nullement.

« Nous avons invité les parents et amis composant l'assemblée à concilier les deux parties et faire renaître la paix et l'union entre elles et, après une conférence qui a duré plus d'une demi-heure, les dits parents et amis nous ayant déclaré que leurs avis et leur bonne volonté avaient été infructueux,

« Avons ajourné les parties comparantes et l'assemblée de leurs parents et amis à comparaître devant nous, le 24 fructidor prochain, sans qu'il soit besoin d'autres signification ou invitation et ordonné qu'il sera donné à la citoyenne Jeanne-Rose Beaudoin, femme Boizard, copie du présent procès-verbal pour qu'elle puisse le communiquer à son mari, et avons engagé les dites parties à profiter de ce délai pour se rapprocher, s'accorder et se réunir de cœur et d'esprit.

« Fait à la Maison commune de Laval, les dits jour et an que dessus [1] ».

Malheureusement les registres ne disent rien de la comparution des parties qui eut lieu le 24 fructidor, et nous n'avons pu savoir ce qu'il advint de cette affaire [1].

En vendémiaire et en brumaire an IV, la municipalité accorda de nombreux actes de notoriété destinés à suppléer aux registres de l'état-civil. La plupart d'entr'eux constatèrent soit la mort d'un individu, soit le lien de parenté existant entre un défunt ou un prêtre déporté en conformité de la loi du 26 août 1792, et des gens se prétendant ses héritiers [2].

1. Arch. com., DıB5.
1. *Idem.*
2. *Idem*, DıvD39, f. 55' à 63.

CONCLUSION

Dans ce travail, nous avons étudié avec détail la municipalité de Laval de 1790 à l'an IV.

Nous avons pu remarquer la multiplicité des lois et
décrets rendus pendant cette période, lois et décrets concernant l'organisation militaire, les impôts et les finances, les questions religieuses, l'instruction et l'assistance
publiques, les subsistances, la police, l'état civil des
citoyens, etc. L'infinie variété de ces lois et décrets eut
pour but de faire table rase de l'ancienne société et de
créer une société nouvelle comme si, du jour au lendemain, il était possible de changer les mœurs, les habi-
tudes et les croyances d'un peuple. Les législateurs de
cette époque le pensèrent et voulurent le réaliser : ce fut
leur erreur et leur faute. Leur excuse fut dans leur désir
de créer une humanité meilleure, d'établir plus de liberté
et d'égalité ; les intentions furent nobles, le but élevé,
malheureusement les moyens pour l'atteindre furent souvent défectueux et quelquefois criminels.

Dans certaines communes, à Laval notamment, comme
nous l'avons vu, les bonnes volontés ne firent pas défaut.
Alors que, d'après les lettres de Maupetit, député de la
Mayenne à l'Assemblée constituante, à Mayenne et dans
quelques communes voisines, il fut presque impossible
au début de la Révolution d'établir des municipalités, à
Laval, au contraire, on constitua facilement une municipalité à ce moment difficile « où tout fut à faire » [1]. Toute-

1. Lettres de Maupetit, député à l'Assemblée nationale constituante. *Bulletin de la Commission historique et archéologique de la
Mayenne,* 1906, p. 215, 222, 226, 228.

fois il ne semble pas que, de 1790 à l'an IV, les fonctions municipales aient été recherchées avec beaucoup d'empressement. Nous avons vu que plusieurs des élus prétextèrent soit de leur mauvaise santé, soit de leurs affaires pour refuser les places qui leur furent offertes. Mais la plupart d'entr'eux acceptèrent, heureux de pouvoir rendre service à leurs concitoyens ou craignant la vengeance des représentants du peuple en mission dans la Mayenne. Cependant, en l'an III, à un moment, la municipalité entière songea à démissionner : mais elle ne persista pas dans ce projet, et elle resta toujours fidèle au poste de dévouement qui lui était confié.

Si notre municipalité n'a pu toujours arriver à jouer son vrai rôle, il ne faut point lui en imputer toute la faute qui doit retomber surtout sur le législateur.

Outre le manque de ressources que nous avons signalé au cours de cette étude, regrettons le peu de durée de ces assemblées renouvelées partiellement chaque année. Les citoyens appelés à en devenir membres, peu habitués à la gestion des affaires publiques, étaient forcés d'abandonner leur poste au moment où ils commençaient à comprendre exactement leurs devoirs si difficiles à bien remplir. Cette observation, juste pour les officiers municipaux et les notables, l'est encore davantage, si c'est possible, pour le procureur de la commune et pour son substitut, ces personnages obligés de se faire les exécuteurs des ordres du pouvoir.

A ces critiques ajoutons-en une qui s'adresse non seulement au législateur de 1789, mais aussi à ses successeurs : nous voulons parler des multiples attributions qui furent confiées aux municipalités, surtout de celles déléguées par l'État, qui prirent une importance si considérable à partir de 1792 : répartition et recouvrement de l'impôt, d'après de nouvelles bases ; recrutement militaire, surveillance de l'instruction publique, des émigrés, des prêtres réfractaires, des déserteurs, police du culte, et tant d'autres fonctions appartenant plutôt à l'administration de l'État, sans compter les questions purement communales, telles qu'organisation de la garde nationale, création d'une caisse de billets de confiance, approvisionnement de la ville, distribution de secours aux indigents, tenue des registres de l'état-civil, etc.

Aussi, pour bien juger l'œuvre de notre municipalité, faut-il tenir compte de ses attributions si nombreuses et si variées et de ce qu'il était possible de faire. De même que, de nos jours, aucun conseil municipal ne pourrait suffire à la tâche divisée aujourd'hui entre de nombreux fonctionnaires, tels que receveurs municipaux, percepteurs, contrôleurs des contributions directes, conseils de révision, commissions de recensement, inspecteurs primaires, agents voyers, commissaires spéciaux, etc., de même les magistrats municipaux dont nous avons étudié les travaux, ne purent que difficilement et incomplètement s'acquitter des nombreuses missions que les lois leur confièrent.

Considérant seulement les attributions purement administratives, celles vraiment de la compétence des autorités municipales, nous ne croyons pas pouvoir dire que les assemblées qui se succédèrent à Laval de 1790 à l'an IV, aient pleinement rempli leur tâche, absorbées qu'elles étaient par d'autres fonctions les faisant sortir de leur vrai rôle, c'est-à-dire de la gestion des intérêts communaux, et poussant le gouvernement à voir en leurs membres, non plus la représentation locale, mais les exécuteurs de ses volontés.

APPENDICE

« **Instructions données aux commissaires de police par le Conseil Général de la commune de Laval suivant l'arrêté pris dans sa séance du 4 Mars 1793 en exécution de l'article 2 de la loi du 29 septembre 1791 [1]. »**

« Les fonctions que la loi a confiées aux commissaires de police, doivent être considérées sous différents rapports, à raison de leur nature, de leur objet et du but auquel elles tendent. Les unes sont subordonnées à la police Municipale, d'autres à la police Correctionnelle, d'autres enfin sont relatives à la police de sûreté. Les devoirs de ces officiers considérés sous ces différents points de vue sont donc de concourir par une surveillance continuelle au maintien du bon ordre dans la cité qui les a élus, de prévenir, de constater, enfin de dénoncer aux Juges les fautes plus ou moins légères, les délits plus ou moins graves que la loi a soumis à de simples corrections ou contre lesquels elle a décerné des peines affectives ou infamantes. Ceci suffit pour donner au public et pour donner à eux-mêmes une juste idée de l'importance de leurs fonctions.

La loi du 29 septembre 1791 a chargé les municipalités de déterminer selon les localités le détail des fonctions qui pourront leur être attribuées dans l'ordre des pouvoirs propres ou délégués aux Corps municipaux.

Le Conseil Général de la commune, après avoir satisfait à cette disposition principale et avoir tracé aux commissaires de police la ligne à suivre pour ce premier point de vue, finira par leur indiquer succintement les obligations qu'ils ont à remplir dans leurs rapports avec les Juges de Paix et les tribunaux. Il soumettra le tout à l'examen du corps administratif pour avoir l'autorisation du directoire du Département comme cette même loi le prescrit.

C'est dans celle du 22 juillet 1791 que la Municipalité a puisé les principes qu'elle va retracer à ses commissaires, elle s'est

1. Arch. com., D₁A2, f. 168' et suivant.

arrêtée aux dispositions les plus essentielles, elle leur a donné quelques développements que les circonstances locales exigent. Les commissaires doivent remonter souvent eux-mêmes à cette source et se ressouvenir que les articles qu'on n'a pas cru devoir rappeler ici ne les obligent pas moins que ceux que la liaison des idées ou des raisons de localités ont déterminé le Conseil Général à développer davantage.

§ I. — Police Municipale.

Quatre objets doivent principalement exciter leur activité :

1° La sûreté des personnes ; 2° la police du commerce en gros ou en détail et surtout la justesse des poids et mesures ; 3° l'abondance et la bonne qualité des denrées exposées en vente et principalement la salubrité des comestibles ; 4° enfin la propreté du sol et la salubrité de l'air.

Pour se mettre en état de bien remplir des fonctions aussi multipliées, ils doivent commencer par prendre une connaissance exacte et détaillée des lieux soumis à leur inspection et surtout des personnes auxquelles doit particulièrement s'étendre leur surveillance. Pour se la procurer, ils constateront chaque année, après avoir reçu leur mission des officiers municipaux, l'état des habitants de cette commune. Ils vérifieront les états précédents et y feront les changements nécessaires en se conformant aux règles prescrites par les trois premiers articles de la loi du 22 juillet 1791.

De cet aperçu général, ils passeront aux détails et feront, pour cet effet, de fréquentes tournées dans les différents quartiers de la ville. Ces tournées, pour être utiles, ne doivent pas être faites périodiquement et à jours et heures fixes. Ils sentiront souvent la nécessité d'avancer, différer, et même de redoubler leur marche.

Ils doivent prêter une oreille attentive à la voix d'un honnête homme, bien famé, qui leur dénoncera franchement et à découvert une faute ou un délit, et ils ne doivent pas même négliger tout à fait ces délations sourdes que la malignité dicte néanmoins plus souvent que l'amour de l'ordre, mais dans ces deux cas leur conduite sera différente : au premier ils peuvent se permettre les recherches que le code municipal autorise avec les formes, les précautions et les ménagements qu'il prescrit ; au deuxième ils se borneront à une surveillance plus active à moins que l'avis ne fut d'une telle importance qu'il méritât d'autres mesures ; alors ils consulteraient les officiers municipaux et le procureur de la Commune. Ils visiteront au moins une fois en quinze jours et plus souvent dans les temps de troubles, les auberges, les hôtels garnis et toutes les maisons où l'on fait profession de recevoir les étrangers. Ils se feront représenter les registres de logement. Ils en vérifieront la régularité et l'exactitude ; ils les arrêteront à chaque visite; ils prendront des informations sur le compte des personnes que quelques circonstances rendraient suspectes.

Ils entreront fréquemment dans les lieux où tout le monde est indistinctement admis, tels que les cafés, les spectacles, les cabarets, les billards, etc. Ils pourront même entrer en tout temps dans les maisons où l'on donne habituellement à jouer des jeux de hasard, mais seulement sur la désignation qui leur en aurait été donnée par deux citoyens domiciliés. Ils pourront entrer également, et avec la même précaution, dans les lieux livrés publiquement à la débauche.

Ils veilleront : 1° à ce que la voie publique ne soit point embarrassée ni dégradée ; 2° à ce qu'il ne soit rien exposé au devant des maisons, sur les fenêtres, ni rien jeté dans la rue qui puisse blesser, gâter, endommager ou répandre des exhalations malfaisantes ; 3° à ce que les couvreurs, charpentiers, maçons et autres ouvriers travaillant aux maisons ou édifices qui bordent les rues, placent ou suspendent une croix ou tel autre indice par lequel les passants soient avertis du danger ; 4° à ce que l'on ne laisse point vaquer les fous, les furieux, ni surtout des animaux féroces et malfaisants. Ils feront tuer les chiens attaqués de la rage ou seulement menacés de cette maladie, à raison de quelques morsures ; 5° ils veilleront à ce que les enfants ne se se livrent point dans les rues, les carrefours, ni sur les places publiques à des amusements dangereux pour les passants, ou capables d'effrayer les chevaux, les bêtes de somme ou de voiture ; ils observeront qu'en ce cas les parents sont civilement responsables ; 6° enfin ils sont expressément chargés de faire retirer toutes les enseignes saillantes, de faire supprimer les gouttières que les règlements ont prohibées et de leur faire appliquer au besoin des tuyaux de descente, ainsi qu'aux éviers, qui sont tellement placés que les eaux qui en découlent pourraient incommoder le public par leur chute. S'il arrive quelque accident par la rapidité des chevaux ou des voitures, par l'imprudence ou la maladresse des conducteurs, ils les constateront ; ils tacheront même de les prévenir par des avertissements sages et modérés et si quelqu'un refusait d'obéir à leur avis ils en rendront compte à la municipalité.

En cas d'incendie, de naufrage, d'inondation ou de dépérissement subit ou prochain d'un édifice ou de tout autre chose dont la ruine ou la chute serait dangereuse, ils s'y rendront sur le champ, en dresseront procès-verbal et feront mention des personnes qui, étant requises de prêter secours, l'auraient refusé sans cause légitime.

Ils veilleront à ce que la petite halle soit exactement fermée pendant la nuit, ils observeront les marchands qui s'y tiennent et ceux qui y ont des dépôts afin de prévenir les accidents et surtout les incendies qui pourraient survenir par leur négligence.

Ils se tiendront avec assiduité et se succèderont l'un à l'autre sur les foires et marchés publics et dans tous les lieux ou un grand concours exige une plus exacte surveillance.

Ils se rendront sur les lieux ou il y aura dispute ou ameutement et dans ceux où il se formerait des attroupements nocturnes ; ils essaieront de les dissiper, ils en donneront aussitôt avis à la municipalité et en préviendront le chef de la force armée.

Ils veilleront à l'exécution des règlements concernant la voierie. S'il se faisait quelque entreprise ou innovation sur la voie publique, ou si l'on entreprenait quelque reconstruction ou construction nouvelle sans avoir demandé ou reçu l'alignement de ceux qui ont le droit de le donner, ils en dresseront procès-verbal ; s'ils remarquent dans les rues des pavés arrachés, des bornes déplacées, des excavations ou autres détériorations qui puissent causer des accidents, ils en donneront avis au procureur de la Commune.

Ils veilleront à ce que personne ne retienne de voitures devant sa maison où n'y dépose pendant longtemps des matières à bâtir, des décombres ou d'autres obstacles et embarras dont les passants soient incommodés, et dans les cas où les dépôts seraient nécessaires ou susceptibles d'être momentanément soufferts comme devant les auberges qui n'ont pas d'enceinte suffisante, ou en cas de construction ou démolition de bâtiment, ils obligeront ceux qui feront le dépôt : 1° de les ranger le long des murs de leur maison, de telle manière qu'il reste un passage suffisant ; 2° d'éclairer la rue pendant la nuit avec un ou plusieurs réverbères, tellement entretenus et disposés que cette tolérance ne puisse être nuisible à personne.

En cas d'exposition d'enfant, le commissaire de police qui en aura été instruit se rendra sur le lieu de l'exposition, dressera procès-verbal de l'état de l'enfant, de son âge apparent, des marques extérieures, vêtements et autres indices qui peuvent éclairer sur sa naissance. Il recevra aussi les déclarations de ceux qui auront quelques connaissances relatives à l'exposition de l'enfant; il remettra dans les vingt-quatre heures, à l'officier public, une expédition de ce procès-verbal qui sera transcrit sur le registre double des actes de naissance.

Les commissaires veilleront à ce que la bonne foi soit observée dans le commerce, que la fraude et la tromperie en soient bannies ou, sur le champ, réprimées.

Ils visiteront les aunes, poids. mesures de toute espèce, employés par les marchands domiciliés ou forains, les boulangers, les bouchers, les aubergistes, les cabarettiers, fruitiers, charcutiers, et en général tous ceux qui vendent à l'aune, au poids ou à la mesure. A l'effet de quoi ils pourront entrer dans leurs boutiques, magasins ouverts et autres lieux où il se fait un débit ou commerce public et se faire représenter les dites mesures, poids et aunes pour les examiner et en vérifier la justesse. Ils apporteront la plus grande exactitude à surveiller ceux qui vendent des comestibles, des boissons et autres denrées de première nécessité.

Le Marché des grains est partout et principalement dans cette ville un objet de la plus grande importance. Comme elle sert d'entrepôt à une grande étendue du pays, ce marché donne lieu à des spéculations commerciales dont les résultats sont favorables aux habitants. L'ordre et la bonne police appellent la denrée ; le désordre la fait fuire et la surenchérit. Les changements de prix subits et combinés qu'on lui fait quelquefois subir sont, dans la main des ennemis de la chose publique, un moyen bien dangereux et bien efficace dont ils ont souvent abusé pour le malheur des peuples. Une attention bien suivie sur la vente des grains peut prévenir de grands maux. Les commissaires, pénétrés de ces vérités d'expérience, surveilleront également les vendeurs et les acheteurs. Ils s'attacheront à empêcher qu'il ne soit fait usage d'aucun boisseau, demi boisseau, ou autres mesures qui n'ait les empreintes nécessaires pour en garantir la juste contenance. Ils saisiront ceux qui ne seront pas en règle à cet égard et ils en dresseront procès-verbal. Ils s'instruiront de tous les règlements qui existent sur cette matière, de ceux, entre autres, qui concernent les grains gâtés ou avariés et ils les feront exactement observer.

Ils porteront sur la conduite des bouchers un œil attentif et surveillant. Ils examineront s'ils se conforment au tarif du prix des viandes, si celles qu'ils exposent sont de bonne qualité, si les personnes qui se présentent pour en acheter sont servies chacune à leur tour sans distinction ni préférence, en un mot s'ils se conforment en tous points aux lois et règlements concernant leur profession.

Ils veilleront à ce qu'il règne sur leur banc et etaux la plus grande propreté possible. Ils étendront leur surveillance sur tous les lieux où il se vend du poisson. Ils feront retirer celui qui serait corrompu et dont l'usage serait dangereux. Ils auront soin qu'il soit enfoui dans la terre dans des endroits écartés où les exhalaisons qui pourraient en émaner ne soient incommodes à personne. Ils dresseront procès-verbal contre les marchands qu'ils auraient trouvés en contravention aux règles établies à ces égards.

Ils s'assureront par de fréquentes visites et avec toute la vigilance que l'importance de l'objet exige, que les pains, exposés par les boulangers, sont de bonne qualité. suffisamment cuits, bien conditionnés et de poids convenable, et qu'ils ne sont point vendus au-dessus de la taxe.

Ils surveilleront les meuniers ; ils visiteront leurs poids et leurs mesures et ils s'assureront qu'en levant leur droit de mouture, ils n'excédent pas la quotité que la loi leur accorde et qu'ils n'usent d'aucune finesse ni tromperie pour augmenter le volume et le poids de la farine qu'ils vendent.

Le commerce de la toile sera pour eux un objet continuel de surveillance. C'est à cette intéressante manufacture que cette ville doit sa population, son agrandissement et même l'avantage d'avoir été choisie pour être le chef-lieu de département.

Ils surveilleront, avec la plus grande exactitude, le marché du fil et celui de la toile. Dans celui-là ils s'assureront de la justesse des poids et dans celui-ci de la fidélité des aunes. Ils tâcheront de prévenir et surtout d'apercevoir et de constater tous les abus qui ont pu ou pourraient s'introduire. Ils s'attacheront à reconnaître et à distinguer les marques, gravures et signes de tous genres qui peuvent faire connaître les matières d'or et d'argent et en constater le titre et s'ils soupçonnaient quelque fraude ou tromperie de la part de ceux qui vendent ou colportent des bijoux, perles et pierreries, ils en donneraient sur le champ avis au procureur de la commune.

Ils veilleront à ce que les rues soient nettoyées et balayées deux fois par semaine et plus souvent, si quelque événement extraordinaire l'exige, ce qui sera indiqué par le passage de la sonnette ; à ce que les immondices, balayures soient d'abord rangées le long des murs et soigneusement enlevées quelques heures après ; que dans l'hiver les glaces, neiges et verglas soient cassés, balayés et à ce que le pavé soit recouvert de fumier ou poussière en sorte que les rues soient praticables ; ils auront soin que les latrines et autres lieux d'aisances ne soient vidangés qu'en saison et heures convenables, que le dépôt et le transport des matières se fassent avec précaution et qu'on nettoye soigneusement les endroits qui en auraient été infestés ou salis.

Ils feront en sorte que les fontaines, celles surtout où l'on puise de l'eau à la main ou à la cruche, soient propres et souvent récurées, que l'on n'y jette aucune ordure, ni même aucun corps étranger, qu'on n'y lave point de linge, en sorte que dans tous les temps l'eau soit parfaitement pure et salubre.

Ils avertiront des réparations que pourraient exiger les canaux de conduite, les robinets et les cuves. Les puits qui existent dans certains culs de sacs et dans des cours ouvertes, doivent encore exciter leur attention. Ils auront soin d'avertir les propriétaires de les tenir clos et fermés de manière à prevenir tout accident. Si on ne défère pas à leur avis, ils en rendront incessamment compte à la municipalité qui prendra les mesures de sûreté nécessaires.

Ils veilleront à ce que la propreté règne dans les abreuvoirs, à ce qu'il ne soit jeté aucun immondice ou animaux morts dans la rivière. Ils veilleront à l'entretien des pieux plantés à l'abreuvoir de la place de la Liberté pour indiquer les lieux dangereux et en prévenir les accidents.

Ils auront l'œil sur les différents égouts et canaux qui reçoivent les eaux pluviales, sur les ruisseaux qui traversent quelques faubourgs, tel que celui du Rateau. Ils empêcheront qu'il n'y soient

pratiqué des levées ou petites chaussées qui suspendent le cours
de l'eau, la font séjourner et corrompre. Ils feront enlever les
obstacles et en cas de besoin ils dresseront procès-verbal contre
les contrevenants.

Ils étendront leur inspection sur les cimetières ; ils s'assureront
si les fossoyeurs donnent aux excavations la profondeur convenable et recouvrent les corps d'une assez grande épaisseur de
terre pour absorber les exhalaisons putrides.

Enfin ils s'instruiront de tous les règlements de police survenus
et à survenir, ils en saisiront l'esprit et en procureront l'exécution ; à cette fin, ils assisteront fréquemment aux séances publiques du Conseil Général de la Commune et de la Municipalité et
fourniront les lumières et les éclaircissements que feront désirer
les matières mises en délibération.

§ II. — Police Correctionnelle et Police de Sûreté.

Outre les fautes et les délits énoncés dans le paragraphe précédent dont la répression appartient à la police municipale, il en
est beaucoup d'autres dont les lois ont donné la connaissance aux
tribunaux de police correctionnelle. On va indiquer sommairement les principaux, ceux surtout qui blessent le plus directement l'ordre public, sur lesquels les commissaires de police doivent
particulièrement étendre leur inspection ou leur surveillance.

Ce sont : 1° les délits publics contre les bonnes mœurs, les
actions déshonnêtes, les voies de fait ; 2° les troubles apportés publiquement et avec violence à l'exercice d'un culte religieux quelconque ; 3° les insultes et les violences graves envers les personnes
si l'ordre public en est troublé, l'homicide involontaire, les accidents résultant de l'imprudence ou de l'impéritie des conducteurs
de chevaux ou de voitures s'il en est résulté fracture du membre ;
4° les troubles apportés à l'ordre social et à la tranquillité publique par la mendicité, par les tumultes, par les attroupements et
autres délits ; 5° enfin les atteintes portées à la propriété des
citoyens par dégâts, larcins ou simples vols, escroqueries, ouverture de jeux où le public est admis. On se contente d'indiquer ici
tous ces délits d'une manière générale. Les commissaires sont
chargés de lire attentivement eux mêmes les différents titres de la
loi du 22 juillet 1791 où ils les trouveront rappelés avec plus de
détail.   •

Les commissaires de police sont encore les agents et les premiers
ministres des lois concernant la police de sûreté. Ils en puiseront
les principes dans la loi du 29 septembre de la même année ; ils
en étudieront surtout les quatre premiers titres. Ils en rappro-
cheront les articles des dispositions de la loi du même jour à
laquelle ils doivent leur institution. Ils consulteront souvent
aussi celle du 3 août 1791 relative aux attroupements.

Ils classeront autant que possible dans leur mémoire toutes ses dispositions. Ils distingueront tous les cas qu'elle prévoit et la hiérarchie des pouvoirs qu'elle rappelle ou qu'elle établit. Ils s'attacheront plus particulièrement aux articles qui les concernent, notamment à ceux qui règlent leurs actions sur la force publique. Ils ne perdront jamais de vue les devoirs que cette loi leur impose et les peines qu'elle prononce, article 37 et suivant, en cas de négligence ou d'abus de pouvoir. C'est en méditant ces lois, en les rapprochant les unes des autres, en se pénétrant de leur esprit, qu'ils parviendront à connaître l'étendue et les bornes des devoirs qu'ils ont à remplir relativement à la punition des crimes contre lesquels le Code pénal a prononcé des peines affectives ou infamantes. On n'en donnera pas ici la nomenclature ; ce détail serait long et pénible. Ils s'en instruiront beaucoup mieux en consultant eux-mêmes la loi citée.

Les fonctions qui leur sont confiées sous ce rapport sont analogues aux fonctions judiciaires, mais elles ne leur donnent pas le caractère de juges. Ils doivent dresser des procès-verbaux de tous les crimes et délits qui parviennent à leur connaissance, de ceux surtout qui laissent après eux des traces sensibles, mais ils ne peuvent procéder aux informations. La mission qu'ils tiennent de la loi finit ou celle des magistrats commence. Les procès-verbaux que doivent rédiger les commissaires de police dans les cas confiés à leur surveillance par la loi ou par une mission expresse, sont destinés à servir de base et, souvent, à donner aux instructions et poursuites de tous genres la première impulsion. En rédigeant les actes importants, ils doivent s'attacher surtout à mettre de la régularité dans la forme, de l'exactitude dans le récit des faits, de la clarté dans l'expression. Les formes exigées par la loi sont simples et peu compliquées. Avec quelque attention il est aisé d'éviter tout ce qui pourrait altérer la validité ou diminuer l'authenticité de cette pièce fondamentale.

Leurs procès-verbaux doivent être datés du jour, du mois, de l'année, il n'est pas nécessaire qu'ils le soient de l'heure. Cependant cette circonstance peut quelquefois jeter du jour sur le fait, fournir des ressources tantôt aux prévenus tantôt aux accusateurs, et servir à atténuer ou grossir le délit. Les procès-verbaux doivent être signés de deux proches voisins, s'ils savent ou veulent le faire. En tous cas en être requis et il doit en être fait mention ainsi que de leur refus. Ils doivent encore contenir l'avis des experts et gens de l'art, indiqués par la municipalité, lorsque les faits sont de nature à l'exiger. Dans ce cas, ils doivent être revêtus de la signature des experts et toujours de celle du commissaire lui-même.

Toutes les circonstances qui ont précédé, accompagné ou suivi le crime et qui peuvent servir à le caractériser et à en établir la preuve, doivent être spécifiées avec une exactitude scrupuleuse. Elles doivent être rappelées dans l'ordre des temps sans intervertir la marche des différentes scènes ; aucun fait particulier ne doit être supposé, déguisé ou dissimulé.

Il est nécessaire surtout de s'attacher à ce que les lois pénales appellent le corps du délit. C'est de son existence bien constatée que dépend souvent le sort de la procédure. C'est sur quoi le procès-verbal ne peut être trop circonstancié. Cet acte primitif doit contenir la vérité, toute la vérité et rien que la vérité. Il doit indiquer les gestes, les paroles, le maintien et même l'attitude et la physionomie des personnes prévenues ou soupçonnées. En un mot tout ce qui peut servir à déceler leurs intentions. Il ne faut rien omettre de ce qui peut influer sur l'opinion des juges ou des jurés et la déterminer. Il est bon, il est essentiel même, d'indiquer les noms des principaux témoins. Le style doit en être clair, simple, sans équivoques. Les paroles doivent suivre la marche des idées. Il ne faut point d'ornements recherchés, ni même de ces expressions fortes qui indiquent du trouble et de l'agitation. Il est bon même de réprimer, s'il est possible, les mouvements d'indignation, de terreur, de pitié, qu'excite une scène violente et atroce. Le ministre et l'agent de la loi doit être calme et impassible comme elle. Un récit simple et pur inspire plus de confiance qu'une peinture recherchée faite avec prétention.

Il arrivera souvent, ainsi qu'on l'a déjà dit, qu'au cours de l'instruction les juges chargeront les commissaires de dresser des procès-verbaux propres à éclaircir des faits et à diriger leur marche. Ils doivent, en observant les règles qu'on vient de leur tracer, se renfermer ordinairement dans les bornes de leur mission. Mais si quelque circonstance importante les oblige d'en sortir, ce qu'ils pourront toujours faire pour l'intérêt de la vérité, ils n'omettront rien de ce qui leur semblera utile à éclairer la justice et à convaincre le coupable ou justifier l'innocent.

Les commissaires de police doivent inscrire un extrait de leurs procès-verbaux sur un registre coté et paraphé à cet effet par un des officiers municipaux. Ils doivent ensuite, dans tous les cas qui tiennent du crime ou du délit, transmettre au Juge de paix la minute même de leurs procès-verbaux, les pièces à conviction dont ils se seront emparés et les personnes si aucunes ont été arrêtées. Le Juge de paix leur en donnera décharge. Si l'objet du procès-verbal ne concernait que la police municipale, la remise et les dépôts se feraient au secrétariat de la Municipalité. En se livrant sans réserve à ces fonctions intéressantes dans la ligne qui vient de leur être tracée, les officiers contribueront à rappeler la paix intérieure, après laquelle leurs concitoyens soupirent, et ils auront bien mérité de la Patrie. »

VU :

Le Doyen,

G. DE CAQUERAY.

VU ET PERMIS D'IMPRIMER :

Le Recteur,

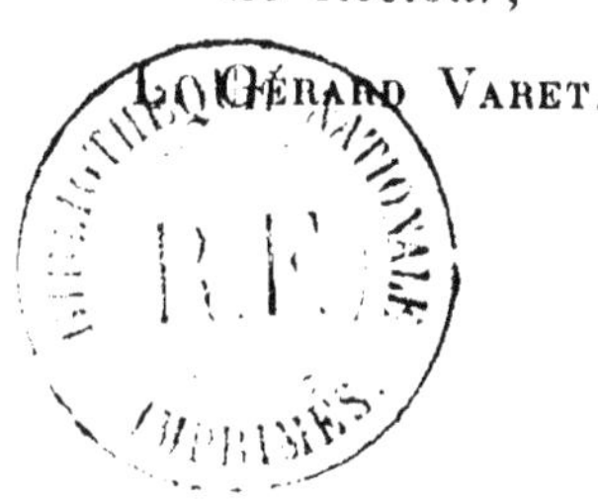

GÉRARD VARET.

TABLE DES MATIÈRES

Introduction.

PREMIÈRE PARTIE

Histoire de la Municipalité de Laval de 1790 à l'an IV.

DEUXIÈME PARTIE

Attributions de la Municipalité de Laval de 1790 à l'an IV.

Laval. — Imprimerie Vᵉ A. Goupil.